Sun Tzu
für Manager

Werner Schwanfelder ist Einkaufsleiter bei Siemens und Bestsellerautor. Auf seinen zahlreichen geschäftlichen Reisen nach China ist er auf Sun Tzu gestoßen, seither beschäftigt er sich mit dem großen Strategen. Bei Campus erschien zuletzt von ihm *Vermögen ist machbar! Schritt für Schritt zur finanziellen Sicherheit.*

Werner Schwanfelder

SUN TZU
für Manager

Die 13 ewigen Gebote
der Strategie

Übersetzung des Originaltextes aus dem Englischen
von Nikolas Bertheau

Campus Verlag
Frankfurt/New York

Bibliografische Information der Deutschen Bibliothek
Die Deutsche Bibliothek verzeichnet diese Publikation in der
Deutschen Nationalbibliografie. Detaillierte bibliografische Daten sind
im Internet über http://dnb.ddb.de abrufbar.
ISBN 3-593-37538-9

Umschlaggestaltung: Büro Hamburg
Umschlagmotiv: © Zenchiu Ling
Satz: Fotosatz L. Huhn, Maintal-Bischofsheim
Druck und Bindung: Freiburger Graphische Betriebe
Gedruckt auf säurefreiem und chlorfrei gebleichtem Papier.
Printed in Germany

Widmen möchte ich dieses Buch allen Managern und ihren Mitarbeitern, die begierig sind hinzuzulernen. Ihnen wünsche ich gute Erfahrungen, viele Erkenntnisse, um zu der persönlichen Glaubwürdigkeit zu kommen, die ein guter Manager benötigt.

Inhalt

Vorwort

Sun Tzu – der Management-Lehrmeister aus dem alten China

Ich hatte geschäftlich immer wieder in China zu tun. Als ich vor über zwanzig Jahren das erste Mal in China beruflich unterwegs war, habe ich viel zugehört, viel von der chinesischen Lebensweise in mich aufgenommen, viel von den Erfahrungen meiner älteren Kollegen abgeschaut. Heute bin ich in einem reifen Alter und stelle fest, dass dies in China honoriert wird. Das, was ich sage, hat nunmehr plötzlich Gewicht. Die Weisheit liegt im Alter, so vermuten viele Chinesen. In der Tat ist diese Einsicht durchaus begründet. Aber das Alter verfügt nicht über mehr Wissen, sondern höchstens über mehr Erfahrung. »Alter« wird dann zu einem bemerkenswerten Gut, wenn es sich dabei um die Erfahrung handelt, das eigene Wissen und das Wissen anderer optimal einzusetzen.

Es ist schon eine ganze Weile her, dass mich ein chinesischer Gesprächspartner auf Sun Tzu aufmerksam gemacht hat. Er behauptete schlicht, er führe sein Unternehmen noch heute nach den Geboten dieses weisen Meisters. Ich nahm das damals zur Kenntnis, aber Sun Tzu war mir kein Begriff. Zurückgekehrt nach Deutschland, habe ich mich an das Gespräch erinnert. Plötzlich wollte ich wissen: Wer war dieser Sun Tzu? Ich habe nachgeforscht, Recherchen angestellt, über Sun Tzu gelesen.

So begab ich mich auf Spurensuche – und wurde ziemlich enttäuscht. Über Sun Tzu ist nur wenig bekannt. Man geht davon aus, dass er vor ungefähr 2 500 Jahren im Königreich Wu lebte. Sun Tzu scheint ein erfolgreicher Feldherr gewesen zu sein. Seine Erfahrungen hat er in einem Text niedergelegt. Damals, so stelle ich mir vor, waren es Pergamentrollen, und was wir heute als kleines Buch bezeichnen, war damals ein großes Werk. Ich halte dieses Werk, natürlich übersetzt, mit einer gewissen Ehrfurcht in meinen Händen. Dabei ist nicht einmal sicher, ob der historische Sun Tzu die »13 Gebote« selbst niedergeschrieben hat. Manche Kommentatoren gehen auch davon aus, dass unterschiedliche Autoren an diesem Werk gearbeitet haben. Der Text beschreibt die Kriegskunst Chinas im fünften vorchristlichen Jahrhundert und scheint damit das Standardwissen der damaligen Zeit widerzuspiegeln. Ich muss gestehen, dass mir dieser Gedanke nicht so gut gefällt, weil Sun Tzu damit »gewöhnlich« wird. Sun Tzu ist für mich eine Person, eine weise Person, eine altersweise Person, die über den Standards ihrer Zeit steht und die eine gewichtige Stimme auch für uns Heutige hat. Ich stelle ihn mir als einen pensionierten Feldherrn vor. Er hatte in seinem Leben und auf dem Schlachtfeld große Erfolge. Er will diese Erfolge, also seine Erfahrungen, an die nächsten Generationen weitergeben. Ein Schreiber kniet vor ihm und pinselt auf ein Pergament, was Sun Tzu erlebt und erfahren hat.

In den folgenden Jahrhunderten wurden die »13 Gebote« immer wieder kommentiert und sogar fortgeschrieben. Deshalb ist heute auch nicht mehr nachvollziehbar, ob man von einem Urtext ausgehen kann. Überlassen wir diese Frage den Literaturwissenschaftlern.

Wer immer Sun Tzu wirklich war, in seinen Texten ist eine tiefe Weisheit zu finden. Ich bin davon überzeugt, dass dieser erfahrene Feldherr aus einer lange vergangenen Zeit uns noch heute vieles zu sagen hat. Ich gebe zu, dass mich seine Gebote faszinieren. Ich finde sie aktueller als jedes Lehrbuch über neue Managementtheorien, aktueller, weil sie die weisen Erfahrungen des Alters enthalten. Dabei scheint Sun Tzus Weisheit einfach, fast trivial. Jeder Leser wird dies schnell bestätigen können. Und gleichzeitig wird er sich fragen, warum es so schwierig ist, gemäß dieser einfachen Weisheit zu handeln. Man mag schließlich für sich viele Entschuldigungen finden – in jedem Fall wird man mit Hochachtung feststellen, dass vor 2 500 Jahren bereits jemand so dachte, handelte, erfolgreich agierte. Und wir müssen heute eigentlich gar nichts anderes machen als lesen, nachdenken, nachahmen.

Sun Tzu war Feldherr, er schrieb über das Kriegführen. Führen wir heute in unseren Unternehmen Krieg, müssen wir Anleihen bei den Weisheiten eines Feldherrn nehmen? Lange Zeit vertraten Unternehmer durchaus diese Auffassung, und viele Vorstände stellten als Topmanager gern Militärs ein, besonders in den USA hatte dies eine gewisse Tradition. Gefragt waren die Absolventen von West Point, der Kaderschmiede nicht nur amerikanischer Militärs, sondern auch amerikanischer Manager. In dieser Schule lernten sie zuerst Recht und Ordnung. Die Schüler haben dies am eigenen Leib erfahren, indem sie zunächst einmal das Gehorchen lernen mussten. Die 4 000 uniformierten Kadetten, die in West Point für das Leben lernen, unterwerfen sich einem strengen Ehrenkodex: »Ein Kadett darf nicht lügen, betrügen, stehlen oder diejenigen, die es tun, tolerieren.« Dies geht den Schülern in Fleisch und Blut über. Das ist sozusagen der Pflichtteil der Ausbildung. In den Abschlussklassen lernen die Schüler auch noch die Kür, sie lernen zu befehlen. Nun haben andere zu gehorchen. Ich glaube, diese Kombination hat über lange Jahre die Militärs in der Wirtschaft so erfolgreich sein lassen.

Im Laufe der Zeit erhielten in der Wirtschaft andere Werte Vorrang. Kreativität, Eigenverantwortung und Persönlichkeit rangieren heute vor dem Gehorsam. Mit einem Wort, Militärs scheinen nicht mehr so gefragt zu sein. Warum also soll der alte Feldherr Sun Tzu uns Ratschläge geben? Warum sollen die Manager von heute »Krieg führen«? Diese Frage hat mich am meisten bewegt, als ich die »13 Gebote« gelesen habe, und ich habe im Laufe meiner Berufsjahre eine Antwort gefunden. Das Wirtschaftsgeschehen ist sicherlich kein Krieg, aber wir haben es im Wirtschaftsleben sehr wohl mit gravierenden Auseinandersetzungen zu tun, und das nicht eben selten. Einer Firmenpleite geht immer eine solche gravierenden Auseinandersetzung voraus, und auch die Unternehmen, die überleben, sind in Konflikte verstrickt. Wir sind mitunter nahe an einem Kriegszustand, der zwar ohne Waffen, aber dennoch schonungslos geführt wird. Daher sind alle Mitarbeiter in gewisser Weise auch Krieger, ist jeder Manager eine Art Feldherr, der strategische Überlegungen anstellt oder anstellen sollte, um das Beste aus seiner Situation zu machen. Und in diesem Sinne wird, obwohl Sun Tzu natürlich nicht vom Manager schrieb, im Folgenden bei der Erläuterung von Sun Tzus Weisheiten neben dem Begriff »Feldherr« auch der Begriff »Manager« verwendet.

Manche abstrakten Überlegungen werden erst zugänglich, wenn sie mit Geschichten veranschaulicht werden können, die das Leben schrieb. Ich habe in meinem Berufsleben viele solcher Geschichten erlebt – Sun Tzu hätte seine Freude daran gehabt. Jede Geschichte aber hat ihr eigenes Umfeld, jedes Mal ein anderes. So erlaube ich mir den Kunstgriff, dass ich alle Geschichten in das Umfeld einer fiktiven Firma stelle. Bei dieser Firma handelt es sich um die Fahrradfabrik AG. Der Zweck dieses Unternehmens ist klar: Hier werden Fahrräder gebaut. Die Fahrradfabrik AG bedient den Hochpreissektor bei Fahrrädern. Die erste Geschichte, die sich in diesem Unternehmen zuträgt, ist die folgende: Jedes Fahrrad besteht aus vielen Komponenten. Diese Komponenten erfüllen wichtige Funktionen im Gesamtsystem Fahrrad. Sie sind damit unbedingt notwendig, auch wenn sie wertmäßig vielleicht nur einen kleinen Teil des Gesamten ausmachen. Nun waren einige der Lieferanten der Fahrradwerke AG für einzelne Komponenten Monopolisten. Die Preise stiegen von Angebot zu Angebot, von Auftrag zu Auftrag. Zunächst stiegen die Preise moderat, und dies wurde von der Fahrradfabrik AG noch akzeptiert – schließlich war der Anteil der Komponenten am gesamten System klein, und ein hochpreisiges Fahrrad wird auch noch gekauft, wenn sein Preis von 6 000 € auf 6 010 € steigt. Aber irgendwann stiegen die Preise der Komponenten zu stark, zu schnell, zu auffällig. Die Fahrradfabrik AG suchte nach Gegenstrategien. Zum Beispiel in der Frage der Fertigungstiefe: Kann eine höhere Fertigungstiefe die Abhängigkeit von Monopolisten lockern, kann dadurch die Kostensituation verbessert werden? Es begann ein Umdenkensprozess. Gerade an der Komponente, die im stärksten Maße teurer wurde, an dem Lieferanten, mit dem man am unzufriedensten war, wurde die neue Strategie erprobt. Wäre sie erfolgreich, dann würde für den Lieferanten ein großes Marktsegment wegbrechen. Der Umsatz- und Ergebnisrückgang würde für ihn deutlich spürbar sein. Solche gravierenden Auswirkungen würden sicher auch zu persönlichen Konsequenzen führen – der verantwortliche Manager müsste zurück ins Glied oder würde gefeuert, Arbeitsplätze gingen verloren. Das ist eine der Situationen, die der Feldherr und Manager Tag für Tag erlebt.

Handelt es sich bei einem solchen Vorgang um einen Krieg? Oder nur um eine Auseinandersetzung? Es ist jedenfalls eine sehr schwierige geschäftliche Situation, der sich der oder die Manager stellen müssen. Und solche Situationen gibt es täglich, mit mehr oder weniger bedeutenden Auswirkungen. Das Wirtschaftsleben ist von Auseinandersetzungen geprägt – sie bestimmen das Leben des Managers. Er hat sie erfolgreich zu bestehen; er hat schlichtweg zu gewinnen.

Es wird eine Geschichte von Sun Tzu überliefert, die ich dem Leser nicht vorenthalten möchte. Sie gibt einen ersten Einblick in die Auffassungen des alten chinesischen Feldherrn.

Sun Tzu war durch sein Werk *Die Kunst des Krieges* bekannt geworden, und so war auch der König Ho Lu des Reiches Wu auf den Feldherrn aufmerksam geworden. Er ließ ihn zu einer Audienz kommen und teilte ihm mit, dass er die »13 Gebote« sehr sorgfältig gelesen habe. Das sei aber natürlich nur Theorie, niedergeschriebene Empfehlungen. Und darum fragte der König, ob er den Erfolg der Gebote auch in der Praxis zeigen könne. Sun Tzu bejahte dies und teilte dem König seine Bereitschaft mit, es ihm gern beweisen zu wollen. Der König fragte ihn daraufhin: »Kannst du dies auch mit Frauen umsetzen?« Sun Tzu bejahte erneut, obwohl der Verdacht nahe lag, dass der König ihn lächerlich machen wollte.

Der König ließ 180 Frauen in den Palast bringen, darunter waren auch seine Konkubinen. Sun Tzu stellte die 180 Frauen in zwei Gruppen auf und übergab den beiden Lieblingskonkubinen des Königs die Befehlsgewalt über die beiden Gruppen. Dann erhielt jede der Frauen einen Speer. Sun Tzu stellte sich vor die Frauen: »Ich nehme an, ihr kennt alle den Unterschied zwischen vorne und hinten und rechts und links.« Die Frauen nickten. Dann begann Sun Tzu und belehrte die Frauen: »Wenn ich ›geradeaus‹ sage, dann schauen alle nach vorne. Wenn ich ›links‹ sage, drehen sich alle nach links um. Wenn ich ›rechts‹ sage, drehen sich alle nach rechts um. Und wenn ich ›ganz umdrehen‹ sage, dann drehen sich alle ganz um und sehen nach hinten. Habt ihr das verstanden?« Die Frauen bejahten.

Nun ließ Sun Tzu die Frauen in Dreierreihen antreten. Jede hielt ihren Speer. Er gab Acht, dass alle ihn sehen und hören konnten. Dann befahl er: »Rechts!« Aber nichts geschah, die Frauen brachen nur in Lachen aus und konnten sich gar nicht mehr beruhigen. Sun Tzu ließ sie einhalten und sagte: »Falls die Anweisungen nicht klar und nicht korrekt sind, so ist dies die Schuld des Feldherrn. Er muss dafür sorgen, dass seine Anweisungen verstanden werden.« Er stellte die Frauen also abermals auf und gab den Befehl: »Links!« Die Frauen befolgen den Befehl aber wiederum nicht und lachten dafür umso ausgelassener. Sun Tzu wiederholte seine Worte: »Der Feldherr ist dafür verantwortlich, dass seine Anweisungen klar und verständlich sind.« Und er fügte hinzu: »Wenn sie allerdings klar und verständlich sind, ist es die Aufgabe der Offiziere, sie umzusetzen. Gelingt dies nicht, ist dies der Fehler der Offiziere.« Dann befahl er, die beiden Führerinnen der Gruppen zu enthaupten.

Der König von Wu hatte den Vorgang von einem Balkon aus beobachtet. Als er nun erkannte, dass Sun Tzu seinen Befehl auch umzusetzen gedachte und seine beiden Lieblingskonkubinen enthauptet lassen würde, sandte er dem Feldherrn eine Botschaft: »Der König ist davon überzeugt, dass Sun Tzu ein Heer bestens führen kann. Wir möchten nicht, dass die Konkubinen enthauptet werden, weil dem König das Essen sonst nicht mehr schmecken wird.« Sun Tzu antwortete: »Ich habe vom König einen Auftrag bekommen. Diesen Auftrag werde ich erfüllen. Die Art der Umsetzung werde ich aber selbst bestimmen.« Er ließ auf der Stelle die beiden Konkubinen enthaupten und stellte die nächsten beiden an die Spitze der Gruppen. Er stellte die Gruppen wieder auf, gab ihnen die Speere und kommandierte wie vorher. Aber siehe, die Frauen befolgten seine Kommandos genauestens. Dann sandte Sun Tzu dem König die Botschaft: »Ihre Soldaten sind nun perfekt ausgebildet. Sie können jeglicher Verwendung, die Ihnen einfällt, zugeführt werden. Befehlen Sie, dass sie durch Feuer oder Wasser marschieren, so werden sie es tun.« Der König hatte aber keine Lust mehr zur Inspektion und schickte Sun Tzu fort.

Sun Tzu sagte daraufhin: »Der König spricht nur Worte, aber er kann sie nicht in Taten umsetzen.« Da verstand der König, dass Sun Tzu wirklich wusste, wie man eine Armee führt, und ernannte ihn zum obersten Feldherren. Sun Tzu verteidigte in den nächsten Jahren erfolgreich das gesamte Königreich von Wu.

Diese Legende von zweifelhaftem Wahrheitsgehalt hat eine wichtige Aussage. Jeder Manager unserer heutigen Welt wird sich schon einmal in einer ähnlichen Situation befunden haben wie Sun Tzu. Der Manager erhält von seinem Lehnsherren, etwas profaner ausgedrückt vom Unternehmen, einen Auftrag und damit auch die Verantwortung für die erfolgreiche Umsetzung des Auftrags. Manchmal stellt sich durchaus die Frage, ob er diesen Auftrag erhalten hat, weil er etwas umsetzen soll oder weil man ihn auf die Probe stellen will. Keiner weiß dies, häufig weiß dies nicht einmal derjenige, der den Auftrag erteilt.

Der Vorstand der Fahrradfabrik AG hat einen Leiter für den Zentraleinkauf eingestellt, weiß aber nicht, welche Aufgabe dieser mit welcher Ergebniserwartung zu erfüllen hat. Die Tätigkeit »Einkauf« scheint klar zu sein, jeder kann sich darunter etwas vorstellen, jeder hat ja auch schon selbst eingekauft. Aber welchen Stellenwert hat Einkauf für ein Industrieunternehmen? Soll der Herr aller Einkäufer nun die Lieferanten quälen oder soll er die Lieferanten zu Partnern entwickeln?

So verstehe ich auch die provozierende Frage des chinesischen Kaisers: Kannst du deine Aufgabe auch mit Frauen erfüllen? Der Kaiser hatte keine Vorstellung von der Aufgabe und vermutlich nicht einmal vom Ziel, vom gewünschten Ergebnis. Er wusste zum Beispiel nicht, ob die Frauen die geeigneten Mitarbeiter zur Umsetzung der Aufgabe waren. Welcher Manager hat nicht schon einmal die Empfehlung gehört: Machen Sie einfach! Gewinnen Sie einfach!

Und wie kann der heutige Manager machen und gewinnen? Sie können sich die Antwort wahrscheinlich schon denken. Er folge den Empfehlungen, den Geboten Sun Tzus, und er wird mit großer Wahrscheinlichkeit gewinnen.

Der Erfolg des Managers ist abhängig von seiner Leistung. Für Sun Tzu ist Leistung abhängig von Erfahrung und der damit verbundenen Weisheit. Das ist ein uraltes Verständnis. Auch wenn heute erfahrene Manager, die über 50 sind, oft keinen Job mehr finden.

Die Fahrradfabrik AG hat ein Werk, das nicht gerade erfolgreich agiert. Analysiert man die Zusammensetzung der Belegschaft, so stellt man fest, dass viele Führungskräfte abgewandert oder pensioniert worden sind. Es gab sogar ein Vorruhestandsprogramm. Das Unternehmen zahlte Kopfprämien für jeden, den man loswerden konnte. Die offenen Managerpositionen musste man jedoch besetzen. Junge Mitarbeiter nahmen sie ein – jung, agil, aber ohne Erfahrung. Sie agierten nicht erfolgreich. Heute hätte man gern wieder den einen oder anderen Erfahrungsträger an Bord.

Erfahrung wird in unserer Wirtschaftswelt bald wieder gefragt sein, sie wird bald wieder ihren besonderen Wert haben. Wir setzen deshalb heute schon auf Erfahrung, indem wir auf die 2 500 Jahre alte Weisheit eines chinesischen Feldherrn zurückgreifen, die so aktuell ist wie eh und je.

Planung

計篇

Das erste Gebot:
Gründliche Vorbereitungen sind das A und O des Erfolgs

- Fünf Faktoren, die die Ausgangslage bestimmen
  - *Tao,* der Weg, steht für die glaubhafte Moral
  - *Tien*, der Himmel, symbolisiert die Umstände
  - *Di*, die Erde, beschreibt Strukturen und deren Auswirkungen
  - *Dschian* steht für die Führungskompetenz
  - *Far*, die Methode, umfasst die Organisation
- Die Ausgangslage kennen und Entscheidungen treffen
  - Der erste Schritt ist die Selbsterkenntnis
  - Die Kontrahenten kennen und Chancen einschätzen
  - *Exkurs:* Zeitmanagement
  - Entscheidungen vorbereiten und neue Situationen berücksichtigen
  - Die ganze Kriegskunst beruht auf List und Täuschung
- Die drei Stufen der Vorbereitung: Visionen, Ziele und Meilensteine
- *Erlesenes* zum Thema Planung

Gehen wir davon aus, dass wir mit wirtschaftlichen Auseinandersetzungen, in welcher Form auch immer, rechnen müssen. Wenn man sie als Manager nicht aktiv annimmt und führt, wird man zwangsweise damit konfrontiert. Besser also, man ergreift selbst die Initiative. Aber um eine gute und überzeugende Chance auf Erfolg zu haben, ist es notwendig, sich gründlich vorzubereiten.

Sun Tzu sagt: »Die Kriegskunst ist für den Staat von entscheidender Bedeutung.« (I. 1) Das klingt logisch und nach trivialer Selbstverständlichkeit. Übersetzt auf die Wirtschaft könnte dies heißen: »Die Kunst der wirtschaftlichen Auseinandersetzung ist von entscheidender Bedeutung für das Unternehmen.« Und darin besteht die Aufgabe des Managers, wirtschaftliche Auseinandersetzungen erfolgreich zu führen. Er muss sich notwendigerweise in dieser Kunst üben, schließlich bestimmt die Kunst der wirtschaftlichen Auseinandersetzung das Ergebnis seines Unternehmens und damit auch den Umfang der Geldbeutel von Vorständen und Mitarbeitern dieses Unternehmens.

Und Sun Tzu fährt fort: »Sie [die Kriegskunst] entscheidet über Leben und Tod, sie bringt Sicherheit oder Zerfall. Mit ihr müssen wir uns notgedrungen befassen.« (I. 2) Das ist deutlich gesprochen, klingt in unseren Ohren vielleicht sogar etwas übertrieben. Aber hat er nicht Recht? Das Unternehmensergebnis hat eine direkte Auswirkung auf die Mitarbeiter des Unternehmens. Steht ein Unternehmen gut da, kann es leicht und großzügig Dividenden und Prämien auszahlen. Erwirtschaftet das Unternehmen jedoch Verluste, spart es meistens zuerst bei seinen Mitarbeitern. Entlassungen werden diskutiert und vorgenommen. Geht das Unternehmen sogar in Konkurs, bedeutet dies für viele Mitarbeiter eine existenzielle Bedrohung. Arbeitslosigkeit klopft an die Tür. Also führt die Kunst der Auseinandersetzung zu Erfolg oder zu Untergang.

Viele Manager verdienen am Ergebnis ihres Unternehmens. Bis zu 40 Prozent ihres Einkommens sind variabel, werden somit von der Ergebnissituation direkt beeinflusst. So betrachtet, ist »die Kunst der wirtschaftlichen Auseinandersetzung« auch für die Manager selbst von größter Bedeutung. Die Besten sind gefragt. Man benötigt die Manager, die diese Kunst professionell beherrschen. Nicht jeder Manager verfügt über diese Kunstfertigkeit; nicht jeder Manager hat die notwendige Erfahrung. Viele Manager, nennen wir es ruhig deutlich beim Namen, sind nichts anderes als Verwalter; viele Unternehmen werden einfach schlecht geführt.

Fünf Faktoren, die die Ausgangslage bestimmen

Sun Tzu geht bei seinen Überlegungen von fünf Faktoren aus: »Sie [die Kunst des Krieges] ist von fünf Faktoren bestimmt, die wir in unseren Überlegungen berücksichtigen müssen, wenn wir die Lage auf dem Schlachtfeld richtig beurteilen wollen.« (I. 3) Diese fünf Faktoren müssen in Planung und Analyse berücksichtigt werden. Auch in heutigen Managementtheorien findet man ähnliche Gedanken. Die Faktoren, die Sun Tzu anführt, lassen sich daher gut in die heutige Managementwelt übertragen.

Der erste der fünf Faktoren ist *Tao*, der Weg. Mit diesem Begriff meint Sun Tzu so etwas wie das moralische Recht oder Gesetz. Der zweite Faktor ist *Tien*, der Himmel. Darunter versteht man die Fähigkeiten. Der dritte Faktor ist *Di*, die Erde. Dies könnte man interpretieren als die Struktur des Marktes und des eigenen Unternehmens. Der vierte Faktor ist *Dschian*, der Heerführer. Hier ist die Führungskompetenz des Feldherrn und Managers gemeint. Schließlich kommt noch der fünfte Faktor hinzu. Er heißt *Far*, die Methode. Darunter versteht man die Methodik und Disziplin, die Organisation des Unternehmens.

Für den einen oder anderen klingt dies vielleicht sehr asiatisch, aus einem fremden Denken kommend. Doch so weit von unserem Denken entfernt ist es gar nicht, haben doch auch viele europäische Firmen Unternehmensleitsätze; und so könnte man die fünf Faktoren von Sun Tzu verstehen.

Tao, der Weg, steht für die glaubhafte Moral

Sun Tzu sagt: »Das moralische Recht bringt die Soldaten dazu, ihren Vorgesetzten bedingungslos zu folgen und dabei keine Gefahr zu scheuen.« (I. 5/6) Sun Tzu redet hier von einem moralischen Recht, Krieg zu führen. Gibt es überhaupt ein solches Recht, auf dessen Grundlage man Krieg führen kann, auf dessen Grundlage man wirtschaftliche Auseinandersetzungen führen darf? Ein moralisches Recht spielt im Wirtschaftsleben häufig nur eine untergeordnete Rolle. Kaum ein Manager fragt danach. Ob das richtig ist? Sun Tzu meint, dass ein Unternehmen, ein Manager und auch ein Plan eine bestimmte moralische Integrität haben sollten. Geht man von einer gesicherten und anerkannten moralischen Basis aus, wird davon die Meinung aller anderen beeinflusst. Folgt man den Gedanken von Sun Tzu, so müsste ein Manager mit moralischer Integrität anerkannter sein, motivierender wirken, aber auch erfolgreicher sein. Untersuchungen zeigen durchaus, dass eine eindeutige moralische Orientierung von Produkten (zum Beispiel Umweltschutz, keine Kinderarbeit ...) für manche Kunden ein Entscheidungskriterium ist. Ein Unternehmen mit einem anerkannten Markennamen hat es leichter als ein unbekannter Neuling. Ein solides Unternehmen, das Vertrauen in der Unternehmenswelt genießt, erhält leichter Fremdkapital als ein Unternehmen, das eher einen schlechten Ruf hat. Und in der Tat gilt Ähnliches auch für den Manager selbst. Eine integre Persönlichkeit mit der ihr eigenen Überzeugungskraft wird eine höhere Umsetzungseffizienz haben. Und eine Strategie mit Glaubwürdigkeit wird aufgrund allgemeiner Akzeptanz leichter erfolgreich umzusetzen sein. Nun ist *Tao* nicht nur die allgemeine Moral, sondern es ist darüber hinaus die Vision, die Glaubwürdigkeit, schlichtweg das Bild, das ein Unternehmen und seine Manager in der Öffentlichkeit abgeben. Wird das moralische Recht auf der Seite des Managers gesehen, dann kann er seine Mitarbeiter besser motivieren und sie werden ihm in jede Schlacht folgen.

Die Manager der Fahrradfabrik AG in unserem Beispiel standen vor der Entscheidung »make or buy«, also die Wertschöpfungstiefe zu erhöhen und einen arroganten Lieferanten hinauszuwerfen oder sich dem Lieferanten zu fügen. Die moralische Rechtfertigung, sich von dem Lieferanten zu trennen, wurde von allen Mitarbeitern anerkannt. Die Manager konnten bei den Mitarbeitern sogar eine hohe Entschlossenheit feststellen, den Weg der Eigenfertigung zu gehen. Die Make-Entscheidung fiel daher leicht, ja, sie war vor dem Hintergrund der Erwartungen der Mitarbeiter eine notwendige Entscheidung, weil es hier um das Vertrauen in die Leistungsfähigkeit des Managements ging.

Wie könnte nun der Unternehmensleitsatz des Tao heißen? Wir, das Unternehmen, tragen Verantwortung gegenüber Mitarbeitern, Kunden, Lieferanten und dem staatlichen und sozialen Umfeld, in dem wir uns bewegen. Unsere Unternehmensentscheidungen lassen sich daran messen und sind geprägt durch Kontinuität. Auf diese Weise sichern wir Glaubwürdigkeit, Motivation und Erfolg.

Tien, der Himmel, symbolisiert die Umstände

»Himmel bedeutet Nacht und Tag, Wärme und Kälte, Wetter und Jahreszeit«, sagt Sun Tzu (I. 7). Das sind Umstände, deren gemeinsames Merkmal der Wandel ist. Welche Umstände herrschen im Unternehmen vor? Wie kann der Manager mit ihnen umgehen?

Es gibt Unternehmen, die man immer dann zurate zieht, wenn Schwierigkeiten auftreten, die schnell gelöst werden müssen. Solch ein Ruf (»Die schaffen das schon!«) ist viel wert. Der Ruf, das Image und auch die Unternehmenskultur wachsen auf dem vorhandenen Nährboden – etwa einer überlegenen technischen Ausstattung, einem fantastischen Know-how, einer überragenden Zuverlässigkeit. Mit solchen Fähigkeiten lassen sich sogar höhere Preise erzielen. Wenn eine Zementanlage, ein Kraftwerk oder ein Walzwerk ausfallen, während die Produktion läuft, benötigt man einen Partner, der die Anlage schnell und zuverlässig instand setzt, denn Produktionsausfall kann einen hohen Schaden verursachen. Aus dem Grund wird man den Auftrag an ein Unternehmen geben, das ein gutes Image *(Tao)* und ausgeprägte technische Fähigkeiten und eine hohe Zuverlässigkeit *(Tien)* hat.

Umstände sind nicht gegeben, man kann sie ändern. Dies ist die Aufgabe der Manager: Wenn sie erkennen, dass *Tien* nicht gut ist, haben sie *Tien* zu ändern. Für solche Veränderungen benötigt man Kraft und Ausdauer, Zeit und Durchsetzungskraft. Die Umstände müssen erkannt und verstanden werden, dann kann man sie auch in kleinen Schritten behutsam ändern. Manchmal ist allerdings auch eine Revolution notwendig. Da es aber bei jeder Revolution auch Opfer gibt, muss der Manager so agieren, dass er nicht selbst das Opfer wird.

Die Fahrradfabrik AG hat ein Beratungsunternehmen beauftragt, eine Imagestudie zu erstellen. Es wurden Mitarbeiter, Lieferanten, Kunden und Menschen auf der Straße befragt, wie sie das Image des Unternehmens sehen. Dabei stellte sich heraus, dass die Kunden dem Unternehmen ein viel größeres Problemlösungspotenzial zusprachen als die Mitarbeiter selbst. Die Unternehmensleitung nahm dies zum Anlass, eine Mitarbeiterzeitschrift einzuführen, um so den Mitarbeitern über die Erfolge des Unternehmens zu berichten und ihnen ein höheres Selbstvertrauen zu vermitteln.

Wie könnte ein entsprechender Unternehmensleitsatz für *Tien* lauten? Die Mitarbeiter sind die wahre Stärke des Unternehmens. Auf ihnen beruhen die Fähigkeiten des Unternehmens, sie sind die Stütze notwendigen Wandels. Die Mitarbeiter sind in geeigneter Weise in den Entscheidungsprozess des Unternehmens einzubeziehen. Ihr Wissen und ihre Erfahrung sind die Basis aller Unternehmensentscheidungen.

Di, die Erde, beschreibt Strukturen und deren Auswirkungen

»Erde bedeutet Nähe und Ferne, Gefahr und Sicherheit, Enge und Weite, Leben und Tod«, so Sun Tzu (I. 8). Übertragen auf ein Unternehmen könnte man unter Erde Organisation, Finanzierungsstruktur oder Prozesslandschaft verstehen. Sun Tzu würde die Fragen stellen, ob das Unternehmen solide finanziert, die Organisationsform nachvollziehbar ist. Verschachtelte Unternehmensgebilde sind beispielsweise eher negativ zu sehen. Dahinter könnte man Finanzmanipulationen vermuten. Aber auch die Klarheit von Prozessen ist von großer Bedeutung. Prozesse müssen geradlinig, verständlich und effizient angelegt sein. Man erkennt ein Unternehmen mit definierten Prozessen sehr schnell. Für jeden Lieferanten und Kunden wird dies in der Zusammenarbeit ersichtlich.

Unter *Di* ist auch das Ressourcenmanagement zu verstehen. Ein Unternehmen muss in der Lage sein, die gewünschten und verlangten Fähigkeiten schnell dorthin zu bringen, wo sie benötigt werden. Flexible und effiziente Arbeitsweisen sind geboten. Zur Struktur gehört alles, was sich auf die Leistungsfähigkeit des Unternehmens auswirkt. *Di* baut auf *Tien* auf, daher kann man schon erahnen: Es ist selbstverständlich nicht einfach, Strukturen zu verändern. Das Schlagwort dazu heißt Paradigmenwechsel. Jeder Manager, der solch ein Thema anpackt, sollte sich zuerst in aller Stille fragen, was ein Paradigmenwechsel für ihn selbst bedeutet. Wie muss er sich ändern? Sollte er der Meinung sein, sich nicht ändern zu müssen, dann hat er schon verloren. Denn jeder Paradigmenwechsel fängt bei mir an, und wenn ich meinen Mitarbeitern nicht zeigen kann, was ich bei mir geändert habe, werden diese sich auch nicht ändern. Wie sollten sie auch? Wer lebt ihnen den Paradigmenwechsel vor? Wer lehrt sie dies? An dieser Stelle können wir von Sun Tzu noch viel lernen.

Die Fahrradfabrik AG hatte kein gutes Geschäftsjahr erlebt. Aus diesem Grund startete man ein Kostensenkungsprogramm. Das Weihnachtsgeld wurde gekürzt, Überstunden nicht mehr bezahlt und weitere Maßnahmen umgesetzt. In aller Stille aber genehmigte sich die Unternehmensleitung eine Gehaltserhöhung von 20 Prozent. Zugegeben, die Gehälter der Manager lagen unter denen vergleichbarer Firmen. Als aber diese Tatsache durch die Presse bekannt wurde, sorgte sie für eine Demotivation der Mitarbeiter.

Ähnlich agierten die Manager der Commerzbank, als sie die Betriebsrente ihrer Mitarbeiter kündigten, sich aber bei der Erhöhung ihrer Managergehälter bedienten. So ist Paradigmenwechsel wohl nicht richtig verstanden worden.

Wie könnte ein Unternehmensleitsatz zu *Di* lauten? Die Unternehmensstrukturen sollen einfach, klar und gerecht sein. Für Mitarbeiter, Kunden, Lieferanten und die Umwelt sind Entscheidungen nachvollziehbar darzustellen. Sie sollen in sich konsistent sein und sich nicht widersprechen.

Dschian steht für die Führungskompetenz

»Führung bedeutet Weisheit, Aufrichtigkeit, Wohlwollen, Mut und Strenge«, lehrt Sun Tzu (I. 9). Das sind Kriterien, die jede Unternehmensleitung charakterisieren sollten – und jeder einzelne Manager muss sich daran messen lassen. Führungskompetenz ist gefragt. Was gehört dazu? Alles, was die erfolgreiche Führung eines Unternehmens sicherstellt. Und was ist das? Es beginnt bei der eindeutigen Orientierung eines Unternehmens auf ein Ziel. Für die Umsetzung ist die Leistungsbereitschaft des Managements und der Mitarbeiter notwendig. Sie alle müssen das Ziel erreichen wollen, und keiner von Ihnen darf die Erreichbarkeit des Ziels anzweifeln. Weiterhin ist die Bereitschaft, Verantwortung zu übernehmen, wichtig. Zur Führungskompetenz (und zur Glaubwürdigkeit) gehört auch, für das Unternehmen einzustehen. Aber natürlich sind Wissen und Fähigkeiten ebenso wie Kommunikationsbereitschaft wichtig. Diese Kompetenzen kann man zu einem gewissen Teil erlernen, zu einem großen Teil werden sie aber von Erfahrung geprägt.

Zur Führungskompetenz gehört auch die Glaubwürdigkeit, die

auch noch bei großer Belastung erhalten bleiben sollte. Sie ist Ausdruck einer ausgeprägten Führungspersönlichkeit. Die Glaubwürdigkeit wird nicht beeinträchtigt durch das Eingestehen von Schwächen, von Belastungen.

In der Fahrradfabrik AG führte man die »Aufgabenkaskade« ein. Ausgehend vom Geschäftsauftrag der Unternehmensleitung musste jede Abteilung und jede Hierarchiestufe einen eigenen davon abgeleiteten Geschäftsauftrag formulieren. Diese wurden auf Mitarbeiterveranstaltungen durchgesprochen. Das führte dazu, dass jeder Mitarbeiter über das Ziel des Unternehmens, die Aufgaben seiner Vorgesetzten und seine eigenen Aufgaben informiert war. Er konnte auch beurteilen und erkennen, ob die Aufgaben nahtlos zusammenpassten. Das führte zu einem starken Zusammengehörigkeitsgefühl. Die Mitarbeiter waren alle der Auffassung, dass sie an einem Strang zogen.

Wie kann man einen Unternehmensleitsatz zu *Dschian* formulieren? Die Ziele des Unternehmens und die daraus abgeleiteten Aufgaben sind allen Mitarbeitern bekannt. Die Mitarbeiter können und sollen die Formulierung ihrer eigenen Aufgaben im Rahmen der jeweiligen Geschäftsaufträge beeinflussen.

Far, die Methode, umfasst die Organisation

Sun Tzu beschreibt *Far* folgendermaßen: »Methode umfasst die hierarchische Strukturierung der Armee, die Unterhaltung der Nachschublinien und die Kontrolle der militärischen Ausgaben.« (I. 10)

Na endlich, damit kann man doch etwas anfangen. Wir lieben Richtlinien. *Far* sind das Gesetz, die Regeln, die Richtlinien und die Disziplin, mit der die Regeln eingehalten werden. Jedes Unternehmen braucht Richtlinien. Mit ihnen können wir alle Prozesse beschreiben, dann irgendwo ablegen, früher im Ordner, heute auf dem PC, im Intranet. Und was machen wir dann mit all der Ordnung, den Regeln, dem *Far*?

Jede Regel macht nur Sinn, wenn sie gelebt wird. Daher sollte sie

Freiraum lassen. Die Mitarbeiter müssen atmen können, die Kreativität darf nicht von Regeln unterdrückt werden. Regeln sind notwendig, dürfen aber nicht zu Fesseln werden. Sie sollten der Rahmen für eine freie Gestaltung sein, und sie müssen die Arbeitssystematik unterstützen, also Effizienz fördern. *Far* sind in der modernen Unternehmenskultur die Organisation und die Arbeitspläne, das interne Telefonbuch und die Prozessbeschreibungen, der Sitzplan und der Kontenrahmen, die Gehaltsabrechnung und der Pförtnerdienst. Und hier schließt sich der Kreis zu *Tao*, dem moralischen Ansatz, denn ihn muss man in der Unternehmensordnung wiederfinden.

In der Fahrradfabrik AG gab es natürlich Regeln. Sie waren aber nicht niedergeschrieben. Sie wurden lediglich gelebt, eben wie die Traditionen. Dazu gehörte auch die Gewohnheit, dass sich alle Führungskräfte zum Mittagessen in einem bestimmten Saal trafen. Dort wurde gespeist, aber auch viel geredet, diskutiert. Dieser »Mittagstisch« war so etwas wie eine Informationsdrehscheibe. Hier entstanden die informellen Regeln. Nun wurde ein neuer Manager eingestellt. Er nahm seine Arbeit auf, aber niemand erzählte ihm von dieser Tradition. Es dauerte über ein halbes Jahr, bis er davon erfuhr. In dieser Zeit verfügte er häufig nicht oder nur zu spät über bestimmte Informationen, sodass die Qualität seiner Entscheidungen darunter litt.

Gesetze regeln auch das Zusammenleben der Bürger in einem Staat. Gesetze sollen verfassungskonform sein; sind sie das nicht, müssen sie geändert werden. Da etliche Gesetze zum Beispiel der ÖVP/FPÖ-Koalition in Österreich nicht mit der nötigen Sorgfalt erarbeitet wurden, musste man teure Berater beauftragen, jeweils die Gesetzeskonformität zu überprüfen. In den Ministerien war einfach schlecht gearbeitet worden. Dies kann auch für ein Unternehmen zutreffen. Die einzelnen Richtlinien müssen sich an der Unternehmensphilosophie orientieren.

Und die Frage nach einem Unternehmensleitsatz zu *Far*: Die Regeln des Unternehmens sind einfach und übersichtlich und widersprechen sich nicht. Sie sind schriftlich niedergelegt und allen Mitarbeitern bekannt.

Die Ausgangslage kennen und Entscheidungen treffen

Sun Tzu führt aus: »Mit diesen fünf Faktoren muss jeder Heerführer vertraut sein; wer mit ihnen vertraut ist, wird siegen; wer nicht mit ihnen vertraut ist, wird verlieren.« (I. 11) Folgt man Sun Tzu, dann sollte jeder Manager diese fünf Faktoren berücksichtigen, jeder Nachwuchsmanager sollte darin unterrichtet werden, Beförderungen sollten davon abhängig sein. Nach Sun Tzu kommt der Erfolg automatisch, wenn man die fünf Faktoren berücksichtigt, um die Lage (auf dem Schlachtfeld) richtig zu beurteilen.

Der erste Weg zur Erkenntnis ist die Erkenntnis über sich selbst

Jeder Manager sollte sich die oben bereits angeführten Worte von Sun Tzu einrahmen und aufhängen: »Das moralische Recht bringt die Soldaten dazu, ihren Vorgesetzten bedingungslos zu folgen und dabei keine Gefahr zu scheuen.« (I. 5/6) Legt man diesen Satz etwas freier aus, so könnte er lauten: »Die Persönlichkeit des Managers ist ausschlaggebend für die Motivation seiner Mitarbeiter. Sie motiviert die Mitarbeiter, all ihre Kraft in die Erreichung der vom Manager gesetzten Ziele zu stecken.« In vielen Unternehmen besteht diesbezüglich ein gewaltiger Nachholbedarf. Dort steht der kurzfristige Erfolg, die Steigerung des Börsenwerts im Vordergrund. Es gibt dort Programme, die die Mitarbeiter motivieren sollen, Maßnahmen zu finden und umzusetzen, um Ergebnisse zu generieren *(early wins, deep hanging fruits).* Dies ist meist überflüssiger Aktionismus. Die Mitarbeiter werden weit stärker durch ihre Arbeitsaufgabe und die Persönlichkeiten ihrer Manager motiviert. Aus dieser Motivation ergeben sich Maßnahmen mehr oder weniger selbstverständlich, und ebenso selbstverständlich führen diese zu Ergebnissen.

Sun Tzu schlägt eine Vorbereitung und Planung vor, die bei der Erkenntnis über sich selbst beginnt. Eine Führungskraft muss sich selbst beurteilen können. Als Kriterien kann man die von Sun Tzu genannten fünf Faktoren nutzen, um zu einer Art Stärken-Schwächen-Profil zu gelangen. Folgende Fragen lassen sich stellen:

Zu *Tao*, dem Weg:

- Ist meine Persönlichkeit gefestigt?
- Habe ich Achtung vor meinen Mitarbeitern und Mitmenschen?
- Gehe ich »gerecht« mit meinen Mitarbeitern um und empfinden sie dies auch?
- Sind meine Vorstellungen begründet? Habe ich mich gründlich vorbereitet?
- Erkennen die Mitarbeiter meine Sorgfalt in der Entscheidungsfindung?
- Sind meine Visionen verständlich? Habe ich mir ausreichend Zeit genommen, sie zu vermitteln?

Zu *Tien*, dem Himmel:

- Habe ich die notwendigen Fähigkeiten für meine Arbeitsaufgabe?
- Lasse ich meinen Mitarbeitern die Möglichkeit, ihre Fähigkeiten und Qualitäten zu entwickeln?
- Unterstütze ich sie dabei? Machen sie notwendige Schulungen?
- Kennt jeder Mitarbeiter seine Arbeitsaufgabe?
- Bin ich/sind wir verlässlich? Können wir uns aufeinander verlassen?

Zu *Di*, der Erde:

- Haben wir unsere Abteilung, unsere Gruppe so organisiert, dass man die Arbeitsaufgaben auf einen Blick erkennen kann?
- Sind die Mitarbeiter einzelnen Aufgaben eindeutig zugeordnet?
- Werden Doppelarbeiten vermieden?
- Stimmt unser Prozess? Ist er niedergeschrieben, kennen ihn alle Mitarbeiter, leben sie danach?
- Haben wir ausreichend Ressourcen, um unsere Aufgaben abzuarbeiten?

- Haben wir die Arbeitsmittel, die uns ein effizientes Arbeiten ermöglichen?

Zu *Dschian*, der Führungskompetenz:

- Bin ich selbst kompetent? Kann ich führen?
- Erkennen die Mitarbeiter meine Führungskompetenz an? Vertrauen sie mir?
- Sind meine Gruppenführer geschult? Habe ich sie bereits zu Führungspersönlichkeiten entwickelt, oder gibt es noch einen Nachholbedarf?
- Spreche ich mit meinen Gruppenführern regelmäßig über Führung?
- Führe ich mit den Mitarbeitern Führungsgespräche?
- Lasse ich mich auch selbst von meinen Mitarbeitern beurteilen?
- Bin ich offen für konstruktive Kritik?

Zu *Far*, dem Gesetz:

- Haben wir Regeln und Richtlinien, die den Geschäftsablauf festlegen?
- Halten sich die Mitarbeiter daran?
- Gibt es zum Beispiel Unterschriftsregelungen, Reiserichtlinien? Sind diese leicht verständlich? Ist die Abwicklung und der Prozess verständlich und effizient?
- Haben wir im Unternehmen Leitsätze? Werden sie interpretiert? Kennen und leben die Vorgesetzten und die Mitarbeiter die Leitsätze?

Die Kontrahenten kennen und Chancen einschätzen

Sun Tzu empfiehlt, die militärische Lage beider Kriegsparteien sorgfältig zu beurteilen. Er vergleicht dafür (I. 13) die beiden Kontrahenten in Bezug auf die fünf Faktoren:

1. »Welcher der beiden Herrscher hat das moralische Gesetz auf seiner

Seite?« (Welcher Manager ist glaubwürdiger, steht für akzeptablere Werte?)

2. »Welcher Heerführer verfügt über die besseren Fähigkeiten?« (Welcher Manager ist fähiger, kann Visionen und Ziele glaubhafter präsentieren?)
3. »Wessen Stellung wird durch Himmel und Erde begünstigt?« (Welcher Manager kann aus den Umständen die größeren Vorteile ziehen?)
4. »Auf welcher Seite herrscht strengere Disziplin?« (Welcher Manager sorgt besser für die Durchsetzung von Regeln?)
5. »Welche Armee ist stärker?« (Welcher Manager verfügt über die richtige Kapazität an Mitarbeitern?)
6. »Auf welcher Seite sind Offiziere und Soldaten besser trainiert?« (Welche Mitarbeiterschaft ist kompetenter?)
7. »In welcher Armee werden Belohnung und Bestrafung konsequenter praktiziert?« (Welcher Manager ist in seinen Aktivitäten berechenbarer und beständiger?)

Exkurs: Zeitmanagement

Es ist heute üblich, dass Manager unter Zeitdruck entscheiden und also keine Zeit für die Vorbereitung haben. Woher kommt dieser Zeitdruck? Mitunter scheint das beabsichtigt zu sein, denn Zeitdruck suggeriert Wichtigkeit. Wenn der Manager einen übervollen Terminplan hat, ist er wichtig, ein voller Terminkalender unterstreicht seine Bedeutung im Unternehmen. Welcher Manager gibt schon zu, dass er Zeit hat? Ich habe auch die Beobachtung gemacht, dass Sekretärinnen stolz darauf sind, wenn ihr Chef viele Termine hat. »Nein heute hat der Chef keine Zeit. Er hat Gespräche im 20-Minuten-Takt.« Was ist die Botschaft? Mein Chef ist wichtig, ich verwalte diese Bedeutung.

Was kann man als Manager dagegen tun? Zunächst einmal delegieren. Dies hat etwas mit Vertrauen zu tun und beginnt ganz weit vorne in der Prozesskette. Habe ich mir Zeit genommen, mich gut vorbereitet, um die richtigen Mitarbeiter auszuwählen, werde ich auch das Vertrauen zu diesen Mitarbeitern entwickeln und werde schließlich mit Freude und Genugtuung an sie delegieren. So kann man sich selbst von vielen Aufgaben entlasten und findet Freiraum, um sich auf wichtige Sitzungen vorbereiten zu können.

Auch mit organisatorischen Maßnahmen kann man sich befreien, etwa indem man der Sekretärin sagt, dass sie keine Termine vor 9.00 Uhr oder nach 18.00 Uhr vergeben solle. So kann man die geschaffenen Freiräume nutzen, sich auf den Tag, auf den nächsten Tag, auf die Woche vorzubereiten. Man kann sich auch vor jeder Besprechung eine Auszeit von 15 Minuten verordnen, um sich dann jeweils auf das nächste Thema einzustellen. Es gibt viele Möglichkeiten, den Zeitdruck einzugrenzen und damit Zeit für die Vorbereitung zu gewinnen. Das erfordert jedoch eine gewisse Konsequenz.

Ich selbst habe solche Phasen des Zeitdrucks in meinem Berufsleben häufiger durchgemacht. Ich habe dies immer dann geändert, wenn ich erkannte: Ich gehe in Besprechungen, auf die ich mich nicht mehr vorbereiten kann. Und ich habe keine Zeit, das Ergebnis dieser Besprechung zu notieren. Anderen geht es ähnlich. Plötzlich registriert man, dass alle diese unzähligen Besprechungen nichts als verlorene Zeit darstellen. Man selbst kann kaum noch etwas einbringen und auch nichts mitnehmen. Andere treiben und der Manager wird plötzlich zum Gejagten. In diesem Augenblick muss man einen Entschluss fassen: Man besucht nur noch Sitzungen, auf die man sich auch wirklich vorbereiten kann. Und hinterher gönnt man sich eine Viertelstunde, das niederzuschreiben, was vereinbart worden ist. Man wird voller Erstaunen feststellen, dass man an weniger Sitzungen teilnimmt, diese weniger Zeit in Anspruch nehmen und man einen Überblick über Beschlüsse, Maßnahmen und Meilensteine erhält, um alle Folgeaktivitäten begleiten zu können. Der Manager gewinnt unübersehbar an Arbeitseffizienz.

Obwohl ich diese Zeitfalle aus Erfahrung kenne, tappe ich immer wieder hinein. Lange Zeit kämpfe ich, versuche ich alle Termine zu erfüllen. Schließlich werden auch die Wochenenden ausgeplant. Wenn ich diesen Zustand schließlich bemerke, dann verändere ich konsequent mein Verhalten. Ein Freund, ebenfalls Manager, geht jedes Jahr für drei Tage in ein Kloster, um zu meditieren. Dort überprüft er sich, sein Arbeiten, seine

Einstellungen. Er unterzieht sich einem seelischen Check-up. Und er trifft dabei Entscheidungen – Entscheidungen über die eigene Karriere, über die eigene Arbeitsweise, über die eigenen Prioritäten. Nach der Klausur kommt er ganz frisch und tatkräftig ins Büro.

In der täglichen Arbeitspraxis erfahren wir, dass der Zeitdruck und die daraus resultierende Hektik viele Manager beeinträchtigt. Darunter leidet die Seriosität der Vorbereitung; Manager entscheiden vielfach auf der Grundlage von unzureichender Faktenkenntnis.

Der Vorstand der Fahrradfabrik AG wollte eine kurzfristige Empfehlung, ob er eine bestimmte Firma übernehmen sollte oder nicht. Die Aufgabenstellung ging an verschiedene Abteilungen. Die Mitarbeiter brachen in Hektik aus, arbeiteten unter Stress. Da die Arbeit nicht abgestimmt war, wurden manche Themen in mehreren Abteilungen und damit doppelt bearbeitet, andere Gesichtspunkte wurden gar nicht beleuchtet, da man sie schlichtweg vergessen hatte. Das erarbeitete Material umfasste viele Seiten. Das persönliche Büro des Vorstands verdichtete nunmehr das Material und erarbeitete daraus einen zehnseitigen Bericht. Dieser war nun die Entscheidungsvorlage für den Vorstand.

Solch ein Szenario gibt es in allen großen Unternehmen auf allen Ebenen. In vielen Fällen bedeutet dies Doppelarbeit, in allen Fällen ein hohes Maß an Ineffizienz, und fast immer führt diese Arbeitsweise zu einer lückenhaften, nicht professionell verdichteten Entscheidungsgrundlage. Natürlich ist eine gewisse Hektik anspornend, denn sie regt an. Sie überwindet auch Bürokratie, das Verharren in alten Strukturen. Natürlich kann man sich mit einem gewissen Zeitdruck arrangieren. Aber man muss sich fragen, ob dies die optimale Vorbereitung für die Entscheidung ist.

Entscheidungen vorbereiten und neue Situationen berücksichtigen

Die wichtigste Aufgabe eines Managers ist es, Entscheidungen zu treffen. Es sind nicht immer spektakuläre Entscheidungen, sondern vielfach auch kleine Entscheidungen, die aber alle eines gemeinsam haben: Sie halten einen Prozess in Gang. Fehlerhafte Entscheidungen stören dagegen den Prozess. Unternehmen gehen zugrunde, weil Manager falsche Entscheidungen getroffen haben. Daraus kann man unschwer ableiten, dass sich die Kompetenz des Managers an der Qualität seiner Entscheidungen messen lässt. Gute Entscheidungen sind gut vorbereitet – der gute Manager unterscheidet sich also vom schlechten Manager durch die gründliche Vorbereitung seiner Entscheidungen.

Die Fahrradfabrik AG wollte eine neue Fabrik bauen. Mit viel Sorgfalt wurde ein Investitionsplan erstellt. Ist die Lage verkehrsgünstig? Wie kann man die Hallenarchitektur dem Fertigungsfluss bestens anpassen? Sind die Maschinen effizient und produktiv? Der Personalchef erhielt die Aufgabe, den richtigen Manager zu suchen. Er ließ sich von jedem der Kandidaten erklären, wie er sich auf wichtige Entscheidungen vorbereite. Nur einer der Kandidaten überzeugte ihn mit seiner Antwort, und den stellte er ein. Dieser führte die Fabrik über lange Jahre sehr erfolgreich.

Sun Tzus erstes Gebot betrifft deshalb die Vorbereitung von Entscheidungen. Natürlich können auch spontane und emotionale Entscheidungen durchaus erfolgreich sein. Je komplexer aber die zugrunde liegenden Tatbestände sind, desto eher werden solche Entscheidungen falsch sein. Vertrauen Sie also nicht ausschließlich auf Ihre Intuition oder Ihre Erfahrung, sondern seien Sie immer vorbereitet und treffen Sie keine Entscheidung unvorbereitet oder auf der Basis eingefahrener Verhaltensmuster.

In der Fahrradfabrik AG arbeitete ein altgedienter und verdienter Manager. Er hatte maßgeblich den Aufbau des Unternehmens gestaltet und zahlreiche Mitarbeiter eingestellt. Sein Einstellungsverfahren war recht einfach. Er lud die Kandidaten zum Mittagessen ein, unterhielt sich mit ihnen ausführlich. Dann traf er seine Entscheidung. Zugegeben, dieser Manager liebte gutes Essen, und so verband er das Gute mit dem Nützlichen. Dieses Verfahren funktionierte so lange gut, wie es sich um den stetigen Aufbau handelte. In diesen Zeiten kam es darauf an, ob jemand zupacken konnte und wollte. Strategische Fähigkeiten spielten keine Rolle. Aus diesem Grund scheiterte der Manager aber, als veränderte Bedingungen neue Qualifikationen bei den Mitarbeitern verlangten. Wer konnte eine Strategie entwickeln? Wer konnte ein Konzept vorlegen? Wer konnte eine Filiale der Fahrradfabrik AG in den USA aufbauen? Der Manager verfügte nicht über die notwendige Erfahrung für eine solche Art der Auswahl. Ein Gespräch beim Mittagessen mochte Rückschlüsse auf das Engagement der Bewerber zulassen, aber sicherlich nicht auf ihre strategischen Kompetenzen. Daher stellte dieser Manager in dieser Phase die falschen Leute ein. Diese versagten, und der Manager wurde irgendwann in den verdienten Ruhestand geschickt. Sein eingefahrenes Verhaltensmuster hätte der neuen Situation angepasst werden müssen.

Je abstrakter und komplexer eine Managemententscheidung ist, desto rationaler muss die Vorbereitung gestaltet sein. In jeder Entscheidung befindet sich die Wurzel der Fehlentscheidung oder des Irrtums. Das Treffen von Entscheidungen kann man durchaus als Prozess verstehen: Er beginnt mit der Vorbereitung, beinhaltet die Umsetzung und endet schließlich mit der Nachbereitung. Dies ist Teil der »Kunst der wirtschaftlichen Auseinandersetzung«. Sun Tzu besteht auf einer gründlichen Vorbereitung, ergänzt aber: »Höre auf meinen Rat und nutze darüber hinaus jeden glücklichen Umstand, der sich dir bietet. Sei bereit, deinen Plan entsprechend zu ändern.« (I. 16/17)

Die genaue und persönliche Vorbereitung ist das A und O. Ein Manager sollte seine Mitarbeiter etwa lehren, nie unvorbereitet in eine Sitzung zu gehen. Selbst wenn man nicht verantwortlich agieren muss, sollte man sich genau damit beschäftigen, was auf der Sitzung geschehen wird: Welches Thema wird behandelt? Was ist das Ziel? Was kann ich dazu beitragen? Kann man diese Fragen nicht beantworten, ist es auch nicht erforderlich, an der Sitzung teilzunehmen.

Sun Tzu sagt: »Wer vor dem Kriegsgeschehen viele Situationen in Gedanken durchspielt, hat gute Siegchancen. Wer wenige Situationen bedenkt, hat schlechte Siegchancen. Wer gedankenlos handelt, muss verlieren. Daran kann ich im Voraus erkennen, wer siegen und wer verlieren wird.« (I. 26) Dieser Hinweis hat nichts von seiner Aktualität verloren. Es geht darum, sich zurückzuziehen, um sich zu konzentrieren, sich vorzubereiten, das Für und Wider einer Entscheidung in Ruhe zu überdenken.

In der Fahrradfabrik AG gab es einen »war room«, zugegebenermaßen sehr amerikanisch geprägt. In diesem »war room« wurden alle Entscheidungen getroffen. Die Manager, die eine Entscheidung vom Vorstand benötigten, mussten zu festgelegten Zeiten gut vorbereitet im »war room« erscheinen und ihr Anliegen vortragen. Sie konnten die Entscheidungsvorlage kurz präsentieren und mussten sich dann dem Kreuzverhör der Vorstände stellen. Nur wenn sie dieses bestanden, hatten sie die Chance auf einen positiven Entscheid. Die Manager hatten das Verfahren schnell verstanden und gelernt, dass sie den »war room« nur gut vorbereitet betreten sollten. Hatte ein Manager mehrmals eine schlechte Leistung geboten, wurde er aus dem Unternehmen entfernt.

Manager in Großunternehmen treffen heute häufig Entscheidungen, deren Konsequenzen sie gar nicht überblicken können. Die Sachverhalte, die Entscheidungen zugrunde liegen, sind komplexer Natur. Daher ist eine gründliche Vorbereitung besonders notwendig. Die Zuarbeit von vielen Mitarbeitern ist erforderlich, darf aber niemals die eigene Vorbereitung und Auseinandersetzung der Entscheider mit der Sachlage ersetzen. Muss ein Vorstand zum Beispiel über die Schließung einer Fabrik entscheiden, so wird dies weitreichende Konsequenzen sowohl für das Kapital als auch für die Menschen haben. Eine gute und solide Vorbereitung ist wichtig. Mitarbeiter können und müssen zuarbeiten, aber der Entscheider muss (vor der Entscheidung) auch die Konsequenzen überblicken.

Je höher Manager in der Hierarchie von Großunternehmen angesiedelt sind, desto dürftiger sind ihre Entscheidungen häufig vorbereitet. Das hat seinen Grund: Die zugrunde liegenden Sachverhalte sind äußerst komplex. Es benötigt Zeit, sie zu verstehen. Viele Vorstände werden nicht ausreichend informiert. Die, die ihnen zuarbeiten, vereinfachen die komplexen Strukturen über mehrere Informationsstufen. Damit wird dem Vorstand vielfach die Komplexität nicht mehr bewusst. Für ihn erscheint die Entscheidungssituation sogar recht einfach, fast trivial. Vorstandsvorlagen dürfen, so sagt man, nicht mehr als zehn Seiten haben. Kann man auf diesen Seiten alle Fakten aufführen, die zur Schließung einer Fertigungsstätte, die zum Kauf eines Unternehmens führen werden?

Wir haben bereits über die Lieferantensituation bei der Fahrradfabrik AG berichtet. Ein monopolistischer Lieferant war zum Risiko geworden, und der Vorstand stand vor einer weitreichenden Make-or-buy-Entscheidung. Will man das Produkt selbst herstellen, oder will man es nach wie vor zukaufen, vielleicht unter geänderten Bedingungen? Es wurden unterschiedliche Szenarien aufgestellt. Ist das eigene Unternehmen in der Lage, das Produkt herzustellen? Besitzt man das Fertigungswissen, die Maschinen und Flächen, die Wissensträger? Diese Entscheidung musste gut vorbereitet sein. Viele Spezialisten beteiligten sich daran. Beherrschen wir die Technik? Welche Fertigungstiefe ist sinnvoll? Welche Konsequenzen sind für Personal und Kosten erkennbar? Welche juristischen und politischen Konsequenzen hat die Entscheidung? Und werden es die Kunden akzeptieren? Welchen Schaden kann der Lieferant im negativen Fall verursachen, kann er sich irgendwie rächen? Denn nach der Entscheidung für das »Make« würde Krieg herrschen. Viele Mitarbeiter beleuchteten diese Fragen, dachten darüber nach, gaben Statements ab.

Der Technikleiter trug alle Gesichtspunkte zusammen, fasste sie in einem Bericht mit einer Empfehlung für den Vorstand zusammen. Aber auch der Vorstand musste sich vorbereiten. Er war gut beraten, alle Spezialisten zusammenzuholen, sich beraten zu lassen, ihnen persönlich zuzuhören, somit ein eigenes Bild zu gewinnen. Der Vorstand der Fahrradfabrik AG nahm sich diese Zeit. Er ließ sich Chancen und Risiken präsentieren, und er überprüfte jedes Argument. Er eignete sich das notwendige Verstehen selbst an. Dann entschied er.

In den bisherigen Ausführungen ging es um die gute Vorbereitung einer Entscheidung. Fast selbstverständlich sollte es dann sein, dass die Entscheidung auch getroffen wird und dass sie für einen bestimmten Zeitraum Gültigkeit hat. Dies ist in der Praxis aber nicht immer gegeben. In vielen Fällen lässt man vorbereiten oder bereitet auch selbst vor, aber man entscheidet nicht. Immer wieder lässt man die Entscheidungsvorlage nachbessern, aber dennoch wird nicht entschieden. Man überlässt unentschiedene Sachverhalte nachgeordneten Mitarbeitern, die dann zwischen Annahmen und Vermutungen lavieren müssen. So werden unentschiedene Zustände zu Dauerzuständen. Das hemmt die Organisation, führt zu Ersatzprozessen und zu Frustrationen. Nicht zu entscheiden ist aber immer die teuerste Alternative. Es gibt Manager, die keine Entscheidungen treffen, weil sie Angst haben, die falsche Entscheidung zu treffen. Das Unternehmen sollte auf sie verzichten.

In anderen Fällen wird »einfach« entschieden. Selbst wenn die Entscheidung vorbereitet war, wurde über die Vorbereitung hinweg entschieden. Das Ergebnis sind häufig falsche Entscheidungen, die das Unternehmen viel Geld kosten. Nur selten sind diese Konsequenzen kurzfristig erkennbar.

Der Vorstand der Fahrradfabrik AG hatte es sich mit seiner Lieferantenentscheidung nicht einfach gemacht. Nun war sie getroffen. Die Entwicklung des Produktes würde mindestens zwei Jahre in Anspruch nehmen. Erst dann würde man erkennen, ob sich die Produktqualität mit der des Lieferanten messen ließ, ob die Kosten sich plangemäß entwickelten, ob der prognostizierte Gewinn realisiert werden konnte.

Ein Trost für viele Manager scheint es zu sein, dass in den meisten Entscheidungssituationen der Erfolg von Entscheidungen nicht messbar ist. Dies führt dazu, dass die Manager schon auf die bloße Entscheidung stolz sind, als sei sie bereits das Ergebnis. Die Entscheidung ist das Ziel, so könnte man in Anlehnung zu eine chinesische Weisheit formulieren. Aber Sun Tzu würde das in diesem Zusammenhang ablehnen. Er behauptet, dass das Ziel der Sieg ist – für Manager heißt dies: Nur die erfolgreiche Umsetzung kann das Ziel sein.

Es ist schwierig, die Qualität und das daraus resultierende monetäre Ergebnis einer Entscheidung ganz genau zu beurteilen. Man kennt ja nur die Ergebnisse der getroffenen Entscheidung und kann die Ergebnisse alternativer Entscheidungen nur begrenzt als Vergleich heranziehen, weil man sie nicht genau kennt und allenfalls abzuschätzen vermag. So gibt es für die nachträgliche Beurteilung vieler Entscheidungen keine ganz sichere Basis. Dieses Problem kennen alle Entscheider. Auch in der Politik stellt sich die Situation ähnlich dar. Ein Beispiel: Man möchte die Arbeitslosigkeit senken. Zur Entscheidung stehen eine Steuersenkung, um den Konsum zu fördern, oder eine Steuererhöhung, um Arbeitsbeschaffungsmaßnahmen finanzieren zu können. Die getroffene Entscheidung kann man nun zwar an der Erreichung des Zieles messen (falls ein konkretes Ziel existiert, was selten genug ist), nicht aber in Bezug auf die Entscheidungsalternative. Hat man sich für Steuersenkungen entschieden, kann man die Entwicklungen an der Ziellinie messen, aber man weiß nicht, was eine Steuererhöhung gebracht hätte. Weil insofern der ganz klare Nachweis, dass eine Entscheidung falsch war, nicht immer gelingen kann, erfasst viele Entscheider aus Politik und Wirtschaft eine gewisse Sorglosigkeit, eine gewisse Großzügigkeit bei ihren Entscheidungen.

Und schließlich kommt auch noch hinzu, dass viele Entscheidungen »Langläufer« sind. Das aus der Entscheidung resultierende Ergebnis wird erst in einigen Jahren sichtbar. Erst die »Kinder« werden die Früchte genießen können – oder die Folgen tragen müssen. Der Manager ist schon weitergereist, die Karriereleiter hinauf- oder hinuntergestiegen oder in den Ruhestand abgewandert. So kann man wahrlich leicht entscheiden.

Immerhin ist es logisch, dass die Vorbereitung im Sinne einer umfassenden Kenntnis des »Schlachtfeldes«, des wirtschaftlichen Umfeldes, von großer Bedeutung für die Güte einer Entscheidung ist. Sun Tzu sieht dies klar: Zwar haben sich auch weniger erfolgreiche, nicht siegende Heerführer informiert, haben die Lage durchdacht, bevor sie in den Krieg zogen – aber es war nicht ausreichend. Sie haben nicht alle Facetten des Schlachtfeldes erkannt und nicht alle Situationen durchgespielt. Nur eine vollständige Lagebeurteilung führt zum Sieg. Es gibt auch Sprichwörter aus dem heutigen Leben, die diesen Gedanken unterstützen: »Gut geplant ist halb gewonnen.« Sun Tzu geht weiter: »[...] Wer gedankenlos handelt, muss verlieren. Daran kann ich im Voraus erkennen, wer siegen und wer verlieren wird. [...]« (I. 26)

Eines muss an dieser Stelle noch einmal klargestellt werden: Planung ersetzt nicht die Handlung! Das Ende des Planungsprozesses ist die Entscheidung. Sie muss getroffen und umgesetzt werden, es muss gehandelt werden. Oft wird allerdings mit Handlungen begonnen, und es werden die zugrunde liegenden Entscheidungen erst später überdacht. Werden neue Vorstände eingesetzt, so beginnt in vielen Unternehmen eine große

Hektik. Schnell müssen Entscheidungen getroffen, muss zeitgleich gehandelt werden, schließlich ist Zeit Geld. Die neuen Leute wollen sich als Macher profilieren. So werden komplexe Sachverhalte vereinfacht und schnell entschieden. Die daraus resultierenden Folgen will man manchmal gar nicht zur Kenntnis nehmen. Dahinter steckt in manchen Fällen sogar Methode: Würde man die Auswirkungen von Entscheidungen zur Kenntnis nehmen, darüber nachdenken, sie verinnerlichen, könnte dies unweigerlich bedeuten, dass man das nächste Mal nicht mehr so einfach entscheiden kann. Das aber ist dem Image des Machers abträglich.

Die Fahrradfabrik AG kam vor einigen Jahren unter massiven Ergebnisdruck. Die damals agierenden Manager kannten nur ein einziges Rezept: Mitarbeiterabbau. Nun zeigte sich (offensichtlich sehr zur Überraschung der agierenden Manager), dass man Mitarbeiter nicht so einfach entlassen kann. Die Lösung war bald gefunden: Die älteren Mitarbeiter konnte man recht leicht pensionieren. So tobte wieder einmal die Vorruhestandswelle. Dabei übersah der Vorstand, dass im Rahmen der Vorruhestandsregelung die Erfahrungsträger das Unternehmen verließen. Man ließ sogar Mitarbeiter gehen, die über einmaliges Expertenwissen verfügten, das es sonst im Unternehmen nicht mehr gab (nur die Kopfzahl war das Maß aller Dinge). Es dauerte gut ein Jahr, bis die Manager das daraus resultierende Problem erkannten. Nun versuchte man, die Mitarbeiter durch Beraterverträge wieder an das Unternehmen zu binden.

Es soll schon Großunternehmen gegeben haben, die Mitarbeiter mit Abfindungen in den Vorruhestand schickten – und nach einiger Zeit wurde dann ein Rundschreiben veröffentlicht, das regelte, wie man Pensionäre wieder einstellen konnte.

Nach der deutschen Einheit haben viele westdeutsche Firmen expandiert. Hätten sie diese Expansion gründlich durchdacht, im Tempel überlegt, so hätten sie erkennen können, dass die gestiegene Nachfrage lediglich auf Nachholbedarf, der irgendwann einmal gedeckt sein würde, zurückzuführen war. In den Wirtschaftsplänen hätte man also auch einen Rückgang einplanen müssen. Da aber Rückgang heute als Sünde gilt, hat man auf kontinuierliches Wachstum gesetzt, bis dieses eines Tages schmerzhaft einbrach. Das führte zu empfindlichen Ausschlägen in der Unternehmenspolitik. Einstellen, entlassen ... Vieles davon hätte man im Tempel bedenken können, viele »Krampfkosten« hätten sich vermeiden lassen. Der Sieg wäre sicher gewesen. Die Vorbereitung ist das A und O – für den Vormarsch und den Rückzug.

Die ganze Kriegskunst beruht auf List und Täuschung

»Alle Kriegskunst ist List und Täuschung«, sagt Sun Tzu (I. 18). Haben wir bei unseren Vorbereitungen etwas vergessen? Ja, wir haben vergessen, wie wir unsere Entscheidung präsentieren wollen. Die Entscheidungsfindung war schonungslos. Stärken und Schwächen wurden genau beschrieben, analysiert, bewertet. Nun steht die Entscheidung. Sie wird bekannt gegeben, muss dabei aber nicht unbedingt begründet werden. Und sie muss schon gar nicht zutreffend begründet werden. Schwächen, Risiken, Probleme müssen nicht in den Mittelpunkt der Darstellung gerückt werden. Diese Art der Täuschung ist durchaus gerechtfertigt. Das kann zum einen dadurch begründet sein, dass man Demotivation bei den Mitarbeitern vermeiden will, zum anderen kann es darum gehen, der Konkurrenz wichtige Informationen vorzuenthalten oder sie gar irrezuleiten. »[...] Bist du fern, so tue so, als seiest du nah, und bist du nah, so erzeuge den Eindruck, als seiest du fern«, sagt Sun Tzu (I. 19).

Ist dies moralisch zu rechtfertigen? Haben wir es mit einem klassischen Fall von Doppelmoral zu tun? Ja, es ist in der Tat eine Doppelmoral, eine Moral für die Entscheidungsfindung und eine andere Moral für die Entscheidungsbegründung. Dies ist ein Teil der Taktik zum wirtschaftlichen Überleben.

Die drei Stufen der Vorbereitung: Visionen, Ziele und Meilensteine

Aus dem ersten Gebot Sun Tzus lassen sich drei Stufen der Vorbereitung entwickeln. Die erste Stufe ist das Entwickeln einer Vision. Sie ist wie eine Leuchtreklame, die über dem Unternehmen hängt, aus weiter Entfernung sichtbar. Die Mitarbeiter kennen die Vision, haben sich ihr verschrieben, arbeiten für die Vision. Vermutlich kennt jeder solche griffigen Visionen: »Wir wollen die Nummer eins sein«, »Die Innovation ist unsere Stärke«, »Wir wollen *Global Player* werden.« Visionen können komplexe Organisationen leiten, sie geben wie ein Kompass leicht verständliche Richtungsangaben.

Visionen müssen sich nicht nur auf das Unternehmen als Ganzes beziehen. Sie können auch für eine Abteilung gelten. »Wir wollen Weltklasse werden.« Diese Vision kann für eine Buchhaltung oder eine Einkaufsabteilung gleichermaßen zutreffen.

Mit Visionen allein ist es aber nicht getan. Wenn Visionen nicht in Ziele aufgeteilt, greifbar, erlebbar gemacht werden, wird die Leuchtkraft bald erlöschen. Gehen wir von der Vision »Wir wollen Weltklasse werden« aus: Man benötigt als Erstes einen Maßstab. Was ist Weltklasse? Dann folgt die Einordnung: Wo stehen wir auf dem Weg zur Weltklasse? Und schließlich müssen Ziele formuliert werden, die Grundlage für Tätigkeiten und Aufgaben sein können.

Den Maßstab kann man im Rahmen eines Benchmarking-Projekts finden. In einem solchen Projekt vergleichen sich zwei Unternehmen miteinander. Jeder Benchmarking-Partner findet heraus, was die anderen besser oder schlechter machen. Bestimmte Ausprägungen in Organisation, Methodik, Prozessgestaltung, die man als »best in class« bezeichnet, werden zum Maßstab. Die erkannten Lücken müssen nun gefüllt werden: Damit wären wir bei der zweiten Stufe, den Zielen.

Es passiert vielen Managern, wenn sie ehrlich mit sich sind, dass sie sich plötzlich fragen: »Warum mache ich das eigentlich?« Oder es fällt einem auf, dass man von Aktivität zu Aktivität springt. Man beantwortet einen Telefonanruf, beantwortet die Frage eines Mitarbeiters, nimmt zu einem Brief Stellung, schreibt eine kurze Notiz usw. Vielfach wird man von Aufgaben getrieben, das Tagesgeschäft hat Vorrang. Häufig wird behauptet, der Kunde, der Chef, das Problem habe Vorrang. Man wird also von außen gesteuert. Stellt der Manager dies fest, so muss er sich zwei Fragen stellen: Habe ich für mich und meine Mitarbeiter Ziele gesetzt? Und: Ist das, was ich gerade tue, relevant für die

Zielerreichung? Wenn er beide Fragen mit Ja beantworten kann, ist alles in Ordnung. Wenn er mit Nein antwortet, sollte er sich in den Tempel zurückziehen und darüber nachdenken. Jeder Manager steht immer im Spannungsfeld zwischen Tagesgeschäft und Vision. Natürlich muss das Tagesgeschäft erledigt werden, aber es darf den Blick in die Zukunft nicht verstellen. Das Tagesgeschäft kommt aus der Vergangenheit. Zum Beispiel müssen Fehler, die jemand in der Vergangenheit gemacht hat, korrigiert werden. Oder es muss eine Leistung, die in der Vergangenheit liegt, bezahlt werden. Die Vision und die Ziele führen in die Zukunft. Die meisten Menschen sind vergangenheitsorientiert, und sie arbeiten also auch vergangenheitsorientiert. Nur sehr wenige Mitarbeiter haben einen klaren Blick für die Zukunft. Doch Manager müssen sich zukunftsorientiert aufstellen. Sie sind zuständig für Visionen und Ziele. Daher muss ihr Blick in die Zukunft weisen.

Es ist gar nicht so einfach, Ziele zu formulieren, denn Ziele haben es in sich. Ein Ziel muss motivierend und inspirierend sein. Das Ziel muss im Gegensatz zu einer Vision sehr konkret und gleichzeitig erreichbar sein, damit der Mitarbeiter einen Anreiz verspürt. Jeder kennt die Geschichte, wie ein lahmer Esel mit einer Karotte zu Höchstleistungen motiviert wird: Der Reiter hält dem Esel die Karotte vor das Maul, und da der Lust auf die Karotte verspürt, setzt er sich in Bewegung und läuft und läuft, immer das Ziel, die Karotte, vor Augen. Das funktioniert, aber nur eine bestimmte Zeit lang. Dann muss der Esel die Karotte auch bekommen. Wenn nicht, wird er sich demotiviert niederlassen und sich überhaupt nicht mehr bewegen. Auch Mitarbeiter laufen den unterschiedlichsten Karotten hinterher, und es ist ganz ähnlich: Die Ziele müssen erreichbar erscheinen, man muss sie als Herausforderung erkennen, und irgendwann will auch der Mitarbeiter die Karotte genießen.

Wie kommt man zum Ziel? Hier sind wir bei der Stufe drei angelangt. Man zerlegt das Ziel in einzelne Teilziele, die man mit bestimmten Maßnahmen erreichen kann. Die Teilziele versieht man mit Meilensteinen, auf denen man sich ausruhen kann auf dem anstrengenden Weg ins Ziel. Die Meilensteine sind die Messlatte für den Erfolg. Sie konkretisieren die Richtung zum Ziel; so verlieren wir uns nicht in der Wüste.

Nehmen wir eine politische Vision wie: »Wir fördern die Sicherheit in Hamburg.« Dann kann ein Ziel heißen: »Wir senken die Kriminalität in Hamburg im nächsten Jahr um 6 Prozent.« Dieses Ziel ist messbar und es gibt eine Richtung vor. Der Weg zum Ziel besteht aus einer Vielzahl von Maßnahmen. Der Abschluss jeder dieser Maßnahmen ist ein Meilenstein. Ein Ziel wird erst dann realistisch, wenn die Meilensteine dazu passen. Meilensteine sind wie Steine in einem Fluss. Man springt von Stein zu Stein, bis man das Ufer erreicht. So könnten solche Maßnahmen für unsere Vision lauten:

- Die Polizisten sind besser auszubilden. Bis zum 1.4. ist ein Ausbildungsplan zu erstellen, bis zum 1.8. wurden alle Polizisten geschult.
- Mit allen Haftentlassenen ist ein Abschlussgespräch zu führen. Bis zum 1.3. liegt ein Gesprächsleitfaden vor. Bis 1.5. gibt es eine entsprechende Arbeitsanweisung. Bis 1.6. sind alle Strafvollzugsbeamten geschult.
- Die Bürger sollen in den präventiven Kriminalitätsschutz einbezogen werden. Bis 1.3. ist ein entsprechendes Öffentlichkeitskonzept zu erstellen. Bis 1.6. wird das Konzept in allen Medien vorgestellt. Bis zum 1.7. wird der erste Bürgerverein gegründet.

Das Formulieren von Vision und Ziel gehört eindeutig zu den Aufgaben des Managers. Die Definition von Meilensteinen ist die Aufgabe der Mitarbeiter. Ich bin aber sehr wohl der Meinung, dass ein Vorgesetzter sich mit den Meilensteinen kritisch auseinander setzen sollte, ehe man sie beschließt und unter Umständen viel Kapazität in ihre Abarbeitung investiert. Auch hier bietet sich wieder der »Tempel« an, um in Ruhe darüber nachzudenken, ob sie stimmig sind, ob sie zum Ziel führen, ob sie realistisch erscheinen.

Ich glaube, dass sich Sun Tzu diese Art von Vorbereitung vorgestellt hat, wenn er von den Beratungen siegreicher Heerführer im Tempel spricht. Sie haben Zeit und Geist investiert, um sich auf den Feldzug bestens vorzubereiten. Dies kommt auch in einem Unternehmen ohne alle Zweifel gut an. Mir gefällt auch der Gedanke vom »Tempel« sehr gut. Ich kenne viele Manager, die einen Waldspaziergang lieben. Bei dieser Gelegenheit denken sie nach. Das ist ihr Tempel. Andere ziehen sich in ein Kloster zurück. Wieder andere gehen ins Schwimmbad. Ein befreundeter Manager hat mir erzählt, er bekomme die besten Ideen beim Duschen. Mein Tempel ist das Musikhören; Jazz lässt mich zu Klarheit kommen. Jeder hat seinen eigenen Tempel.

Erlesenes zum Thema Planung

Aus dem Zusammentreffen von Vorbereitung und Gelegenheit entsteht das, was wir Glück nennen.
Anthony Robbins (*1961), amerikanischer Motivationstrainer

Plant das Schwierige da, wo es noch leicht ist. / Tut das Große da, wo es noch klein ist. Alles Schwere auf Erden beginnt stets als Leichtes. Alles Große auf Erden beginnt stets als Kleines.
Lao-tse (3. oder 4. Jh. v. Chr.)

Man kann die raffiniertesten Computer der Welt benutzen und alle Diagramme und Zahlen parat haben, aber am Ende muss man alle Informationen auf einen Nenner bringen, muss einen Zeitplan machen und muss handeln.
Lee Iacocca (*1924), amerikanischer Topmanager, 1979–92 Präsident der Chrysler Corp.

Eine Führungskraft muss Pläne schmieden, Anweisungen geben und darauf achten, dass die Arbeit zu Ende gebracht wird.
Cyril Northcote Parkinson (1909–93), britischer Historiker und Publizist

Der Preis des Erfolges ist Hingabe, harte Arbeit und unablässiger Einsatz für das, was man erreichen will.
Frank Lloyd Wright (1869–1959), amerikanischer Architekt

Das Geheimnis auch der großen und umwälzenden Aktionen besteht darin, den kleinen Schritt herauszufinden, der zugleich auch ein strate-

gischer Schritt ist, indem er weitere Schritte einer besseren Wirklichkeit nach sich zieht.
Gustav Heinemann (1899–1976), deutscher Politiker (SPD), 1969–74 Bundespräsident

Ohne Einsatz kein Erfolg

作戰篇

Das zweite Gebot:
Ein kluger Umgang mit Ressourcen verhilft zum Sieg

- Ressourcen zielorientiert planen
- Stets die wahren Kosten im Auge behalten
- Bei Ressourcenknappheit: Konzentration auf das Wesentliche
- Tempo: Ein schneller Sieg schont die Ressourcen
- *Exkurs:* Ganzheitliches Ressourcenmanagement
  - Motivation stärken durch effektive Anreize
- In der Auseinandersetzung neue Ressourcen gewinnen
- *Erlesenes* zum Thema Ressourcen

Wie heißt der flapsige Spruch? »Ohne Moos nix los.« Für jeden Krieg und jede Auseinandersetzung benötigt man Ressourcen. Das kann Kapital sein, in den meisten Fällen von Auseinandersetzungen in unserer hoch technisierten Welt benötigt man aber Know-how, also vor allem qualifizierte Mitarbeiter. In vielen Unternehmen spielt der »head count« eine wichtige Rolle. Welche Abteilung darf wie viele Köpfe (Mitarbeiter) haben? Die Frage wird dabei oft falsch gestellt: Mitarbeiter sind kein Selbstzweck, sondern Mitarbeiter mit bestimmten Kenntnissen werden für bestimmte Funktionen benötigt. Damit stellt sich die Frage: Wie viele Mitarbeiter mit welchen Kenntnissen und Erfahrungen benötige ich für die nächste, genau definierte Auseinandersetzung?

Sun Tzu sagt: »Um in den Krieg zu ziehen, benötigst du tausend leichte und tausend schwere Wagen, hunderttausend gepanzerte Soldaten und ausreichen Proviant für tausend Li [chinesisches Längenmaß; 1 Li ≈ 500 Meter]. Die Ausgaben zu Hause und an der Front für Leim und Lack, für Wagen und Waffen summieren sich zu tausend Silberunzen täglich. So viel kostet der Unterhalt einer Armee von hunderttausend Mann.« (II. 1) Sun Tzu weiß sehr genau, mit welchen Kosten er rechnen muss. So geht es auch einem Manager, der sich auf eine Auseinandersetzung vorbereitet. Jede Markteroberung, Umorganisation, jeder Aufbau einer Niederlassung oder welche Aktivitäten auch immer infrage kommen, verursacht Kosten. Daher ist es wichtig, Entscheidungen mit den vorhandenen oder verfügbaren Ressourcen zu verknüpfen.

Ressourcen zielorientiert planen

Jeder Manager wird bestätigen, dass das Ziel wichtig ist. Die Antworten kommen nicht so überzeugend, wenn man nach dem derzeitigen Ziel fragt. Und schon gar nicht, wenn man nach der genauen Definition des Zieles fragt. Als Zielgrößen bieten sich häufig »10 Prozent mehr Umsatz« oder »10 Prozent mehr Ergebnis« an. Aber was besagt das schon? Wie erwirtschaftet man mehr Umsatz, mehr Gewinn? Viele Manager reden von Zielen, aber sie denken nicht in Zielen.

In vielen Fällen geht man von dem Ziel aus, formuliert Strategien, Meilensteine und Maßnahmen. Dann wundert man sich, wenn die Meilensteine nicht realisiert werden, da die Ressourcen für die anspruchsvollen Ziele fehlen. Denken wir doch einmal anders und beginnen wir mit den Ressourcen. Welche Ressourcen habe ich an Geld und Wissen, an Mitarbeitern? Welches Ziel kann ich mit diesen Ressourcen ansteuern?

Ziele werden nicht aus der Luft gegriffen. Ziele leiten sich ab aus den Einsatzfaktoren, den vorhandenen und den zukünftigen. Ziele müssen logisch und nachvollziehbar sein. Bekommt ein Manager den Auftrag, in China Umsatz zu erwirtschaften, hat aber keine Mitarbeiter in China, dann sind die Ziele schlichtweg unsinnig. Sun Tzu denkt in Ressourcen: Ich will den Kampf gewinnen, dazu brauche ich Kampfwagen, Trosswagen, Soldaten ...

Das ist eigentlich bis heute so geblieben, den Sieg garantieren nur ausgezeichnete Ressourcen. Nur beste Mitarbeiter garantieren Spitzenleistungen. Nur eine hoch effiziente Organisation ist die Grundlage für Spitzenleistungen. Beides ist nicht selbstverständlich. Sehr gute Mitarbeiter kosten mehr Geld als weniger gute. Eine effiziente Organisation (zum Beispiel Unterstützung durch Softwaretools, Dienstleistungen von Personalabteilung, Marketingspezialisten ...) ist ebenfalls nicht billig. Personal und Organisation müssen gekauft und zur Verfügung gestellt werden. Aber auch alle »soft facts« wie Kreativität und Motivation aller Beteiligten sind erschöpfbare Ressourcen. Schon Sun Tzu empfiehlt daher, überlegt die vorhandenen Ressourcen zu prüfen und dann einzusetzen.

Die Kalkulation des Ressourcenbedarfs muss dem Ziel entsprechen. Je anspruchsvoller das Ziel, desto höher die Kosten. Die Höhe des Gewinns lässt sich nicht in diese Gleichung integrieren: sie richtet sich nicht nach dem Grad von Anspruch und Komplexität. Sun Tzu hat auch nicht über die Höhe des Gewinns nachgedacht, für ihn gab es nur das Entweder-oder: Erfolg oder Niederlage. Aber er war sich sehr wohl der Kosten bewusst.

Diese Frage stellen wir heute so: Wie viel Ressourcen muss ich für die Zielerreichung einsetzen, und was kosten sie mich? Es sollte selbstverständlich sein, dass jede Strategie mit Kosten hinterlegt wird. Mit dem geplanten Krieg, mit der verabschiedeten Strategie will man ein bestimmtes Ziel erreichen. Welchen Gewinn prognostiziert man? Welche Kosten stehen dem gegenüber? Der Manager muss lediglich Zielwert und Kosten der Ressourcen vergleichen, dann kann er auch beurteilen, worauf er sich einlässt. Dies ist nichts anderes als eine einfache, simple Investitionsrechnung. Solche Investitionsrechnungen sind in jedem Unternehmen bekannt und werden auch durchgeführt. So wird im Allgemeinen keine Maschine ohne genehmigte Investitionsrechnung angeschafft. Selbstverständlich wird auch ein Projekt wie »Markterschließung China« mit einer Return-on-Investment-Betrachtung hinterlegt. Aber die meisten Unternehmen bleiben inkonsequent, wenn es um andere Projekte geht wie die Einführung eines neuen Prozesses, die Einstellung eines Technologiespezialisten, die Implementierung eines DV-Systems.

In der Fahrradfabrik AG beschloss man eines Tages, neben Fahrrädern auch Motorräder zu fertigen. Nun verfügte man aber nicht über das notwendige Wissen im eigenen Unternehmen, also entschied man sich, erfahrene Motorradbauer einzustellen. Die Idee war zweifelsohne gut und richtig. Verfügt man nicht über ein spezifisches Wissen, muss man es einkaufen. Es gelang, man konnte einige gute Mitarbeiter mit lukrativen Verträgen abwerben. Nun kamen sie ins Unternehmen und fragten nach ihrer Aufgabe. Niemand hatte sich Gedanken darüber gemacht, wie die zugekauften Ressourcen eingesetzt werden könnten. Es gab nur mehr oder weniger vage Vorstellungen, das Ziel war nicht sauber definiert. Man begnügte sich mit Action. Die Motorradbauer begannen in dem Unternehmen. Sie kannten allerdings nicht die Organisation, nicht das Machtgefüge, nicht einmal ihre Aufgabenstellung war ihnen vollständig klar. Also konnte der Vorstoß nur erfolglos verlaufen. Bezeichnend war auch in diesem Fall, dass sich niemand die Mühe gemacht hatte, zu kalkulieren, was das Abenteuer kosten würde. Die Motorradbauer sitzen heute noch frustriert und gelangweilt in der Fahrradfabrik AG. Es wurde bisher kein einziges Motorrad gebaut. Es gab zwar eine Vision, aber keine Ziele, damit auch keine Meilensteine. Niemand war in der Lage, sie zu formulieren. Die Ressourcen wurden jedoch prophylaktisch bereitgestellt. Der Prozess konnte nicht funktionieren.

In einem anderen Fahrradunternehmen hatte man eine ähnliche Vision formuliert. Die Ziele und Meilensteine ergaben sich hier einfacher, weil man sich entschlossen hatte, ein Motorradwerk hinzuzukaufen. Damit stellte man die Ressourcen sicher und besaß auch sofort das notwendige Wissen, um Ziele und Meilensteine zu definieren. Die Produktion musste nicht erst hochgefahren werden, man musste einfach nur versuchen, den laufenden Prozess nicht zu stark zu stören. Der Vertrieb wurde zusammengelegt, Fahrräder und Motorräder über das gleiche Vertriebsnetz verkauft. Diese Strategie kostete ebenfalls Geld und Kraft, war aber letztendlich erfolgreich. Der Unterschied? Im zweiten Fall stimmte der Prozess ganzheitlich. Ziele und Ressourcen entsprachen einander.

Stets die wahren Kosten im Auge behalten

Große Ziele haben in den meisten Unternehmen die notwendige Aufmerksamkeit. Das ist sicherlich gut so. Man denkt von den Zielen zu den Ressourcen und stellt so bis zu einem gewissen Grad die »Siegessicherheit« her. Warum ist man bei kleineren Aktionen nicht genauso sorgfältig? Sun Tzu berücksichtigt auch die Kosten »für Leim und Lack« (II. 1), für scheinbare Kleinigkeiten also. Wer macht sich in einem Unternehmen zum Beispiel Gedanken über eine Besprechung: Welches Ergebnis soll die Besprechung bringen? Welche Ressourcen stelle ich für die Besprechung zur Verfügung? So erhielte man eine Antwort auf die Frage: Ist die Besprechung wert, was sie kostet?

Es gibt viele solcher Beispiele, die sich anbieten, um das zielorientierte Denken zu überprüfen: So könnte man sich fragen, welches Ergebnis zum Beispiel ein Informationsblatt an alle Mitarbeiter erbringt und was die Herstellung, Verteilung und selbst das Lesen kostet. Manches Rundschreiben ist nicht die Zeit wert, die viele Mitarbeiter investieren, um es zu lesen. Kommt man also zu diesem Ergebnis, würde man das Rundschreiben konsequenterweise ungeschrieben lassen.

Solche kleinen Aktivitäten entgehen häufig einer Return-on-Investment-Betrachtung (oder altmodisch: einer sorgfältigen Kosten-Nutzen-Analyse). Warum eigentlich? Würde man diesen Gedanken konsequent in ein Unternehmen hineintragen, könnte man sich vermutlich viele Besprechungen und andere »Aktivitäten« sparen.

Es gibt aber auch große, ja größte Projekte, die sich dieser Betrachtung entziehen. Nehmen wir die Umorganisation eines Unternehmens. Sie sollte ein Ziel haben. Dieses Ziel sollte zu beziffern sein, und schließlich sollte man sich Gedanken über die Kosten machen.

Macht man sich in einem Unternehmen, das man umorganisieren will oder muss, immer real Gedanken über den Nutzen und die Kosten? Eine Umorganisation kann notwendig sein, weil sich zum Beispiel der Markt geändert hat. Häufig ergibt sich die Umorganisation aber auch nur aus der Vorstellung Einzelner und dient vermutlich nur den Interessen dieser Manager: Hinter solchen Umorganisationen verbergen sich Machtentfaltung und Aktionismus.

Viele Unternehmen sind heute permanenten Umorganisationen ausgeliefert. Es gibt Abteilungen, deren Daseinszweck Umorganisationen sind. Dabei sind Umorganisationen nur um der Veränderung willen schlichtweg Unsinn. Sun Tzu stellt für seine Kriege eine Organisation auf und belässt sie so. Nirgends steht geschrieben, dass die Soldaten ständig neue Rudelführer bekommen, die Trosswagen ständig in eine andere Richtung beordert werden müssen. Sun Tzu beschäftigt sich lieber mit den Prozessen, also der Aufstellung seiner Truppen, dem Zusammenwirken und dem Funktionieren des Nachschubs. Daraus ergibt sich dann eine Organisation. So sollte es auch der Manager von heute sehen. Er sollte sich mit den Prozessen beschäftigen. Erst die Verbesserung der Prozesse erfordert unter Umständen eine neue Organisation – diese dann fast zwangsweise. Prozessverbesserung hat eine heilsame permanente Umorganisation zur Folge, und sie ist – wenn sie richtig umgesetzt wird – eine permanente Verbesserung.

Viele Manager organisieren um, ohne die Prozesse zu kennen. Dabei wissen die Verantwortlichen nicht, wie die Umorganisation die Prozesse verändert. Es werden gute und schlechte Prozesse gleichermaßen verändert. Nach der Umorganisation hat man alle Prozesse geändert, aber es wird erneut gute und schlechte Prozesse geben.

Eine vom Management angestoßene Umorganisation birgt viele Risiken. Weiß der Manager überhaupt, was er mit der Umorganisation erreichen will? Natürlich weiß er es. Fragen wir anders: Weiß der Manager überhaupt, welche Prozesse er verändern will? An dieser Stelle werden die flotten Sprüche zu Luftblasen. Konkreter bitte. Was wird die Umorganisation bringen? Welches Ergebnis will ich damit in absehbarer Zeit erreichen? Welche Prozesse will ich verändern, welche sollen bestehen bleiben? In der Praxis sieht das Szenario folgendermaßen aus: Ein neuer Manager wird berufen. Gemäß dem Motto »neue Besen kehren gut« organisiert er um. Er kann dabei großzügig sein, denn noch behindert ihn kein tieferes Wissen. Er will sich auch über Kosten Gedanken machen. Bald stellt er fest, dass er die Kosten einer Fertigungsverlagerung beziffern kann, dass auch der Personalabbau kalkulierbar ist. Man kann aber niemals kalkulieren, was die Demotivation von Mitarbeitern kostet. Man merkt dies erst im Krieg, wenn ebendiese Mitarbeiter schnell flüchten, die Waffen niederlegen, um fünf Uhr nach Hause gehen. Das sind aber die wahren Kosten.

Bei Ressourcenknappheit: Konzentration auf das Wesentliche

Ein Manager wird immer wieder in die folgende Situation kommen: Die vorhandenen Ressourcen sind nicht ausreichend. Eine Lösung könnte in der Konzentration liegen. Man muss sich auf weniges konzentrieren, dieses aber kompetent, schnell und mit Power umsetzen. Aus einer solchen Überlegung könnte der Satz stammen: Wir konzentrieren von nun an unsere Management-Attention. Das heißt nichts anderes, als dass der Manager nicht genügend Zeit hat, sich um alle anfallenden Probleme zu kümmern, sie zu »managen«. Daraus macht er nun einfach eine Tugend, er konzentriert, er kümmert sich um das eine, um das andere eben nicht. Diese Art von Konzentration ist das Gegenteil von Managen – Managen ist das rechtzeitige Erkennen und das entsprechende Handeln bei Ressourcenknappheit.

Der Manager hat eine Vorbildfunktion, er muss sich Vertrauen erwerben. Vertrauen gewinnt man durch Ruhe, Überzeugung, Glaubwürdigkeit und rechtzeitiges Handeln. Haben Sie schon einmal einen der seltenen Manager erlebt, die Ruhe verbreiten? Nein? Warum nicht? Weil die meisten ihre Arbeit nicht einteilen können. Weil sie sich nicht auf das Wesentliche konzentrieren können. Weil sie auch nicht richtig delegieren können. Oft ist die fehlende Konzentration auf das Wesentliche die Ursache. Sie verzetteln sich. Es geht nicht darum, seine Arbeit zu konzentrieren, sondern sich selbst zu konzentrieren. Dabei könnte es doch einfach sein: Hat man Ziele und Meilensteine definiert, kann man alle notwendigen Ressourcen einsetzen. Je schneller man seine Ziele erreichen will, desto fokussierter hat man den Ressourceneinsatz zu gestalten, desto effizienter wird auch die Umsetzung funktionieren.

Konzentration auf das Wesentliche ist eine Einstellung zur Arbeit, zum Leben, zur eigenen Persönlichkeit. Hier geht es nicht nur um die Erfüllung einer Aufgabe, hier geht es um den eigenen Arbeitsstil. Konzentration ist der Schlüssel zum Ergebnis. Auch ich hatte eine Zeitspanne in meinem Berufsleben, in der ich hektisch von Besprechung zu Besprechung, von Thema zu Thema, von Aufgabe zu Aufgabe jagte. Ich fand nicht einmal mehr Zeit zum Nachdenken. Sobald einem dieses bewusst wird, sollte man gegensteuern. Es gibt eine ganze Reihe von Dingen, die man delegieren kann; es gibt andere Dinge, die man einfach nicht erledigt, und niemand beklagt sich. Es gibt Aufgaben, die man so lange liegen lässt, bis sie sich von selbst erledigt haben. Dann stehen Zeit und Energie für wesentliche Aufgaben zur Verfügung.

Diesen Zusammenhang mag folgende Geschichte illustrieren: Fachleute behaupten, dass Herbert von Karajan ein durchaus begrenztes Talent hatte. Aber er war ein Meister der Selbstdisziplin. Er konnte sich auf einzelne Passagen konzentrieren und meisterte sie erfolgreich. Mit dieser Methode wurde er zum wahren Meister.

Und wie geht man vor? Die Stärken nutzen, heißt die Devise – die eigenen und die der Mitarbeiter. Man konzentriert sich bei allem, was man tut, auf seine Stärken. Bei der Ressourcenauswahl heißt das, dass man selbstverständlich genau weiß, welche Fähigkeiten man benötigt, dass man Mitarbeiter mit ebendiesen Stärken einstellt – und sie dann auch nutzt. Es ist wichtig, dass man bei der Vorbereitung zweidimensional denkt. Tätigkeiten planen und Personal planen verschmelzen zu einer Aktion. Damit kann man die Stärken der Mitarbeiter zielgerichtet in den Meilensteinplan einarbeiten. Berater weisen häufig darauf hin, dass man Stärken mit Aufgaben zur Deckung bringen soll. Man kann aber durchaus auch darüber nachdenken, ob man sich nicht Aufgaben stellen kann, die zu den Stärken passen. Dieses Vorgehen hat selbstverständlich seine natürlichen Grenzen, weil Aufgaben in einer Abteilung nicht Selbstzweck sind. Doch wenn Ressourcenplanung keine einmalige Aktion ist, sondern immer wiederkehrend, permanent mit höchster Aufmerksamkeit verfolgt wird, kann man auf diese Art eine schlagkräftige Organisation aufbauen und auf hohem Niveau halten.

In der Fahrradfabrik AG befand sich im Einkauf ein Jurist, der als Einkaufssachbearbeiter tätig war. Seine Tätigkeit machte ihm Spaß, besonders, weil er die Verträge juristisch verbessern konnte. Der Einkaufsleiter wiederum war mit der Vertragssicherheit seiner Mitarbeiter nicht umfassend zufrieden. Nachdem sich beide in einem Mitarbeitergespräch ausführlich unterhalten hatten, schuf der Einkaufsleiter die Funktion eines Contract-Managers. Gewünscht war ein Jurist, der die Musterverträge erarbeitete und in Einzelfällen den Mitarbeitern Hilfestellung in juristischen Formulierungen gab. Diese Position erhielt jener Einkaufssachbearbeiter mit juristischer Ausbildung. Er war begeistert und engagierte sich mit großer Hingabe. Die Stärken des Mitarbeiters waren also optimal eingesetzt, und der

Einkaufsleiter hatte endlich die Sicherheit, dass die Verträge seiner Mitarbeiter juristisch einwandfrei waren.

Tempo: Ein schneller Sieg schont die Ressourcen

Ein Manager muss sich zwar gut vorbereiten, aber wenn die Entscheidung getroffen ist, muss er schnell handeln. Selbst wenn er umorganisieren will, muss er es zügig tun. Ein Zusammenhang nämlich ist klar und unbestritten: Je länger es dauert, desto teurer wird es.

Schon Sun Tzu beschreibt klar, dass der Heerführer nur eine Chance hat: Er muss den Krieg schnell und konsequent führen. »Kommt es zum Kampf und lässt der Sieg auf sich warten, so stumpfen die Waffen ab und der Kampfgeist schwindet. Die Belagerung einer Stadt erschöpft die Kräfte des Belagerers.« (II. 2) Und weiter: »Zieht sich der Kampf hin, so reichen die Ressourcen des Staates nicht aus.« (II. 3) Er weiß, dass der Zeitfaktor entscheidend ist. Eine Strategie muss schnell und zügig umgesetzt werden. Wenn die Umsetzung wesentlich länger dauert als geplant, hat er auch bei späterem Sieg verloren, weil er in die Kostenfalle getappt ist. »Sobald die Waffen deiner Soldaten stumpf, ihr Kampfgeist geschwächt, deine Stärke zerronnen und dein Reichtum verbraucht ist, werden andere Herrscher deine Notlage ausnutzen. Gegen das, was dann folgt, gibt es weder Mittel noch Rat.« (II. 4) Und noch deutlicher: »Eine überstürzte Kriegsführung ist manchmal von Nachteil, aber noch nie hat ein lang andauernder Krieg einem Staat genützt.« (II. 5/6)

Sun Tzu war die Bedeutung schneller Ergebnisse also mehr als deutlich. Viele Manager veröffentlichen Beschlüsse, und irgendwann bleibt die Umsetzung stecken, nicht zuletzt, weil der Manager schon wieder an neuen Beschlüssen arbeitet. Das ist aber nicht die Lösung. Man sollte es jedem Manager in seine Zielvereinbarung schreiben. Genügend Zeit für die Vorbereitung investieren (erstes Gebot), dann Beschlüsse fassen und diese zügig umsetzen (zweites Gebot). Es kann und darf nicht geschehen, dass ein Unternehmen einen Großauftrag gewinnt und erst nach einem halben Jahr einen Projektleiter einsetzt, der sich um das Projekt kümmern soll. Ein halbes Jahr dämmert dieses Projekt führungslos vor sich hin. Dieses Projekt wird nie mit einem guten Ergebnis abgearbeitet werden können. In diesem Fall sind die Waffen schon längst stumpf, die finanziellen Mittel verbraucht.

Ressourcenmanagement ist mehr als nur die Bereitstellung von Mitarbeitern und Organisation. Es ist auch die »Bereitstellung« von Einstellungen. Darunter verstehe ich Kreativität und Motivation, den Willen zu siegen. Hierzu ein Zitat von Antoine de Saint-Exupéry: »Man braucht für den Bau eines Schiffes nicht unbedingt die besten Handwerker, man muss vielmehr den Handwerkern, die man hat, die Sehnsucht nach dem großen, weiten Meer vermitteln.« Ein Manager, der dies kann, ist unbezahlbar. Er ist ein Meister seines Faches. Aber die beste Motivation verpufft, wenn die Umsetzung nur schleppend vonstatten geht, Querelen und Streitigkeiten in der eigenen Mannschaft entstehen – dann erlischt die Sehnsucht nach dem Meer. Ein schneller Erfolg tut Not.

Wie kann ich eine Organisation schneller machen? Vor allem, indem ich in der Anfangsphase mehr Ressourcen bereitstelle, indem ich »sofort« mit der Arbeit beginne. In vielen Unternehmen ergibt sich immer der gleiche Ablauf: Ein Projekt wird ins Leben gerufen, ein Projekt wird am Markt gewonnen. Dann wischen sich die Akteure den Schweiß von der Stirn und vergessen das Projekt zunächst. Es taucht in irgendeiner Wiedervorlageschleife erneut auf. Der Manager denkt sich, dass man etwas unternehmen sollte. Er gibt den Auftrag an einen Mitarbeiter. Der geht genauso vor, er vergisst das Projekt zunächst einmal. Das Projekt taucht in der nächsten Wiedervorlageschleife auf. Dieser Vorgang kann sich wiederholen. Irgendwann beginnt man zu analysieren, warum man an diesem Projekt bisher nicht gearbeitet hat. Die Begründungen sind mannigfach. Die ehrliche Begründung ist, dass man nicht ausreichend Ressourcen bereitgestellt hat, bereitstellen konnte. Vermutlich wurden die richtigen Ressourcen nicht gefunden, die Management-Attention ließ nach.

Jeder Manager muss wissen, dass er in der Auseinandersetzung, im Kampf nur eine, eine einzige Chance hat. Er muss zupacken und gewinnen. Sun Tzu sagt: »Der erfahrene Heerführer rekrutiert nur einmal Soldaten und belädt seinen Wagen höchstens zweimal mit Proviant.« (II. 8) Der schnelle Sieg, und sei er noch so klein, ist wichtig. Er bringt die unbezahlbare Motivation, die Minimierung aller Kosten. Wir können ihn immer noch großreden.

Exkurs: Ganzheitliches Ressourcenmanagement

Ressourcenmanagement muss aufgefasst werden als ganzheitlicher Prozess für das gesamte Unternehmen. Das Projekt (der Kampf, die Auseinandersetzung) ist Teil der gesamten Unternehmenspolitik. Dazu gehört auch die Ressourcenbeschaffung. Sie orientiert sich natürlich an den Möglichkeiten des Unternehmens (Kapitalausstattung, Image, Attraktivität). Häufig kann man feststellen, dass große Unternehmen Fachleute für eigentlich jedes Thema haben. Aber diese Tatsache ist nicht allen Mitarbeitern, nicht einmal allen Führungskräften bekannt. Manche wollen es auch gar nicht wissen, interessieren sich nicht dafür. Viele Manager fühlen sich nur für die Ressourcen verantwortlich, die sich in ihrem eigenen Zuständigkeitsbereich befinden. Sie sind nicht in der Lage, »richtig« zu beauftragen. Was heißt »richtig«? Sie müssen den Auftrag beschreiben können und ihn an den geeigneten Partner weitergeben. Immer wenn die Klarheit verloren geht, entstehen Zusatzkosten. Und Ressourcenmanagement, das nur die eigenen Ressourcen umfasst, wird nicht ausreichend sein, wird niemals das Optimum erreichen. Auch ein noch so guter Vertriebsmann, Gruppenführer, Projektleiter ist kein Fachmann für alle Themen. Nun baut zwar niemand seine eigene Buchhaltung auf, aber einkaufen können alle, eine Konstruktionszeichnung kann jeder anfertigen. Selbst wenn es eine Einkaufsabteilung, eine Konstruktionsabteilung gibt, juckt es viele Projektleiter, selbst einzukaufen, selbst zu konstruieren. So wird der Projektleiter zum Sachbearbeiter, die Professionalität leidet darunter. Diese Einstellung resultiert zum Teil aus mangelnder Ganzheitlichkeit in Planung und Management, zum

Teil aber auch aus der Selbstüberschätzung, eben alles selbst am besten zu können.

Das ganzheitliche Ressourcenmanagement beschäftigt sich mit dieser Problematik. Hier unterscheidet sich der gute Manager vom schlechten. Der gute Manager definiert die Ziele, bestimmt die Ressourcen, lässt arbeiten und kontrolliert den Fortschritt. Der schlechte Manager glaubt, dass er der Beste ist, und macht alles allein. Er wird bald merken, dass er zeitlich an seine Grenzen stößt, Hektik und Stress bestimmen sein Arbeitsleben. Es geht darum, alle vorhandenen Ressourcen effizient für die eigene Planung, für die eigenen Aktivitäten in Anspruch zu nehmen. Da hat die Idee ihren Charme, Wissen nur an einem Ort auf der Welt vorrätig zu halten. Auf dieses Wissen könnten alle Projekte weltweit zugreifen. Sicher ist, dass professionelles Wissensmanagement heute Herausforderungen in ganz neuen Dimensionen für das ganzheitliche Ressourcenmanagement stellt.

Motivation stärken durch effektive Anreize

Welches Selbstverständnis haben Manager? Wie fühlen sich Manager? Sind sie Inhaber einer mit hoher Macht ausgestatteten Funktion, oder sind sie machtvoller Bestandteil des Unternehmens? Fördert und fordert die Unternehmenskultur ganzheitliches Herangehen? Das ist in mancher Unternehmenskultur nicht möglich, weil nicht gefragt. Der Manager wird belohnt, wenn seine Abteilung erfolgreich ist; er wird nicht belohnt, wenn seine Arbeit hohen Anteil hat an einer Gesamtwertschöpfung oder gar an der Wertschöpfung in anderen Abteilungen. Damit entwickelt er keinerlei Interesse, ganzheitlich zu denken. Die Belohnungssysteme verhindern dies wirkungsvoll. Wie ein Manager tickt, kann man mit einer einzigen Frage herausbekommen: »Was tun Sie?« Wenn er seine Funktion beschreibt, vergessen Sie ihn. Wenn er seine Ergebnisse für das gesamte Unternehmen beschreibt, ist er Ihr Mann.

Manager erhalten ein gutes Gehalt, und sie werden häufig für ihre Leistungen zusätzlich belohnt: Incentives nennt man das. Das Wort wie auch das System kommt aus Amerika. Beides hat sich auch in deutschen Unternehmen eingebürgert, nicht immer zu deren Vorteil. Incentives sind ein Anreizsystem mit messbaren Kriterien. Nach der jeweiligen Erfüllung der Kriterien berechnet sich das variable Gehalt des Managers. Da dieses eine Größenordnung von 40 Prozent annehmen kann, wird jeder darauf achten.

Als Messlatte bietet sich das Ergebnis an. Aber welches Ergebnis ist gemeint? Der Incentive-Wert muss durch den Manager beeinflussbar sein. Also nimmt man das Ergebnis der eigenen Abteilung. Gut so. Jede Abteilung wird gemessen an dem eigenen Ergebnis. Dies fördert jedoch nicht die Zusammenarbeit, sondern das Konkurrenzdenken. So ist festzustellen, dass sich so mancher Incentive-Wert als Bumerang erweist. Große Unternehmen sind häufig vernetzt. Die eine Abteilung ist zum Beispiel zuständig für die Produktion von Kabel, die andere für die Produktion von Leitungen. Obwohl wir es vielleicht mit einer unterschiedlichen Technik, ja auch mit unterschiedlichen Kunden zu tun haben, ähneln sich doch viele Prozesse. Man könnte also voneinander lernen, Wissen austauschen. Aber welche Motivation haben die Manager, der jeweils anderen Abteilung unter die Arme zu greifen?

Noch schlimmer ist es, wenn nicht so einfach definierbare Zielgrößen verwendet werden. Der ehrlichste Manager beginnt nun zu manipulieren, sein Handeln nach den Zielgrößen auszurichten. Es gibt Manager, die an die zehn Zielgrößen in ihrer Zielvereinbarung haben. Dazu kann auch gehören, dass man mit allen direkten Mitarbeitern Mitarbeitergespräche führt. Dieser Wert ist messbar, er ist beeinflussbar, aber beschreibt er nicht eine selbstverständliche Aufgabe des Managers?

Je rigider man Manager nach Zielgrößen belohnt, desto rigider richten sie ihr Handeln an diesen Zielgrößen aus. Alles, was nichts damit zu tun hat, bleibt unbeachtet, erhält ab sofort keine Aufmerksamkeit mehr. Das ist das Ende eines ganzheitlichen Denkens. Belohnungssysteme können also reichlich kontraproduktiv sein.

Effektiv eingesetzt, wirkt Belohnung dagegen inspirierend, lehrt schon der chinesische Feldherr. Man sollte sich immer vergegenwärtigen: Die wichtigsten Ressourcen der Mitarbeiter, nämlich Kompetenz und Motivation, sind nicht unerschöpflich. Sie erlahmen bei Erfolglosigkeit schnell. Deshalb ist der Manager verpflichtet zu siegen, »verdammt« zu gewinnen. Kompetenz und Motivation steigern sich aber auch unerhört, wenn der Erfolg erreichbar ist. Gute Leistungen sollte der Manager schnell und öffentlich belohnen und nicht warten, bis irgendeine Messgröße erfüllt ist. Dies gibt auch den anderen Mitarbeitern einen Anreiz. Sun Tzu sagt: »Wurden also im Wagenkampf mehr als zehn Wagen erbeutet, so belohne diejenigen, die die ersten Wagen erbeuteten [...].« (II. 17) Die Vorschläge Sun Tzus sind vorbildlich. Er meint Belohnung und nicht Belohnungssystem. Sobald Belohnung zum System wird, gelten andere Spielregeln.

In der Auseinandersetzung neue Ressourcen gewinnen

Für Sun Tzu gehört der sorgsame Umgang mit den erbeuteten Ressourcen ebenso wie der mit den eigenen Ressourcen zur Kriegskunst: »[...] setze die [erbeuteten] Wagen gemeinsam mit deinen eigenen ein. Behandle die gefangenen Soldaten gut.« (II. 17) Und er setzt fort: »So wirst du stärker, indem du den Feind besiegst.« (II. 18) Auch jeder Manager sollte sich diese Weisheit genau merken. Es ist eine gute Empfehlung, wenn man besiegte Feinde, wenn man Lieferanten, Kunden, Konkurrenten, die wir niemals als besiegte Feinde bezeichnen würden, »das Gesicht wahren lässt«. Man sollte aus einem Konkurrenzkampf nie verbissene Feindschaften entstehen lassen. Denn diese kosten Besiegte und Sieger gleichermaßen wesentlich mehr, als das Ergebnis des gesamten Kampfes einbringen kann. Will man ein fremdes Unternehmen in den eigenen Unternehmensverbund eingliedern, so empfiehlt es sich, auch die Mitarbeiter des anderen Unternehmens und ihre Stärken wertzuschätzen und sie an geeigneter Stelle einzusetzen. So bekommt man loyale Mitarbeiter, was sich in Windeseile herumspricht. Ein Unternehmen, das attraktiv für Mitarbeiter ist, muss keine Sorgen haben, neue Mitarbeiter mit den notwendigen Stärken rekrutieren zu können. Solches Handeln, wie von Sun Tzu empfohlen, ist die sorgfältige Pflege von Ressourcen, heutigen und zukünftigen. Hier verbergen sich die wahren Ergebnischancen eines Unternehmens.

Erlesenes zum Thema Ressourcen

Erstklassige Männer stellen erstklassige Männer ein, zweitklassige nur drittklassige.
Franz Luwein (*1927), deutscher Journalist

Meine wertvollste Leistung für IBM war meine Fähigkeit, gute und intelligente Mitarbeiter auszuwählen, sie zusammenzuhalten durch Überzeugung, durch Höflichkeit, durch finanziellen Ansporn, durch Reden, durch Plaudern mit ihren Frauen, durch kleine Aufmerksamkeiten und indem ich alles einsetzte, was mir zur Verfügung stand, damit dieses Team mich für einen anständigen Menschen hielt.
Thomas J. Watson jun. (1914–1993), amerikanischer Topmanager; 1956–1971 Konzernchef von IBM

Kraft macht keinen Lärm. Sie ist da und wirkt.
Albert Schweitzer (1875–1965), elsässischer evangelischer Theologe, Arzt, Philosoph, Musiker; 1952 Friedensnobelpreis

Ich zögerte nie, einen Mitarbeiter zu befördern, den ich nicht mochte. Der bequeme Assistent, der nette Kerl, mit dem man gern zum Angeln geht, kann einen den Kopf kosten. Ich suchte stattdessen raue, barsche, ja fast unhöfliche Leute aus, die die Dinge so sehen, wie sie wirklich sind, und sie auch beim Namen nennen. Wer viele solcher Leute um sich schart und sich die Mühe macht, sie auch anzuhören, kann es weiter bringen.
Thomas J. Watson jun. (1914–1993), amerikanischer Topmanager; 1956–1971 Konzernchef von IBM

Wenn es einen Glauben gibt, der Berge versetzen kann, so ist es der Glaube an die eigene Kraft.
Marie von Ebner-Eschenbach (1830–1916), österreichische Schriftstellerin

Wenn ich meinen Leuten die Liebe zur Seefahrt mitteile, und so ein jeder den Drang dazu in sich verspürt, weil ihn ein Gewicht im Herzen zum Meere zieht, so wirst du bald sehen, wie sie sich verschiedene Tätigkeiten suchen, die ihren tausend besonderen Eigenschaften entsprechen. Der eine wird Segel weben, der andere im Walde den Baum mit dem Blitzstrahl seiner Axt fällen. Wieder ein anderer wird Nägel schmieden, und irgendwo wird es Männer geben, die die Sterne beobachten, um das Steuern zu erlernen. Und doch werden sie alle eine Einheit bilden. Denn ein Schiff erschaffen, heißt nicht, die Segel hissen, die Nägel schmieden, die Sterne lesen, sondern die Freude am Meer wachrufen. [...] Ich brauche nicht jeden Nagel des Schiffes zu kennen. Ich muss aber den Menschen den Drang zum Meer vermitteln.
Antoine de Saint-Exupéry (1900–1944), französischer Flieger und Schriftsteller

Ein Mann, der das Bogenschießen lernte, stellte sich einmal mit zwei Pfeilen vor der Zielscheibe auf. Darauf wies ihn sein Lehrer zurecht: »Anfänger dürfen nie über zwei Pfeile auf einmal verfügen; sie verlassen sich sonst auf den zweiten und gehen sorglos mit dem ersten um. Sie sollten lieber davon überzeugt sein, dass die ganze Entscheidung von dem einen Pfeil abhängt, den sie gerade aufgelegt haben.«
Yoshida Kenko (1283–1350), buddhistischer Laienmönch und Schriftsteller

Wenn du Erfolg haben willst, beschränke dich.
Charles Augustin Sainte-Beuve (1804–1869), französischer Schriftsteller und Literaturkritiker

Wer überall ist, ist nirgendwo.
Lucius Annaeus Seneca (4 v. Chr.–65 n. Chr.), römischer Dichter und philosophischer Schriftsteller

Angriffsstrategie

謀攻篇

Das dritte Gebot:
Die richtige Strategie verhilft der Vision zum Sieg

- Wir schlagen den Gegner mit Kenntnis und Selbstkontrolle
- Die eigenen Stärken strategisch einsetzen
- Wissen, wann ein Kampf aussichtsreich ist
- Die Mitarbeiter auf den Sieg einschwören
- Erfolg und Misserfolg liegen beim Feldherrn und Manager
- Fünf Voraussetzungen muss der Heerführer erfüllen
- *Erlesenes* zum Thema Denken

Der Begriff der Strategie stammt aus dem Griechischen und meint ursprünglich die Kriegskunst. In der Unternehmensstrategie versucht man einen Plan zur Erreichung des Ziels aufzustellen, der alle Faktoren von vornherein einkalkuliert, also die Menschenführung ebenso wie den richtigen Einsatz aller Ressourcen, Techniken und Materialien. Strategie ließe sich daher bestimmen als die Kunst, Menschen und Unternehmungen zum Sieg, zum Erfolg zu führen.

Sun Tzu hat eine Vision, die auf den Sieg ohne Zerstörung des Gegners abzielt. Er beschreibt sie folgendermaßen: »Einen Staat zu erobern ist besser, als ihn zu vernichten; eine Armee zu erobern ist besser, als sie zu zerschlagen; ein Regiment, eine Kompanie oder eine Einheit zu erobern ist besser, als sie aufzureiben.« (III. 1) Diese Ziele sind nur mit einer guten Strategie zu erreichen.

Wir haben schon ausgeführt, dass der Manager für die Vision und die Strategie zuständig ist. Das sind seine vordringlichsten Aufgaben, die Ausformulierung der einzelnen Tätigkeitsschritte kann er sehr gut den Mitarbeitern überlassen.

Nehmen wir an, dass die große Vision im Unternehmen existiert – vielleicht möchte man die Nummer eins in einem bestimmten Markt werden, das Ziel ist die Markteroberung. Die Vorbereitung war vorbildlich: Die Manager haben lange über Schwächen und Stärken nachgedacht, haben ein differenziertes Bild der Situation. Sie haben sich detaillierte Ziele gesetzt. Aber nun geht es um die Formulierung einer Strategie. Eine Strategie ist die Beantwortung der Frage nach dem Wie: Wie erreiche ich mein Ziel?

Der Manager wird versuchen, diese Frage zu beantworten. Bei der

Bestimmung des Wegs zum Ziel findet er Alternativen und stößt sicher auch auf Restriktionen. Die Alternativen sind geprägt von den eigenen Einstellungen; die Restriktionen werden vom Umfeld diktiert. Um mit beidem bewusst umgehen zu können, ist eine umfassende Analyse, ist viel Wissen, ist Kenntnis vonnöten.

Wir schlagen den Gegner mit Kenntnis und Selbstkontrolle

Viele Manager kennen das Potenzial nicht, über das ihre Mitarbeiter verfügen. Wie stark sind wir wirklich? Trauen wir uns diesen Kampf in der Tat zu? Meistens stellen Manager solche Fragen nur still und heimlich sich selbst. Wenn sie die Frage artikulieren, schwingt meistens ein Unterton des Zweifels mit. Immerhin ist artikulierter Zweifel der erste Schritt auf dem Weg zur Erkenntnis. Der Manager muss sich mit sich, seiner Mannschaft und dem Gegner sowie dessen Mannschaft auseinander setzen. Er muss die jeweiligen Potenziale kennen, erst dann kann er zielgerichtet handeln.

Aus der Kenntnis der Potenziale und der Stärke der eigenen Mannschaft und der der Gegner (siehe erstes Gebot) muss der Manager nun die richtigen Maßnahmen ableiten.

Sun Tzu sagt dazu: »In der Kriegsführung gilt: Sind wir zehnmal so stark wie der Feind, so schließen wir ihn ein; sind wir fünfmal so stark, so greifen wir ihn an; sind wir doppelt so stark, so treiben wir einen Keil zwischen seine Reihen. Sind wir gleich stark, können wir eine Schlacht anbieten; sind wir geringfügig schwächer, so können wir ihm ausweichen; können wir uns nicht mit ihm messen, so bleibt uns, vor ihm zu fliehen.« (III. 8/9)

So erwachsen aus der Kenntnis über die eigene Stärke und über die Stärke des Gegners Strategien und Aktionen. Will ein Unternehmen zum Beispiel ins Chinageschäft einsteigen, so muss es den chinesischen Markt kennen, die potenziellen Kunden, die Konkurrenten und die eigenen Ressourcen. Nun wird der eine oder andere fragen: Was heißt

»kennen«? Es gibt sicher Mitarbeiter, die über dieses Wissen verfügen, die jahrelange Erfahrung haben. Aber ist diese subjektive Erfahrung verlässlich und auch abrufbar für die Entscheidungsträger? Besitzen die Entscheidungsträger zum Beispiel fundierte Unterlagen, um daraus ableiten zu können, wie viele europäische, wie viele chinesische Lieferanten mit welcher Qualität benötigt werden, um das Ziel (»go China«) zu erreichen? Nur wenn man diese Frage beantworten kann, wird man auch in der Lage sein, eventuelle Lücken zu schließen. Die Praxis zeigt, dass solche Entscheidungsgrundlagen häufig nicht vorhanden und die Handlungen eher zufallsgetrieben sind. Manchmal funktioniert diese Arbeitsweise natürlich ebenfalls, aber Sun Tzu meint, wenn die Analyse fundiert ist, ist damit auch die Basis für die Strategie fundiert und die Handlung selbst wird von Erfolg gekrönt sein.

Oder, mit Sun Tzu formuliert: Wie stark ist mein Unternehmen, wenn wir diesen Markt angreifen? Stehen wir zehn zu eins oder sind wir unterlegen? Es gibt so manches Unternehmen, das mehr zufällig den chinesischen Markt betritt. Manche schaffen es, dort zu überleben, aber alle kostet es viel Geld. So viel zur Selbsterkenntnis.

Genauso wichtig ist die Selbstkontrolle des Heerführers, sich an die Strategie auch zu halten. Sun Tzu lehrt: »Der Heerführer, der sein Temperament nicht zu zügeln weiß, wird seine Leute wie Ameisen gegen die Stadt schicken, und ein Drittel von ihnen wird fallen, ohne dass die Stadt eingenommen wird.« (III. 5) Im heutigen Geschäftsleben werden die Mitarbeiter zwar nicht erschlagen, aber das Unternehmen verliert viel Geld, wenn unbesonnen vorgegangen wird.

Sun Tzu betont noch einmal die Bedeutung der Kenntnis der Kontrahenten für die Chancen in der Auseinandersetzung: »[...] Kennst du den Feind und dich selbst, so brauchst du dich nicht zu fürchten vor hundert Schlachten. Kennst du dich selbst, aber nicht den Feind, so halten sich Sieg und Niederlage die Waage. Kennst du weder den Feind noch dich selbst, so verlierst du jede Schlacht.« (III. 18)

Die eigenen Stärken strategisch einsetzen

Es gibt wohl keinen Manager, der heutzutage keinen Vortrag über Kernkompetenzen halten kann. Dahinter steckt der einfache Gedanke, dass man sich mit den eigenen Stärken profilieren will. Schon eher ist die Frage zu stellen, ob jeder seine eigenen Kernkompetenzen und die seiner Abteilung und die seines Unternehmens kennt, wohlgemerkt nicht irgendwelche Kernkompetenzen auf Hochglanzpapier, sondern Kernkompetenzen, die man zum Siegen benötigt. Kernkompetenzen könnten in einer »Marktschlacht« sein: überlegener Service, beste Produkte, attraktives Preisniveau, aber auch die Lösungsgeschwindigkeit, die eine Organisation aufbringen kann, das stimmige Konzept von der Vision bis zur Umsetzung, die Übereinstimmung zwischen Auftreten und Handeln. Und schließlich fordert Sun Tzu auch noch, dass man die Kernkompetenzen der Konkurrenten einschätzen können muss. Es sind Beweise gefragt, dass man selbst besser ist als die Konkurrenz.

Hat ein Unternehmen sich zu einem bestimmten Kampf entschlossen, sollte es alle Ressourcen zusammenziehen, alle Mitarbeiter auf die eigenen Kernkompetenzen einschwören und dann geschlossen marschieren. Jeder Mitarbeiter muss die eigenen Stärken kennen, davon überzeugt sein und sie dann auch offensiv vertreten. Es geht darum, selbstbewusst aufzutreten. Dies kann man, wenn man sich und den Gegner bestens kennt. Dann kann man als Lieferant voller Überzeugung auftreten. Man muss den Konkurrenten nicht schlechtreden. Es genügt, sich mit der notwendigen Selbstsicherheit zu positionieren.

Der Einkaufsleiter der Fahrradfabrik AG hatte schon viele Zulieferer erlebt. Neulich nahm ihn einer der Zulieferer zur Seite und beschwerte sich fast verschwörerisch über einige seiner Einkaufsmitarbeiter. Ein anderer Zulieferer redete gar nicht über das eigene Angebot, sondern nur über die Fehler der Konkurrenz. Es gab auch Zulieferer, die überschwänglich die Einkaufsmitarbeiter, mit denen sie zu tun hatten, lobten. Der Einkaufsleiter merkte sich diese Reaktionen. Er fand sie nicht eben professionell. Überzeugend waren für ihn nur die Lieferanten, die ihre eigenen Stärken herausstellten und sich und ihre Leistung überzeugend präsentierten, die also als Problemlöser auftraten.

Sun Tzu sagt: »In hundert Schlachten hundert Siege zu erringen ist nicht der Weisheit letzter Schluss. Besser ist es, den feindlichen Widerstand ohne Kampf zu brechen.« (III. 2) Für einen Manager bedeutet das, sich auf die eigenen Stärken zu besinnen und den Kampf dort aufzunehmen, wo die eigenen Stärken denen der Konkurrenten überlegen sind. Er wird sich nicht auf Provokationen der Konkurrenten einlassen, er wird nicht jeden Preiskampf an irgendeinem Ort der Welt aufnehmen.

Was bedeutet für ein Unternehmen die Nutzung der eigenen Stärken? Zum Beispiel:

- Wir haben bessere Produkte als die Konkurrenz, und wenn wir schon nicht die besseren Produkte haben, dann präsentieren wir sie besser oder anders. Gehen wir davon aus, dass Mercedes-Benz und BMW ähnlich gute Fahrzeuge haben, dennoch sprechen sie teilweise andere Kunden an. Sie präsentieren sich jeweils mit ihrer eigenen Philosophie.
- Wir haben eine wesentlich bessere Serviceleistung als die Konkurrenz. Überall auf der Welt können wir Wartung und Instandsetzung anbieten. Alle unsere Mitarbeiter in den Wartungsstützpunkten pflegen ein einheitliches Auftreten, tragen zum Beispiel die gleichen Overalls. Schon dieser Overall steht für unsere stets gleich bleibende handwerkliche Kompetenz.
- Wir haben die besseren Beziehungen zu Behörden, daher ist es für uns einfacher, entsprechende Genehmigungen zu erhalten. Wir haben sie innerhalb von drei Tagen, die Konkurrenz benötigt mehr als zehn Tage.
- Wir benachrichtigen unsere Kunden, wenn ein Wartungstermin ansteht. Wir handeln proaktiv und sind damit beim Kunden präsent.
- Wir agieren schneller, kompetenter als die Konkurrenz. Unsere Prozesse sind so gestaltet, dass kein Kundenanruf unbeantwortet bleibt, dass im Notfall sofort eine Reaktion erfolgt. Der Kunde weiß, dass er sich auf uns verlassen kann.

Die Umsetzung der »Strategie der Stärke« ist eine vielschichtige Aufgabe für ein Unternehmen. Sie setzt voraus, dass die Organisation dahinter steht, und ist also das Ergebnis einer umfassenden Mitarbeitermobilisierung.

Die Fahrradfabrik AG hat eine Werbeaktion gestartet mit dem Slogan: »Unsere Fahrräder bringen Sie in die Freiheit!« Die Botschaft ist klar: die Fahrräder bieten mehr als nur Fortbewegung. Die Fahrradfabrik AG hat immer großen Wert auf ihre Produkte gelegt. Sie ist führend in Qualität und Design. Service ist wichtig, deshalb bietet die Fahrradfabrik AG zwei Jahre lang kostenlosen Service an. Jeder Servicebesuch wird gleichzeitig zum Verkaufsgespräch. Zumindest Kleinigkeiten werden bei jedem Serviceaufenthalt von den meisten Kunden gekauft. Zum Service werden die Kunden schriftlich eingeladen. Somit muss der Kunde sich nicht irgendwelche Termine merken. Jede Benachrichtigung bietet der Firma auch die Möglichkeit, Informationen oder Werbung anzubringen, zu beschreiben, wo die Fahrrad-Freiheit wirklich liegt. Die Fahrradfabrik AG beherrscht dieses Feld vorbildlich. Sie hat damit eine hohe Kundenbindung erreicht. In einer Kundenbefragung wurde untersucht, inwieweit die Käufer Freiheit mit Fahrradfahren verbinden. Das Ergebnis war beeindruckend: Viele Kunden gaben an, ein Gefühl von Freiheit zu verspüren, sobald sie im Sattel eines Fahrrads der Fahrradfabrik AG sitzen.

Wissen, wann ein Kampf aussichtsreich ist

Selbstverständlich kann es eine Strategie sein, sich auf einen Preiskrieg einzulassen. Eine Differenzierung über den Preis ist allerdings für alle beteiligten Firmen teuer, weil sinkende Preise natürlich zulasten des Gewinns gehen. Sind die Preise einmal im Keller, sind die Preise einmal verdorben, lassen sie sich auch in Zukunft nicht ohne weiteres anheben.

Bei einem Preiskrieg muss man die finanziellen Ressourcen im Auge halten, das preisliche Engagement darf nie an die Substanz gehen. Viele Unternehmen haben sich schon Preiskriege geliefert – Pepsi gegen Coke, Weißer Riese gegen Persil, MobilCom gegen Deutsche Telekom ...

Wir müssen also zur Kenntnis nehmen, dass der Preiskrieg eine Möglichkeit der Auseinandersetzung darstellt. Sun Tzu lehrt, dass der Heerführer einer siegreichen Armee wissen müsse, »wann ein Kampf aussichtsreich ist und wann nicht« (III. 17). Zum Vergleich der Alternativen sagt er: »Die höchste Stufe der Kriegskunst besteht darin, die Strategie des Feindes zu durchkreuzen; die zweitbeste ist es, ihn an der Zusammenziehung seiner Truppen zu hindern; an dritter Stelle steht der Angriff auf offenem Feld; die schlechteste Variante ist die Belagerung befestigter Städte.« (III. 3) Es hängt also davon ab, wie man die Position des Gegners einschätzt, und ob man sich also auf die Konfrontation einlassen kann.

Eine riskante Strategie ist der Versuch, den Ruf oder das Image eines Konkurrenten zu beschädigen. Das Aktionsfeld ist breit; auch vergleichende Werbung fällt darunter. Pfiffig dargeboten, kann vergleichende Werbung durchaus einen gewissen Aufmerksamkeitseffekt erzielen. Aber die Grauzone ist fließend, und leicht kann man ausgleiten und dabei selbst eine Niederlage erleiden.

Ein gutes Beispiel für einen Verleumdungskampf ist das Geschehen zwischen den Telefonanbietern. Viele Unternehmen versuchten sich mit aggressiven Methoden auf dem Markt zu etablieren. Dabei kämpften sie mit harten Bandagen. Ein Preiskrieg begann. Manche Konkurrenten arbeiteten mit undurchsichtigen Gebührenmodellen und verwirrten damit nicht nur die Konkurrenten, sondern auch die Verbraucher. Außerdem gab es imageschädigende Werbekampagnen, und schließlich sahen sich die Kontrahenten vor den Gerichten wieder. Solches Geschäftsgebaren schadete der ganzen Branche. Viele kleine Anbieter machten Bankrott, wurden aufgekauft, stellten ihre Tätigkeit ein. Größere Unternehmen mit einer besseren Kapitaldecke überlebten, haben aber mit einer hohen Verschuldung zu kämpfen.

Für Sun Tzu ist es die schlechteste Variante, bewährte Städte zu belagern, und eigentlich untragbar, weil sie viel Zeit in Anspruch nimmt, über diese Zeitstrecke viele Ressourcen gebunden werden und der Sieger hohe Kosten zu tragen hat. »Deshalb bezwingt der kluge Heerführer die Truppen des Feindes, ohne dass es zum Kampf kommt; er erobert seine Städte, ohne sie zu belagern; er stürzt sein Königreich ohne ausgedehnte Schlachten.« (III. 6)

Die Mitarbeiter auf den Sieg einschwören

Der kluge Manager sollte den Kampf vermeiden, wann immer er kann. Wie soll der Manager ohne direkte Konfrontation auskommen? Das geht doch nicht. Vielleicht doch. Aber nur, wenn man überlegene Stärken, wenn man Kompetenz hat. Träger der Kompetenz sind die Mitarbeiter; er sollte also die besten Mitarbeiter einstellen, diese ausbilden und fördern. Sie garantieren die Innovation. Er sollte investieren in die Qualität von Produkten und Lösungen. Hier ist seine Kompetenz und Kreativität gefragt. Er hat zusätzliche Kundenwünsche zu entdecken und die Produkte mit einem Zusatznutzen für die Kunden auszugestalten.

Die Mitarbeiter – für Sun Tzu sind das die Soldaten. Die Mitarbeiter sind die Kompetenzträger. Kein Feldherr kann ohne Soldaten kämpfen und gewinnen. Kein Manager kann ohne Mitarbeiter agieren. Viele Manager benehmen sich aber so, als ob sie gar keine Mitarbeiter bräuchten. Testfrage an den Manager: Wie viele Ihrer Mitarbeiter kennen Sie eigentlich persönlich – wie viele können Sie mit Namen ansprechen?

Mitarbeiter benötigen Pflege, Betreuung, Zuwendung. Ein guter Manager sollte ein guter Psychologe sein. Mitarbeiter müssen ihre Arbeitsaufgabe verstehen und verinnerlichen. Die Mitarbeiter müssen wissen, welche Rolle sie im Unternehmen spielen, welches Rädchen sie an welcher Stelle treiben. Und sie müssen überzeugt sein, dass es eben auch auf dieses Rädchen ankommt. Dafür muss der Manager Engagement und Zeit investieren, um für seine Mitarbeiter glaubwürdig zu sein.

Jeder Manager muss überlegen, und dies ist in der Tat seine ureigenste Entscheidung, wie er seine Zeit investieren will. Investiert er Zeit in Mitarbeiter, erhöht er ihre Kompetenz, kann er besser delegieren und schafft sich Freiraum, um erneut Zeit in Mitarbeiter zu investieren.

Schafft er dies nicht, muss er sich den schlechten Alternativen stellen: Preiskampf, Abwerbung von Mitarbeitern, Diffamierung des Konkurrenten, feindliche Übernahmen und noch so manch andere schmutzige Tricks. Es gibt viele solcher Strategien, die erdacht und umgesetzt werden; manche sind sogar erfolgreich. Aber nach Sun Tzu sind sie die letzten aller Möglichkeiten.

Erfolg und Misserfolg liegen beim Feldherrn und Manager

Der Manager hat es in der Hand, wie der Krieg geführt wird, was er kosten wird und wie er ausgeht. Schlechte Heerführer verlieren den Krieg. Sun Tzu hat drei Möglichkeiten definiert, wie ein Heerführer den Sieg gefährden kann:

Die erste Gefahr »Indem er der Armee den Befehl zum Angriff oder zum Rückzug gibt, ohne zu wissen, dass sie den Befehl nicht befolgen kann. Damit legt er der Armee Fesseln an.« (III. 13)

Man sollte den Mitarbeitern nur Aufträge geben, die sie auch umsetzen können. Dazu muss man die genauen Bedingungen vor Ort kennen, die personellen und die materiellen. Bevor man eine Aufgabe vergibt, muss man als Manager genau überprüfen, ob die Mitarbeiter überhaupt in der Lage sind, die Aufgaben zu erfüllen. Zur Lösung benötigt man eine bestimmte Kompetenz, Sachverstand, Expertenwissen. Verfügen die Mitarbeiter über diese Kompetenz? Es macht keinen Sinn, einen guten kaufmännischen Mitarbeiter mit Entwicklungsarbeiten für ein Produkt zu beauftragen. Er wird verlieren und er wird dem Kampf schaden. Schuld ist aber nicht der Mitarbeiter, sondern der Manager, der seine Ressourcen nicht richtig einsetzt. Nun liegt hier das Missverhältnis offen zutage, im Alltag ist es oft subtiler. Wichtig ist, dass der Manager die Kompetenzen seiner Mitarbeiter genau kennt und er ihnen entsprechend lösbare Aufgaben gibt. In einem solchen

Fall werden sich die Mitarbeiter motivierter und engagierter einsetzen, sonst gefährdet der Manager den Sieg.

Die zweite Gefahr »Indem er sich in die administrativen Details der Armee einmischt, ohne mit ihren speziellen Umständen vertraut zu sein. Damit verwirrt er die Soldaten.« (III. 14)

Ein Unternehmen ist kein Verein und keine Glaubensgemeinschaft, keine Familie und kein Stammtisch. In einem Unternehmen hat Ordnung zu herrschen. Sun Tzu wendet sich gegen eine zu lockere Führung, gegen willkürliche Handlungen, gegen Schlamperei und Ziellosigkeit. Eine Armee im Kampf, ein Unternehmen im Wirtschaftsprozess ist ein Gebilde mit klaren Zielen, denen alles untergeordnet ist. Jedes funktionierende Unternehmen kennt Regularien, Vorschriften, definierte Prozessabläufe, die dem Erreichen dieser Ziele dienen – und dem Zusammenhalt. Sobald sich ein Gruppenleiter mehr Freiheiten herausnimmt als die anderen, führt dies zu Unsicherheiten, Neid, Einschränkungen der Leistung. Belohnungen und Beförderungen sollten so begründbar sein, dass auch jemand, der nicht befördert wird, diese verstehen und akzeptieren kann. Transparenz der Führung, Einhaltung von akzeptierten Regeln schaffen Ordnung und Motivation gleichermaßen. Die Ausrichtung auf klar definierte Ziele und Strategien unterscheidet die Führung eines Unternehmens wesentlich von der eines Vereins. In einem Unternehmen herrschen professionelle Bedingungen. Fehlt diese Ausrichtung und fehlt die Klarheit in der Führung, entstehen Unruhe und Handlungsunfähigkeit.

Die dritte Gefahr »Indem er sich in die taktische Kriegsführung einmischt, ohne mit dem Prinzip der Anpassung an die Situation vertraut zu sein. Damit erschüttert er das Vertrauen der Soldaten.« (III. 15)

Bei allen Regeln und bei aller Disziplin ist doch auch situatives Handeln notwendig. Diese Aussage lässt sich beziehen auf Belohnung und Strafe. Sie lässt sich aber auch beziehen auf individuelles Handeln aufgrund von besonderen Umständen. Steht der Feind vor dem Lager, wird sich der Tagesablauf ändern. Die Offiziere müssen die Ordnung den Gegebenheiten anpassen. Der Manager muss in der Lage und willens sein, Regelungen auch auszusetzen – den Umständen entsprechend. Nur so kann er die Innovationskraft der Mitarbeiter mobilisieren, die er für den Überzeugungskampf benötigt.

Die Mitarbeiter sind und bleiben das wichtigste Gut eines Unternehmens. Die Manager aber tragen die Verantwortung für das Gedeihen des Unternehmens. Heute scheint sich manches zu wandeln. Manager richten Unternehmen zugrunde, werden mit hohen Abfindungen entschädigt, die Mitarbeiter mit einem dürftigen Sozialplan in die Arbeitslosigkeit verabschiedet. Welche Verantwortung tragen die Manager, welchen Anteil die Mitarbeiter? Viele Unternehmen glauben offenbar, dass Mitarbeiterpflege nur eine PR-Botschaft sei. So stehen diese Bekenntnisse in Hochglanz-Werbebroschüren. Leider werden sie nur selten im betrieblichen Alltag umgesetzt. Dies kann eines Tages gewaltige Kosten verursachen, und der Sieg ist dahin: »Ist die Armee aber verwirrt und ohne Vertrauen, so droht mit Sicherheit Unheil von benachbarten Herrschern. So hält Anarchie Einzug in die Armee, und die Siegchancen verflüchtigen sich.« (III. 16)

Fünf Voraussetzungen muss der Heerführer erfüllen

Der Manager weiß nun, wie er sich selbst um den Sieg bringen kann. Sun Tzu (III. 17) fasst noch einmal fünf Voraussetzungen zusammen, mit denen er den Sieg erringen kann.

Die erste Voraussetzung »Er muss wissen, wann ein Kampf aussichtsreich ist und wann nicht.« (III. 17)

Der richtige Zeitpunkt ist nicht nur beim Aktienkauf und -verkauf maßgebend. Er ist auch bei der Umsetzung einer Strategie wichtig. Eine Strategie kann richtig und durchdacht sein, wenn sie aber zum verkehrten Zeitpunkt umgesetzt wird, kann sie ohne Wirkung verpuffen. Das trifft auch immer dann zu, wenn die Strategie auf ein Überraschungsmoment baut. In einer solchen Strategie ist der Zeitpunkt der wichtigste Parameter. Die Strategie sollte natürlich dem Wettbewerber nicht bekannt sein. Sonst ist der Sieg bereits verloren, und man beginnt den Krieg besser gar nicht erst.

Die zweite Voraussetzung »Er muss es verstehen, starke und schwache Kräfte optimal einzusetzen.«

In keinem Unternehmen hat man nur Alleskönner, das würde einem Unternehmen auch nicht gut bekommen. Es ist eine wichtige Aufgabe des Managers, die Kompetenzen seiner Mitarbeiter zu kennen und sie so einzusetzen, dass der richtige Mitarbeiter mit der richtigen Aufgabe betraut wird. Dies motiviert und schafft in der Tat Höchstleistungen. Wir haben darüber bereits im Kapitel Ressourcenmanagement gesprochen.

Die dritte Voraussetzung »Er muss alle Ränge seiner Armee auf ein Ziel einschwören.«

Auch dieser Rat stellt eine alte Weisheit dar. Manager haben sich mitunter angewöhnt, immer nur die nächste Hierarchieebene zu informieren und damit auf die gemeinsamen Ziele einzuschwören. Diese Botschaft können die Motivierten weitergeben, wie immer sie dies für notwendig halten. Sie zerfällt damit in Einzelbotschaften; bei den Mitarbeitern kommen äußerst unterschiedliche Aussagen an. Mitarbeiter sind damit unter Umständen nicht mehr in der Lage, ein gemeinsames Ziel zu erkennen. In so einem Fall verschenkt ein Unternehmen große Chancen, Motivationsversuche verpuffen wie eine Staubwolke in der Atmosphäre. Es ist wichtig, dass jeder Mitarbeiter die strategischen Ziele seines Unternehmens kennt und dass er auch genau seinen Anteil definieren kann, den er bei der Verfolgung der Ziele einbringt. Er muss an der Handlung und am Sieg gleichermaßen beteiligt sein. Es gibt Verantwortungspyramiden, die Aufgaben und Verantwortungen gleichermaßen beschreiben und über alle Hierarchieebenen für Mitarbeiter und Vorgesetzte transparent machen.

Ich erinnere mich noch gut, wie Ikea auf dem deutschen Markt Fuß fasste. Damals hatte man den Eindruck, dass jeder Ikea-Mitarbeiter die Ziele des Unternehmens kannte und verinnerlicht hatte. Jeder schien daran mitzuarbeiten. Alle wollten den Kunden verwöhnen und natürlich damit Geld verdienen. Dies ermöglichte den Erfolg von Ikea.

Die vierte Voraussetzung »Er muss besser vorbereitet sein als der Feind.«

Über das A und O, die Vorbereitung, haben wir bereits gesprochen. Genauso wichtig ist es auch, Geduld aufzubringen. Manche Unternehmen verkünden Strategien, Umorganisationen schnell und überhastet. Die Umsetzung kommt dann schnell ins Stocken, weil der Startschuss nicht zum richtigen Zeitpunkt gegeben wurde. Kaum ein Manager kann sich heute noch Geduld leisten. Hektik ist das Schlagwort unserer Zeit. In der Hektik werden aber auch die größten Fehler gemacht. Sie können leicht den Sieg kosten.

Die fünfte Voraussetzung »Er muss überragende militärische Fähigkeiten besitzen. Sein Herrscher muss ihm freie Hand gewähren.«

Was soll dies dem Manager sagen? Siegreich wird der sein, der fachlich kompetent und führungsstark ist und der im Rahmen seiner Aufgabe frei handeln kann. Welche Freiheit geben Unternehmen ihren Managern? Hat er die Freiheit, sich die Ressourcen zu beschaffen, die er benötigt? Oder kann die Personalabteilung darüber verfügen, welche Mitarbeiter ihm zugeordnet werden? Steht die Freiheit des Managers über den Niederungen der Bürokratie oder umgekehrt?

Damit gilt auf jeder Mitarbeiterebene: Der Manager muss sich im Klaren sein über die Kompetenz, über die Fähigkeiten seiner Mitarbeiter. Wenn er ihnen gemäß dieser Fähigkeiten einen Auftrag erteilt, sollten sie damit auch die Freiheit und die Ressourcen erhalten, diesen Auftrag selbstständig auszuführen. Manager sollten für Unterstützung jederzeit bereitstehen. Sie sollten aber nicht zwingend bei jedem Arbeitsschritt eingeschaltet werden.

Sun Tzu meint, dass der Manager, der den richtigen Zeitpunkt erkennt, der seine Ressourcen zielorientiert einsetzen kann, der seine Mitarbeiter zu mobilisieren versteht, der gut vorbereitet warten kann und der die Freiheit des Handelns hat, gewinnen wird. Ein Manager, der weder die eigenen Stärken und Schwächen kennt noch eine Ahnung von den Wettbewerbern hat, sollte lieber zu Hause bleiben und Rasen mähen, als sein Unternehmen ins Unglück zu stürzen. Ein Spieler ist derjenige, der zwar das eigene Unternehmen bestens kennt, aber nicht den Wettbewerb und nicht den Markt. Auch dieser Manager sollte mit seinen Aktivitäten vorsichtig sein. Im Zweifelsfalle wäre er besser beraten, sich Sachverstand, Marktwissen einzukaufen, ehe er Aktivitäten beginnt. Glücklich kann sich der Manager preisen, der umfassende Kenntnis hat – von sich selbst und vom Wettbewerb. Es liegt auf der Hand: Er braucht sich vor keiner Auseinandersetzung zu fürchten (III. 18).

Erlesenes zum Thema Denken

Strategisches Planen ist wertlos – es sei denn, man hat zuerst einmal eine strategische Vision.
John Naisbitt (*1930), amerikanischer Zukunftsforscher

Eine strategische Vision ist ein klares Bild von dem, was man erreichen will.
John Naisbitt (*1930), amerikanischer Zukunftsforscher

Das Denken für sich allein bewegt nichts, sondern nur das auf einen Zweck gerichtete und praktische Denken.
Aristoteles (384–322), griechischer Philosoph

Es gibt auch eine Befriedigung, die sich im Kopf abspielt: Denken.
Gabriele Wohmann (*1932), deutsche Schriftstellerin

Das Denken gehört zu den größten Vergnügungen der menschlichen Rasse.
Bert Brecht (1898–1956), deutscher Schriftsteller und Regisseur

Denken ist die schwerste Arbeit, die es gibt. Das ist wahrscheinlich auch der Grund, dass sich so wenige Leute damit beschäftigen.
Henry Ford (1863–1947), amerikanischer Industrieller; Gründer der Ford Motor Company, 1903–1919 und 1943–1945 deren Präsident

Einfach denken ist eine Gabe Gottes. Einfach denken und einfach re-

den ist eine doppelte Gabe Gottes. Man muss die Dinge so tief sehen, dass sie einfach werden.
Konrad Adenauer (1876–1967), deutscher Politiker (CDU); 1949–1963 erster deutscher Bundeskanzler

Sind nicht die größten Wahrheiten immer auch simpel? Die zehn Gebote zum Beispiel sind ja auch simpel, und trotzdem bestehen sie schon seit Jahrtausenden.
André Kostolany (1906–1999), amerikanischer Börsenspekulant, Kolumnist und Autor ungarischer Herkunft

Taktik

形篇

Das vierte Gebot:
Die siegreiche Taktik vermeidet Fehler und schließt Risiken aus

- Sich selbst unangreifbar machen
- Den Anspruch nicht zu hoch stellen
- Die Umsetzung konsequent betreiben
- *Erlesenes* zu den Themen Taktik und Mut

Die Verantwortung für Sieg oder Niederlage trägt der Feldherr, die Verantwortung für den Erfolg des Unternehmens trägt der Manager. Diese Verantwortung kann er nicht abwälzen, mit dem Finger auf jemand anders deuten. Er und seine Handlungen sind maßgebend für Sieg oder Niederlage, für den geschäftlichen Erfolg oder den Verlust. Wenn er bereit ist, die Verantwortung – in beiden Fällen – zu tragen, darf er auch den Lohn für eine erfolgreiche Aktion einstreichen.

Sun Tzu sagt: »Nach dem Verständnis der Alten erringt ein kluger Kämpfer seine Siege mit Leichtigkeit. [...] Er gewinnt seine Schlachten, indem er Fehler vermeidet. Indem er Fehler vermeidet, ist ihm der Sieg sicher, denn der Feind ist bereits zuvor geschlagen.« (IV. 11, 13) Es geht also nicht darum, sich auf Heldentum, auf Stärke, auf weise Eingebungen im rechten Moment zu verlassen, sondern den Sieg zu erringen – durch die überlegene Auswahl der Taktik.

Die persönliche Tapferkeit ist sicher auch vonnöten; für den Manager kann man sie verstehen als Engagement, Disziplin und Begeisterungsfähigkeit – bis zum Ende des Kampfes. Tapferkeit ist aber längst nicht alles. Der Manager darf keine Fehler machen. Das ist ein hoher Anspruch. Ist er erfüllbar?

Vielleicht fordern wir in Anlehnung an Sun Tzu zuerst einmal, dass der Manager gewisse Voraussetzungen mitbringen muss. Dazu gehören auch Intelligenz, Wissen, Kenntnis von Managementmethoden. Die »überragenden militärischen Fähigkeiten« (III. 17) können als ausgeprägte Führungsfähigkeiten verstanden werden, ohne die alle Kenntnisse über Managementmethoden nutzlos sind. Aber bietet das die Garantie dafür, dass man fehlerfrei arbeitet? Wie lässt sich das erreichen?

Sich selbst unangreifbar machen

Es gibt eine Strategie, die genau zu Sun Tzus Anspruch passt, möglichst keine Fehler zu machen. Sie trägt den entsprechenden Namen: die »Null-Fehler-Strategie«. Der Haken dabei: Man kann sie nicht immer anwenden, denn die Umsetzung dieser Strategie ist kostenaufwändig, geht also auf Kosten des Gewinnes. Diese Null-Fehler-Strategie wird meistens dann angewendet, wenn die Sicherheit im Vordergrund steht, wenn Menschenleben auf dem Spiel stehen und wenn die Kosten nicht gewinnorientierten Gesichtspunkten des freien Marktes unterliegen, sondern auf den Kunden umgelegt werden. Ein gutes Beispiel ist die Atomwirtschaft. Der Bau, die Inbetriebnahme und die Unterhaltung eines Atomkraftwerkes erfolgt nach einer solchen Null-Fehler-Strategie, weil jeder Fehler zum GAU führen kann. In solchen Fällen ist man gut beraten, viel Sorgfalt zu investieren, um sicher und siegreich zu sein. Sicher und siegreich bedeutet in diesem Fall, dass Systeme redundant ausgelegt werden. Funktioniert das erste System nicht mehr, kann man automatisch auf das redundante System umschalten. Diese Absicherungstechnik kann man theoretisch immer weiter verfeinern, indem man mehrere redundante Systeme hintereinander schaltet. Nur, wer bezahlt diese Redundanz? So lange man die Redundanzkosten auf den Strompreis umlegen kann und dieser von den Haushalten mehr oder weniger anstandslos bezahlt wird, kann man der Null-Fehler-Strategie folgen. Sobald aber die Stromwirtschaft im Wettbewerb steht, verändern sich die Marktbedingungen. Nun kann der Kunde auf andere, billigere Anbieter ausweichen. Dann müssen sogar die Monopolisten die Kosten senken, die Redundanzkosten sind nicht mehr ausgenommen. Jede Wettbewerbssituation zwingt, Redundanzen aufzugeben. Unter Umständen geht dies zulasten der Sicherheit.

Eine Null-Fehler-Strategie ist sicherlich auch dort sinnvoll, wo hohe Folgekosten drohen. Es ist durchaus zu überlegen, ob man statische Berechnungen für Brücken nicht doppelt durchführen lässt, um so eventuelle Fehler zu erkennen und zu eliminieren.

Der Manager kann entscheiden, eine wichtige Tätigkeit redundant durchführen zu lassen. Somit lassen sich mögliche Folgekosten vermeiden. Allerdings steigen auch die Gesamtkosten. Wie viel Risiko kann sich ein Manager erlauben?

Will man ein Unternehmen aufkaufen und es in einen Konzern eingliedern, ist man gut beraten, zwei oder mehr Gutachten anzufordern und diese zu vergleichen. Muss man einen Liefervertrag in chinesischer Sprache abschließen, ist es vielleicht vorteilhaft, den Vertrag getrennt von zwei Übersetzern bearbeiten zu lassen und Abweichungen genauestens zu diskutieren.

Will man eine Null-Fehler-Strategie richtig umsetzen, muss man zunächst eine Risikoanalyse der Aufgabe vornehmen. Der Manager muss wissen, welche Risiken sich hinter seiner Arbeitsaufgabe verbergen. Er muss auch wissen, wie teuer Redundanzen sind.

Redundanzen, also Doppelarbeiten, stehen in direkter Abhängigkeit zur Qualität des eigenen oder des zugekauften Personals. Je besser dessen Qualifikation und Zuverlässigkeit ist, desto weniger Redundanz ist notwendig, weil das Risiko geringer wird. Es geht also wieder einmal um die Kompetenz der Mitarbeiter.

Es geht aber noch einen Schritt weiter: Welche Mitarbeiterredundanzen sind aufzubauen, um sich einer Null-Fehler-Strategie anzunähern? So benötigt man für die Besetzung von Kernkompetenzen unter Umständen mehr Mitarbeiter, sodass man nicht auf einen einzigen Experten angewiesen ist.

Eine Null-Fehler-Strategie ist eine anspruchsvolle Aufgabe. Und nicht immer ist dieser hohe Anspruch notwendig und vertretbar.

Sun Tzu sagt: »Der kluge Kämpfer bringt sich in eine unangreifbare Position und wartet sodann auf die Gelegenheit, den Feind zu schlagen.« (IV. 14) Er geht Schritt für Schritt vor, wenn er über Strategie und Taktik nachdenkt. Er schließt Risiken aus, entscheidet sich für eine bestimmte Taktik und greift dann an. Er überprüft also sein Konzept, macht sich sozusagen unbesiegbar. Auch in der heutigen Managementpraxis gibt es solche Methoden. Die Ausschluss-Strategie geht davon aus, dass in einer Entscheidungssituation stets mehrere Alternativen zur Verfügung stehen. Welche Alternative soll der Manager wählen? Er wählt, indem er ausschließt. Er schließt immer diejenige Alternative aus, von der er sich am wenigsten Erfolg verspricht. Die Ausschluss-

Strategie führt zu einer Alternative, die sozusagen »übrig bleibt«. Sie ist, gemäß dieser Technik, die optimale Lösung. Sie ist zu wählen. Nun ist dies kein eindimensionaler Prozess. Er ist abhängig von den Bewegungen des Gegners. Die Auswahl ist also jedes Mal unter Berücksichtigung der Situation neu zu treffen. So wird die Auswahlstrategie unter Umständen auch zum fortgesetzten Prozess.

Denn nun kommt der zweite Teil des Ratschlages: »[...] und wartet sodann auf die Gelegenheit, den Feind zu schlagen.« (IV. 14) Die Ausschluss-Strategie ist also in Verbindung mit der Umsetzung zu sehen. Der Manager hat die richtige Gelegenheit zu erkennen und zu nutzen, um den Gegner zu besiegen.

Den Anspruch nicht zu hoch stellen

Fehler vermeiden und sich unangreifbar machen, so lehrt Sun Tzu. Sicher ist das ein perfektionistischer Anspruch, der einen hohen Aufwand erfordert. Aber vielleicht war gerade dies das Geheimnis von Sun Tzus Erfolg. Vielleicht ist dies auch das Geheimnis von erfolgreichen Menschen: Einfach gründlicher sein als andere, genauer arbeiten, überlegter agieren. Der eine kann dies durch »strategisches Denken« erreichen, der andere durch Erfahrung. Wie immer ein Manager dies umsetzen wird, er wird zu der Erkenntnis kommen, dass er nicht so vollkommen sein wird, um absolut fehlerfrei zu agieren. Er muss also Fehler einkalkulieren. Steht das im Gegensatz zu Sun Tzu? Nein, nicht unbedingt. Er appelliert zunächst nur an die Einstellung des Managers. Er muss an sich den hohen Anspruch stellen, möglichst fehlerfrei zu arbeiten. Sobald man erkennt, dass man diesen Anspruch nicht erfüllen kann, wird man sich bemühen, so gründlich wie möglich zu arbeiten.

Der Manager muss ohne Unterlass an sich arbeiten, an seiner Einstellung, an seiner Bereitschaft, sich einzubringen. Hoher Einsatzwille birgt viel Kraft. Sun Tzu vergleicht den Ansturm einer erobernden Kraft mit dem Herabdonnern des Wassers in einen tiefen Abgrund.

Die Macht des Kampfes, die Macht der Umsetzung muss so groß sein, dass sie alle Hindernisse aus dem Weg räumt, dass sie alle »Stolpersteine« im wahrsten Sinne des Wortes überrollt.

Viele Manager zögern zu lange mit Entscheidungen und mit Handlungen. Die richtige Entscheidung muss aber auch zum richtigen Zeitpunkt getroffen werden. Wer zu spät kommt ... Was veranlasst Manager zu zögern? Sie fühlen sich für die Entscheidung noch nicht reif, weil sie noch nicht genügend Informationen haben, weil sie Angst haben, die Entscheidung, die sie jetzt treffen würden, könnte fehlerbehaftet sein. Gerade das Zögern aber könnte ein Fehler sein.

Ein unerfüllbarer Anspruch? Vielleicht sollte man den Anspruch niedriger hängen, vielleicht sollte man bewusst ein gewisses Risiko akzeptieren. Sun Tzu hat zwar Recht, dass derjenige siegt, der fehlerfrei gearbeitet hat – aber das wird man erst im Nachhinein erkennen. Und wer nichts tut, weil er noch keine Entscheidung getroffen hat, verliert auf jeden Fall.

Daraus ist der pragmatische Ansatz der »80/20-Strategie« entstanden. Hier strebt man nicht die Fehlerlosigkeit an, sondern begnügt man sich mit 80 Prozent der Vollkommenheit, zum Beispiel bei der Erstellung eines Konzeptes. Und man akzeptiert, dass die verbleibenden 20 Prozent diesem Perfektionismus nicht entsprechen. Es heißt, japanische Autohersteller wären genau durch die Befolgung dieser Strategie erfolgreich.

Diese Strategie muss man nicht unbedingt als einen Gegensatz zur Null-Fehler-Strategie verstehen. Vielleicht macht den erfolgreichen Manager und den erfolgreichen Feldherrn zum Teil auch das Geschick des Augenblicks aus. Er ist gut vorbereitet, er kennt das vorhandene Fehlerpotenzial, er kennt die Aufteilung von Chancen und Risiken. Und schließlich weiß er, dass nun der Augenblick der Handlung gekommen ist. Erfolgreich sein heißt auch, rechtzeitig loszuschlagen – da steht ein 100-Prozent-Perfektionismus oft im Weg.

Ein Mitarbeiter der Fahrradfabrik AG hatte ein neues innovatives Bremssystem entwickelt. Der Entwicklungsleiter zeigte sich begeistert und informierte die Geschäftsleitung. Diese setzte ein Prüfteam ein, das aus den besten Mitarbeitern des Unternehmens zusammengesetzt war. Dummerweise haben die besten Mitarbeiter immer mehr zu tun als andere Mitarbeiter. Jedenfalls hatten sie nie Zeit, dieses neue Bremssystem abschließend zu beurteilen. Die Überprüfung wurde an ein Arbeitsteam delegiert; aber auch dieses Team kam nicht so recht in Schwung, weil kein Verantwortlicher eingesetzt wurde. So dauerte es reichlich lange, bis eine Entscheidung zu dem Bremssystem reifen konnte. Die Entscheidung wurde schließlich von außen erzwungen: Ein Konkurrent brachte nämlich eines Tages ein ähnliches System auf den Markt. Erst jetzt bekam die Entwicklung das notwendige Go. Aber es war viel Zeit verstrichen und der Wettbewerbsvorteil schon lange dahin.

Die Umsetzung konsequent betreiben

Sun Tzu lehrt, dass die Entwicklung und Umsetzung einer Taktik fünf Schritte erfordert: »[...] erstens Messung; zweitens Berechnung; drittens Prognose; viertens Abwägung und fünftens Sieg. Die Erde [die Struktur] gebiert die Messung; die Messung die Berechnung; die Berechnung die Prognose; die Prognose die Abwägung und die Abwägung den Sieg.« (IV. 17/18) Ausführlicher formuliert:

- Am Beginn, so Sun Tzu, steht die Analyse – es geht darum, die Stärke des Gegners, aber auch die eigenen Ressourcen in allen relevanten Aspekten zu erfassen, sei es durch Messung, sei es durch Schätzung.
- Dann folgt die Kalkulation, die die einzelnen Ergebnisse der Messung in Zusammenhang bringt und eine Gesamtaussage über die Kosten erbringt.
- Schließlich gilt es, auf Grundlage der Kalkulation die Chancen genau abzuwägen, die Risiken zu bestimmen: Ist man gut vorbereitet, hat man alle Einsatzkräfte?
- Der fünfte Schritt, nämlich der Sieg, folgt unweigerlich, sofern man zuvor keine Fehler gemacht hat.

Nur die besten, die fehlerlos agierenden Feldherren gewinnen. Man sollte ergänzen: nur die fehlerlosen und ausdauernden Feldherren gewinnen. Man macht im Alltag immer wieder die Erfahrung, dass nach einiger Zeit die Kraft nachlässt, dass sich andere Prioritäten in den Vordergrund drängen, dass die Ressourcen noch vor dem vollständigen Sieg abgezogen werden, dass der Feldherr zu schnell mutlos wird. Oft kommt es vor, dass auch gute Manager sich irgendwann verweigern. Die Umsetzung einer Strategie steht an, sie müssen ein Konzept erarbeiten und haben keine Lust, sind abgearbeitet, nicht mehr aufnahmefähig. Was machen sie dann? Vielleicht eine Reise, Besuche bei Lieferanten und Kunden. Solche Gespräche sind manchmal einfacher zu führen als mühsame Arbeitsgespräche mit den eigenen Kollegen und Mitarbeitern. So fahren sie durch die Welt. Zurück im Unternehmen stellen sie dann fest, dass in ihrer Abwesenheit nichts geschehen ist. Das könnte für sie Anlass sein, bald wieder auf Reisen zu gehen. Aber: Diese Manager müssen nicht mehr in den Krieg ziehen. Sie haben bereits verloren.

Die Vermeidung von Fehlern beginnt mit der Anerkennung von gemachten Fehlern. Und dies steht nicht im Widerspruch zu Sun Tzu. Der Manager wird niemals aus seinen Fehlern lernen, wenn er die Fehler nicht anerkennt. Erst dann wird er seine Konsequenzen ziehen können, und erst dann wird in Lage sein, fehlerloser zu agieren und auch zu siegen.

Dies beginnt mit einem recht einfachen Schritt: Manager müssen bereit sein, die Verantwortung für ihr Tun und damit auch für ihre Fehler zu übernehmen. Es ist dabei nicht immer an die großen Taten oder Katastrophen zu denken. Ein Manager, der Bilanzfälschung betrieben hat, wird dafür zur Rechenschaft gezogen. Der Manager muss aber auch die Verantwortung auf sich nehmen, wenn er seine Mitarbeiter auf nutzlose Lehrgänge schickt und damit Geld, aber auch Mitarbeitermotivation vergeudet. Auch Verantwortung beginnt im Kleinen. Was sagt Sun Tzu? »Der kluge Heerführer hält sich an das moralische Gesetz und befolgt die methodischen Regeln; so liegt die Entscheidung über Sieg und Niederlage in seiner Hand.« (IV. 16)

Das moralische Recht erwirbt sich der Manager aufgrund seiner Persönlichkeit. Wichtig ist hier seine Integrität, die Übereinstimmung von Denken beziehungsweise Reden und Handeln. Schwache Manager werden unglaubwürdig, weil sie Reden und Handeln, Anspruch und Handeln nicht zur Übereinstimmung bringen. Schwache Manager unterliegen leicht der Gefahr, ständig zu planen, nicht aufzuhören zu planen, nicht zur Umsetzung überzugehen. Sie haben Angst, wollen die persönliche Verantwortung, die sich aus der Umsetzung ergibt, nicht übernehmen.

Die einmal gefundene Entscheidung für eine Strategie und deren taktische Umsetzung muss nun also in die Tat umgesetzt werden. Dies funktioniert selbstverständlich nicht immer. Der Hauptgrund liegt darin, dass die Planung nur aus dem Denken entsprungen ist. Dieses wird meistens fehlerbehaftet sein, weil es nicht alle Einflüsse der praktischen Umsetzung berücksichtigt.

Schon im ersten Gebot (Planung) findet sich ein entsprechender Hinweis bei Sun Tzu: »Höre auf meinen Rat und nutze darüber hinaus jeden glücklichen Umstand, der sich dir bietet. Sei bereit, deinen Plan entsprechend zu ändern.« (I. 16/17)

Erlesenes zu den Themen Taktik und Mut

Der amerikanische Präsident Harry S. Truman (Demokrat) soll einmal über die Republikaner gesagt haben: »Ihre Führungstaktik lautet: Wenn du die Leute nicht hinter dich bringen kannst, bring sie wenigstens durcheinander!«
Unbekannt

Jedes Denken wird dadurch gefördert, dass es in einem bestimmten Augenblick sich nicht mehr mit Erdachtem abgeben darf, sondern durch die Wirklichkeit hindurch muss.
Albert Einstein (1879–1955), deutsch-amerikanischer Physiker, 1921 Nobelpreis für Physik

Um schwimmen zu lernen, muss ich ins Wasser gehen, sonst lerne ich nichts.
August Bebel (1840–1913), deutscher Politiker, Mitbegründer und Führer der deutschen Sozialdemokratie

Damit das Mögliche entsteht, muss immer wieder das Unmögliche versucht werden.
Hermann Hesse (1877–1962), deutscher Schriftsteller; 1946 Nobelpreis für Literatur

Ein einziger Mann mit Mut ist die Mehrheit.
Andrew Jackson (1767–1845), amerikanischer Politiker; 7. Präsident der USA (1829–37)

Ein Pfund Mut ist mehr wert als eine Tonne Glück.
James A. Garfield (1831–1881), amerikanischer Politiker; 20. Präsident der USA (1881)

Kein Kämpfer kann großen Mut zum Kampf mitbringen, der noch niemals schwarz und blau geschlagen worden ist. Der aber, der, so oft er fiel, trotziger wieder aufstand, der steigt mit großer Hoffnung in den Ring.
Lucius Annaeus Seneca (4 v. Chr.–65 n. Chr.), römischer Dichter und philosophischer Schriftsteller

Mut beruht vor allem auf dem Willen, ihn zu haben.
Ellen Key (1849–1926), schwedische Schriftstellerin

Die **Durchführung des Kampfes**

勢篇

Das fünfte Gebot:
Mit Methode und guten Manövern siegen

- Direkte und indirekte Manöver
- Führungsmethoden für Manager
- Unberechenbar für den Gegner, berechenbar für die Mitarbeiter
- Das Potenzial der Mitarbeiter entfesseln – zur rechten Zeit
- *Erlesenes* zum Thema Führung

Wie macht man das, siegen? Man sammelt Kräfte, bestimmt den richtigen Zeitpunkt und setzt alle Kräfte ein.

Sun Tzu sagt: »Die Führung einer großen Armee unterscheidet sich nicht von der einer kleinen Einheit. Es ist lediglich eine Frage der Aufteilung. [...] Es ist lediglich eine Frage der vereinbarten Zeichen und Signale. Will eine Armee den Ansturm des Feindes unbeschadet überstehen, so muss sie direkte und indirekte Methoden einsetzen. Will eine Armee über den Feind wie ein Mühlstein über ein Ei hereinfallen, muss sie die Methode der starken und schwachen Punkte beherrschen.« (V. 1–4)

Damit sind wir nun bei den Methoden. Mit welcher Methode kommen wir zum Sieg?

Direkte und indirekte Manöver

Selbstverständlich will jeder siegen, sonst würde er sich ja nicht auf den Kampf, auf den Wettbewerb, auf die Konkurrenz einlassen. Gibt es Methoden, die den Sieg sicherstellen? Nach Sun Tzu kommt es darauf an, wie man direkte und indirekte Manöver kombiniert, die sich ergänzen müssen: »Im Kampf dient die direkte Methode dazu, die Kräfte zu vereinigen, und die indirekte, den Sieg zu sichern.« (V. 5) Sun Tzu sagt, dass die Vielfalt der Kombinationen die große Stärke sei. Damit gibt es nicht nur eine Methode, sondern durch Kombination eine Vielzahl von möglichen Manövern: »Es gibt nur fünf Töne [Die chinesische Musik kennt nur die Pentatonik.], aber die Melodien, die sich aus ihnen kombinieren lassen, sind so zahlreich, dass wir sie niemals alle hören können. Es gibt nur fünf Grundfarben [...], aber die Muster, die sich aus ihnen kombinieren lassen, sind so zahlreich, dass wir sie niemals alle sehen können. Es gibt nur fünf Geschmacksfaktoren [...], aber die Geschmackseindrücke, die sich aus ihnen kombinieren lassen, sind so zahlreich, dass wir sie niemals alle schmecken können.« (V. 7–9) Die richtige Kombination der Methoden orientiert sich an der jeweiligen Situation.

Bleiben wir auf dem Kriegsfeld. Der jüngste Irak-Krieg hat uns gezeigt, dass die amerikanische Kriegsmaschinerie perfekt die direkte Methode des Angriffs beherrscht. Die Amerikaner besiegten den Gegner mit militärischer Übermacht. Sie haben investiert in Soldaten, Material und Technik und waren siegreich. Voller Verblüffung hat man aber erkennen müssen, dass die Amerikaner zwar vorbereitet waren auf den Krieg, die direkte Methode in der Tat auch gut beherrschten, aber anscheinend kaum vorbereitet waren auf die Notwendigkeit, den Sieg zu sichern. Die dazu notwendige indirekte Methode beherrschen sie anscheinend nur ungenügend. Die Amerikaner haben daher Schwierigkeiten, den Sieg zu sichern. Sun Tzu lehrt uns, dass wir direkte und indirekte Methoden beherrschen müssen und diese auch aufeinander abzustimmen haben.

Führungsmethoden für Manager

Was heißt das für den Manager? Er muss unterschiedliche Methoden der Führung beherrschen. Die Art der Führung ist abhängig von der Aufgabe und von der Situation. Beispiel: Ein Manager, der ein Akquise-Team leitet, wird vermutlich mit anderen Methoden arbeiten als sein Kollege, der ein Abwicklungs-Team leitet. In der Angebotsphase wird man mehr darauf achten, die Wünsche des Kunden zu erfüllen, ein positives Bild vom eigenen Unternehmen zu vermitteln. Manches Problem ist mit dem Auftreten, mit der Art der Präsentation zu erledigen. Die Mitarbeiter müssen hierfür spezifische, vor allem kommunikative Fähigkeiten haben. Sie sind die Allrounder, die dem Kunden eine verlässliche Gesamtlösung bieten können. Das Abwicklungs-Team muss dagegen die Umsetzung sicherstellen. Hier steht die sachliche Problemlösung im Vordergrund; daher ist bei diesen Mitarbeitern die fachliche Kompetenz von entscheidender Bedeutung. Jede ihrer Entscheidungen ist sofort praxisrelevant. Jeder ihrer Lösungsansätze muss funktionieren, sonst ist das Gesamtkonzept der Anlage infrage gestellt.

Ein Manager wird mit anderen Methoden arbeiten, wenn er einen Konzern aufbaut, expandiert, Mitarbeiter einstellt als sein Kollege, der den Auftrag hat, ein Unternehmen abzuwickeln, das Unternehmen zu verkleinern, Mitarbeiter zu entlassen.

Sind diese Methoden nun wirklich so grundlegend unterschiedlich, nur weil die Aufgaben verschieden sind? Muss der Manager daher anderen Anforderungen genügen? Gibt es Manager, die in der einen Aufgabe Erfolg haben, in der anderen Aufgabe versagen?

Sun Tzu behauptet, dass die Ausprägungen der Methoden verschieden sind, nicht aber die Grundlagen. Jeder Manager, der ausgeprägte Führungsfähigkeiten hat, wird alle Ausprägungen der Methoden beherrschen, sich in jedem Umfeld bewähren. In Wirklichkeit gibt es wohl wenige Manager, die von sich behaupten können, so perfekt in Führung zu sein, dass sie in jeder Situation erfolgreich sind.

In der Praxis prägt der jeweilige Erfahrungshorizont den Manager. Daher wird er in Situationen, für die er entsprechende Erfahrungen mitbringt, besser agieren als in für ihn unbekannten Situationen. Und doch ist auch Sun Tzu Recht zu geben: Führung ist eine Disziplin für sich, die nichts mit den Umweltsituationen zu tun hat. Vorausgesetzt, der Manager ist bereit, sich grundlegend vorzubereiten, strukturiert vorzugehen, wie in den vorangegangenen Kapiteln beschrieben und wie Sun Tzu es empfichlt, wird er auch in neuen, unbekannten Situationen bestehen.

Unberechenbar für den Gegner, berechenbar für die Mitarbeiter

Ein Manager, ein Unternehmen ist gut beraten, so zu handeln, dass die Konkurrenten überrascht werden. Für die Mitarbeiter sollte der Manager und das Unternehmen jedoch berechenbar bleiben. Die Mitarbeiter sollten nicht in die Situation kommen, überlegen zu müssen, was der Manager überhaupt will, ob seine Anweisungen mit denen der vergangenen Woche übereinstimmen, ob Aussage und Richtung der Strategie noch gelten. Unsicherheiten und Irritationen unter den Mitarbeitern kosten Motivation und Arbeitszeit, reduzieren die Produktivität des Unternehmens, vernichten damit Kapital.

Unternehmen und Manager können solche Erfahrungen speziell in Phasen der Umorganisation machen. Je besser Umorganisationen vorbereitet sind, je schneller sie umgesetzt werden, desto weniger Verunsicherung bewirken sie. Es ist die absolut größte Herausforderung für Manager, Umorganisationen so zu gestalten, dass die Entwicklung für Mitarbeiter berechenbar bleibt. Dafür gibt es wenige gute, aber sehr viele abschreckende Beispiele. Es gibt Umorganisationen, die jahrelang andauern. In diesen Umorganisationen wird Kapital vernichtet.

Ganz anders dagegen sieht es mit Täuschungsmanövern auf dem Markt aus, die ein Teil der Führungskunst sind. Da muss zunächst der Grad der Täuschung festgelegt werden sowie die Adressaten. Dann müssen die eigenen Mitarbeiter, die eigene Organisation auf Umsetzung der Täuschung ausgerichtet werden. Sun Tzu beschreibt dies so: »Simulierte Unordnung erfordert Disziplin, simulierte Angst Mut und simulierte Schwäche Stärke. Die Tarnung von Disziplin hinter einem Anschein der Unordnung ist eine Frage der Unterteilung; die Tarnung von Mut hinter einer Maske von Angst setzt latente Kraftquellen voraus; die Tarnung von Stärke durch vermeintliche Schwäche erfordert Taktik.« (V. 17/18) Die Aufgabe für den Manager heißt also, die Organisation so auszurichten, dass ein bestimmter Gegner einer bestimmten Täuschung erliegt, um ein bestimmtes Ziel zu erreichen: »Die hohe Kunst, den Feind zu lenken, besteht darin, ihn mit taktischen Manövern zu bestimmten Schritten zu verführen und ihm etwas anzubieten, nach dem er greifen muss.« (V. 19)

Die Fahrradfabrik AG wollte auf dem amerikanischen Markt expandieren, aber die Manager stellten bald fest, dass zwei große internationale Konkurrenten bereits vor Ort waren, bereit, ihre Marktanteile mit allen Mitteln zu verteidigen. Bereits im Vorfeld arrangierten die Konkurrenten Sonderaktionen, um die Kunden besser zu binden und dem Neuling den Markteintritt so schwer wie möglich zu machen. Das Management der Fahrradfabrik AG erkannte dies sehr bald. Man ließ in Amerika weiter recherchieren, testete den Markt sehr öffentlich und band so die Aufmerksamkeit der Konkurrenz. Gleichzeitig untersuchte man jedoch auch den Markt in Südafrika. Als man sich auch in diesem Markt gute Chancen ausrechnete, verstärkte man vordergründig die publikumswirksamen Aktivitäten in Amerika. So wurde die Konkurrenz schließlich von der Entscheidung der Fahrradfabrik AG überrascht, auf dem südafrikanischen Markt zu investieren. Die Fahrradfabrik AG setzte die Entscheidung unverzüglich um. Die Konkurrenten waren ziemlich verwirrt, verloren große Marktanteile in Südafrika und hatten aufgrund ihrer üppigen Sonderangebote in Amerika ernste Ergebnisprobleme.

Das Potenzial der Mitarbeiter entfesseln – zur rechten Zeit

Sun Tzu sagt: »Stärke ist wie das Spannen der Armbrust, die Entscheidung wie die Betätigung des Abzugs.« (V. 15) Und weiter unten: »Der kluge Heerführer setzt auf geballte Stärke und fordert nicht zu viel von den einzelnen Soldaten. Darum kann er die richtigen Männer auswählen und ihre geballte Stärke vorteilhaft einsetzen. Diese geballte Stärke gleicht rollenden Baumstämmen und Felsen. Denn Stämme und Felsen bleiben in der Ebene ruhig liegen, aber sie bewegen sich auf dem Abhang. Sie bleiben liegen, wenn sie eckig sind, und rollen abwärts, wenn sie rund sind.« (V. 21/22)

Die Aussagen Sun Tzus sind einfach, eindrücklich und einleuchtend. Was kann der Manager daraus lernen? Er lernt, wie er das Potenzial seiner Mitarbeiter am besten ausreizen kann, allerdings ohne sie zu erschöpfen. Und er stellt vermutlich voller Überraschung fest, welche Macht, welche Power sich in dem geballten Mitarbeiterpotenzial entfaltet. Die »Steinlawine« ist nicht mehr aufzuhalten, landet mit Präzision und Macht im Ziel. Der Manager wird seine Mitarbeiter auf ein Ziel ausrichten, sie so effizient wie möglich einsetzen und einen vorteilhaften Zeitpunkt für ihren zielgerichteten Einsatz bestimmen.

Wenn es um die Entfesselung des Potenzials der Mitarbeiter geht, also um Effizienz und Motivation, werden wir mit den größten Manager-Fehlern konfrontiert, die man sich denken kann. Sun Tzu hat diese Fehler in seinem dritten Gebot bereits angesprochen.

Sun Tzu gibt das Rezept bekannt: Der Manager wählt die richtigen Mitarbeiter aus (das heißt die Mitarbeiter mit den benötigten Fähigkeiten). Der Manager kombiniert ihre Kräfte und vermeidet so, Einzelne zu überfordern.

Über Mitarbeiterauswahl und Kombination der Kräfte wurde schon berichtet. Bleibt noch die Überforderung von Mitarbeitern. Realistischerweise geht Sun Tzu davon aus, dass man vom einzelnen Soldaten nicht zu viel erwarten darf. Man kann sich in einem beliebigen Büro umsehen, und es werden einem Mitarbeiter auffallen, die offensichtlich energiegeladener sind als die anderen. Man wird in jedem Büro Mitarbeiter mit unterschiedlichsten Stärken und Schwächen finden. Der Manager muss sich die Frage stellen, wie er die vorhandenen Stärken optimal einsetzen kann. Er soll nicht beginnen, die Menschen ändern zu wollen. Er hat die Persönlichkeit des Menschen zu akzeptieren. Jemand, der aktiv veranlagt ist, wird aktiv bleiben. (Wobei »aktiv« in diesem Zusammenhang ja nicht »effizient« heißen muss. Der Mitarbeiter kann sich in seiner Tätigkeit auch trefflich verzetteln.) Jemand, der bedächtig ist, wird bedächtig bleiben. (Wobei »bedächtig« in diesem Zusammenhang nicht »ineffizient« heißen muss. Der Mitarbeiter kann in seiner Bedächtigkeit eine vortreffliche Arbeitsqualität abliefern.) Die Frage ist, ob man die Mitarbeiter so einsetzen kann, dass sie beste Leistung bringen und nicht überfordert sind. Wenn dies gelingt, zum Beispiel durch die geschickte Zusammenstellung einer Arbeitsgruppe, in der der aktive und der bedächtige Mitarbeiter einander ergänzen, hat der Manager seine Aufgabe erfüllt und er hat gleichzeitig motiviert.

An dieser Stelle sei noch einmal betont, was Motivation bedeutet. Anerkennung durch den Vorgesetzten, verbal oder materiell, trägt natürlich zur Motivation bei, aber die wahre Motivation liegt in der Arbeitsaufgabe. Ideal ist es, wenn eine Arbeitsaufgabe einem Mitarbeiter »auf den Leib geschnitten« ist. Der Manager ist also gut beraten, darauf zu achten, dass er Mitarbeitern die geeigneten Tätigkeiten zuweist. Die Tätigkeit muss einerseits anspruchsvoll sein, und der Mitarbeiter muss andererseits in der Lage sein, sie zu bewältigen. Wollen wir Gewinner in unserem Unternehmen haben, müssen wir den Mitarbeitern Aufgaben geben, die sie erfolgreich erledigen können und an denen sie sich entwickeln können. Das setzt natürlich voraus, dass der Manager die Mitarbeiter – mit ihren Stärken und Erfahrungen – und die Arbeitsaufgabe kennt.

In der Einkaufsabteilung der Fahrradfabrik AG gab es viele gute Mitarbeiter. Jeder war für ein bestimmtes Einkaufsfeld verantwortlich. Der eine kaufte Pedale ein, der andere die Schaltungen. Jeder war für sich gut, aber keiner interessierte sich ganzheitlich für die Abteilungsaufgabe. Jeder optimierte seinen Arbeitsplatz nach den eigenen Vorstellungen. Nicht jeder war jedoch mit seiner Aufgabe zufrieden. Da diese Abteilung auch für ausländische Gesellschaften zuständig war, übernahmen einige Einkäufer noch eine Patenfunktion für eine ausländische Gesellschaft. Diese Gesellschaft musste der Einkäufer aber nun ganzheitlich, über alle Einkaufsfelder hinweg, betreuen. Er musste sich zwangsläufig für die anderen Einkaufsfelder interessieren, weil er die ausländischen Kollegen auch in diesen Arbeitsgebieten zu beraten hatte. Auf diese Weise öffnete sich für diese Einkäufer der Arbeitshorizont und sie fanden eine neue Herausforderung. Die Arbeit war vielfältiger geworden, sie machte mehr Spaß und motivierte die Mitarbeiter in hohem Maß.

Nach Sun Tzu entscheidet der Manager, er greift aber nicht selbst zum Schwert (obwohl er es vermutlich könnte). Viele Manager greifen zu oft zum Schwert und lassen ihren Mitarbeitern keinen Spielraum. Es ist also durchaus empfehlenswert, wenn sich der Manager zurücknimmt und Mitarbeiter mit verantwortungsvollen Aufgabenstellungen fordert. Fast immer werden neue, ungeahnte Kräfte freigesetzt. Manager sollten nie vergessen: Mitarbeiter sind die wichtigste Kraft in der Schlacht, denn sie sind es, die den Kampf tatsächlich ausfechten.

Es gibt viele Arten des Kämpfens, viele Arten, wie man Verhandlungen führen kann. Es gibt viele Arten, wie man mit Konkurrenten umgehen kann. Es gibt viele Arten, Mitarbeiter zu beauftragen, diesen Kampf anzugehen. Es gibt aber nur eine Art, sie zu bestärken: Sie müssen das absolute Vertrauen des Managers haben, wenn sie auf dem Schlachtfeld stehen.

In der Fahrradfabrik AG hat man viele Erfahrungen mit Kämpfen. In der Einkaufsabteilung sind solche »Kämpfe« Verhandlungen mit den Lieferanten. Aus den Erfahrungen heraus hat man eine Checkliste erarbeitet, was alles zu beachten ist, um das richtige Umfeld herzustellen. Das beginnt mit der Einladung, dem Empfang, der Sitzordnung, der Bewirtung. Fühlt sich der Lieferant so richtig wohl, werden die Verträge durchgesprochen, schnell und zügig. Dann lässt man dem Lieferanten nach Möglichkeit keine Zeit nachzudenken. Die Mitarbeiter drücken auf das Tempo. Am Schluss steht ein Preis im Raum. Akzeptieren oder nicht? Dann eine Unterschrift, die Sache ist vereinbart. Schließlich ein ehrenvolles Auseinandergehen. Der Lieferant soll die Fahrradfabrik AG mit erhobenem Haupt verlassen können – auch wenn er sich unter Wert verkauft hat. Der Einkäufer weiß, dass seine Arbeit, sein Vertragsabschluss im Unternehmen anerkannt ist.

Der kluge Manager erringt den Sieg, weil er gut vorbereitet ist, seine Kräfte optimal zu nutzen weiß und im rechten Moment die Initiative ergreift. Sun Tzu sagt: »Diese geballte Stärke gleicht rollenden Baumstämmen und Felsen. Denn Stämme und Felsen bleiben in der Ebene ruhig liegen, aber sie bewegen sich auf dem Abhang. Sie bleiben liegen, wenn sie eckig sind, und rollen abwärts, wenn sie rund sind. Die Stärke eines guten Kämpfers ist wie die Wucht runder Felsen, die von einem Berg herabrollen. So viel zur Stärke.« (V. 22/23)

Erlesenes zum Thema Führung

Führung bedeutet, andere den Wunsch haben zu lassen, etwas zu tun, von dem man überzeugt ist, dass es nötig ist.
Vance Packard (1914–1996), amerikanischer Journalist und Publizist

Führungskräfte müssen akzeptieren können, dass sie in ihrer Gruppe Personen haben, die mehr wissen als sie selbst. Es ist für viele spezialisierte Mitarbeiter ein tragisches Ereignis, dass sie einen Vorgesetzten haben, der das Wissen von gestern und die Macht von heute hat. Man muss also auch Führung durch die Geführten in Fachfragen zulassen.
Lutz von Rosenstiel (*1938), deutscher Wirtschaftspsychologe

Es gibt zwei Arten, Hirte zu sein: Der eine läuft hinter der Herde her, treibt sie, wirft mit Steinen, brüllt und drückt. Der gute Hirte macht das ganz anders: Er läuft vornweg, singt, ist fröhlich, und die Schafe folgen ihm.
Unbekannt

Geben Sie Ihren Mitarbeitern Arbeit, bei der sie ihre Fähigkeiten voll ausschöpfen müssen. Geben Sie ihnen alle notwendigen Informationen. Erläutern Sie ihnen klipp und klar, was es zu erreichen gilt. Und dann – lassen Sie sie in Ruhe.
Robert Waterman (*1936), amerikanischer Unternehmensberater

Eine Führungskraft muss Pläne schmieden, Anweisungen geben und darauf achten, dass die Arbeit zu Ende gebracht wird.
Northcote Parkinson (1909–1993), britischer Historiker und Publizist

Ich persönlich habe nichts erdacht und nichts erfunden. Ich habe nur Menschen gefunden und dafür gesorgt, dass sie zusammenfinden.
Philip Rosenthal (1916–2001), deutscher Unternehmer und Politiker, Sohn des Unternehmensgründers Philip Rosenthal; 1958–1981 Vorstandsvorsitzender der Rosenthal Glas und Porzellan AG

Eigene Stärken und die Schwächen des Gegners

虛實篇

Das sechste Gebot:
Die Bedingungen diktieren – und dadurch erfolgreich sein

- Der Schnellere wird der Sieger sein
- Der Flexiblere wird der Sieger sein
- Der Einige wird der Sieger sein
- Wer die Schwächen des Gegners angreift, wird der Sieger sein
- Der beste Stratege wird der Sieger sein
- Der Informierte wird der Sieger sein
- *Erlesenes* zum Thema: Starke und schwache Punkte

Wenn es uns gelingt, die Bedingungen des Kampfes vorzuschreiben, die Aktionen festzulegen und den Gegner zu lenken, dann werden wir zum bestimmenden Faktor. Sun Tzu beginnt sein Kapitel zum sechsten Gebot folgendermaßen: »Wer zuerst auf dem Schlachtfeld ist und den Feind erwartet, geht ausgeruht in den Kampf; wer zuletzt eintrifft und sich beeilen muss, geht erschöpft in den Kampf. Deshalb zwingt der kluge Kämpfer dem Feind seinen Willen auf, aber er lässt nicht zu, dass dieser ihm seinen Willen aufzwingt. Indem er ihm Köder auslegt, kann er ihn dazu verleiten, näher zu rücken; indem er ihm Schaden zufügt, kann er ihn fern halten. Hat der Feind Muße, so kann er ihn stören; hat der Feind ausreichend Proviant, so kann er ihn aushungern; hat der Feind sein Lager aufgeschlagen, so kann er ihn weiterscheuchen. Er taucht an Orten auf, die den Feind zur Eile zwingen; er rückt rasch zu Orten vor, an denen der Feind ihn nicht erwartet.« (VI. 1–5) Dieses Vorgehen gelingt selbstverständlich nur, wenn man schnell und flexibel ist und wenn man viel Wissen besitzt – über sich und den Gegner.

Der Schnellere wird der Sieger sein

Das scheint selbstverständlich zu sein. Nicht umsonst folgen viele Unternehmen der Strategie, Erster im Markt zu sein. Nur der Erste und vielleicht noch der Zweite werden in einem Marktsegment wirklich Geld verdienen. Alle anderen müssen erst viel Geld investieren, dem Ersten zu folgen, den Ersten einzuholen, bevor sie selbst Geld verdienen können.

Wer als Erster auf einem Kampfplatz erscheint, hat einen großen Vorteil. Er kann das Terrain erkunden, er kann seine Stellungen aufbauen. Daher kommt schon der Zweite erschöpft an und muss Wettbewerbsnachteile in Kauf nehmen. Er kann sie natürlich auch wieder ausgleichen, muss dafür aber mehr Ressourcen einsetzen. Wie auch immer, der Erste ist im Vorteil.

Dies ist im Geschäftsleben nicht nur bezogen auf die großen strategischen Themen so, sondern auch bezogen auf die kleinen Themen.

Für den Manager gilt das in internen Auseinandersetzungen ebenso wie in externen: Er muss dafür sorgen, dass das Unternehmen der Erste im Kampf mit dem Konkurrenten ist, das ist seine Aufgabe. Aber muss er nicht auch intern der Erste sein? Das dient der Festigung seiner eigenen Position. In einer Umorganisation hat der die besten Chancen, der in einem Vorbereitungsteam mitarbeitet. In einem Arbeitsteam hat der das Sagen, der die besten Ideen tatkräftig einbringt. Der Manager wird die Position des Ersten einnehmen können, wenn er Ergebnisse, Konsequenzen, Ableitungen als Erster erkennt.

In vielen Unternehmen sind die Entscheidungswege viel zu lang. Von der Idee bis zur Umsetzung vergehen Jahre, manchmal Jahrzehnte. Wie will man so der Erste im Markt werden? Fast bürokratisch mutet vielfach der Weg an, den auch Manager zu gehen haben, bis sie sich durchgesetzt haben. Hier wünscht sich mancher Manager, den gordischen Knoten durchzuschlagen – doch wo bitte ist der? Er ist nicht an einem bestimmten Ort aufzufinden. Wie viele Manager sind in den Entscheidungsprozess eingebunden, bis ein Schlachtplan steht, wie viele Unterschriften sind für eine Investition notwendig? Bleibt im Konkurrenzkampf genug Zeit, um alle erforderlichen Unterschriften zu erhalten?

Ein Mitarbeiter in der Entwicklungsabteilung der Fahrradfabrik AG hatte eine neue Radnabe erfunden. Ihr Vorzug: Sie war verschleißfrei. Er stellte seine Erfindung zunächst seinem Chef vor; der zeigte sich begeistert und stellte die neue Nabe in allen möglichen Sitzungen vielerlei Gremien vor. Im

Bewertungsprozess wurde der Vertrieb befragt; der sah keine überzeugenden Vorteile für die Akquisition. Weiterhin wurde die Herstellung befragt. Die prognostizierte hohe Kosten: »Die Fertigung muss umgestellt, das Material für die neue Nabe eingekauft werden«, hieß es. Die Einstandspreise würden höher ausfallen als für die alte Lösung. Besonders die Servicemitarbeiter sträubten sich. Sollten sie etwa keine Ersatzteile mehr verkaufen? Wollte der Erfinder der wartungsfreien Nabe ihren Umsatz und Gewinn schmälern? Das Festhalten am Gewohnten war unübersehbar. So wurden die Entscheidungen hinausgezögert. Es wurde geprüft, getestet und überlegt. Man beschäftigte sich trefflich mit sich selbst, bis eines Tages die Konkurrenz mit einer wartungsfreien Nabe auf den Markt kam und diese als technologische Revolution vermarktete. Die PR-Aktion wurde ein großer Erfolg, und der Umsatz der Konkurrenz stieg beträchtlich.

Nun zog die Fahrradfabrik AG nach, stellte dem Markt die eigene Lösung vor, war aber nur Zweiter. Die wartungsfreie Nabe verband man mit dem Namen des Konkurrenzunternehmens. Es kostete eine Menge Geld, sich nun noch angemessen zu positionieren. Die Fahrradfabrik AG blieb der zweite Sieger. Der Erfinder in den eigenen Reihen wechselte zum Konkurrenten.

Der Schnellere wird der Sieger sein. Nur schlanke Entscheidungsstrukturen und sensibilisierte Mitarbeiter bringen Speed.

Der Flexiblere wird der Sieger sein

Sun Tzu sagt: »Hat uns eine Taktik zu einem Sieg verholfen, so dürfen wir sie nicht wiederholen. Vielmehr sollten wir die Taktik stets neu an der Situation ausrichten.« (VI. 28) Und: »Das Wasser bildet seinen Lauf je nach dem Grund, über den es fließt; der Kämpfer richtet seine Siegestaktik am Verhalten des Feindes aus. Wie das Wasser seine Form nicht beibehält, so sind auch in der Kriegsführung keine zwei Situationen gleich. Der geborene Heerführer versteht es also zu siegen, indem er seine Taktik am Verhalten des Feindes ausrichtet.« (VI. 31–33)

Nun ist Flexibilität kein Wert an sich. Falsch verstandene Flexibilität kann auch in Wankelmütigkeit ausarten, kann als Orientierungslosigkeit interpretiert werden. Daher ordnet sich Flexibilität ein in die verabschiedete Struktur von Vision, Zielen und Meilensteinen.

Die Visionen sollten nicht gewechselt, nicht an Aktualitäten ausgerichtet werden. Auch bei den von der Vision abgeleiteten Zielen sollte man Vorsicht walten lassen. Eine Organisation, die es sich zum Ziel gesetzt hat, in den nächsten fünf Jahren 30 Prozent des Umsatzes aus dem chinesischen Markt zu generieren, sollte nicht kurzfristig nach Amerika umschwenken. Solche Flexibilität bringt Unglaubwürdigkeit mit sich.

Flexibilität ist vor allem auf der Ebene der Meilensteine erstrebenswert. An dieser Stelle könnte man eher fragen, ob man ohne Flexibilität überhaupt die Ziele erreichen kann. Denn natürlich sind die einzelnen Handlungen abhängig von der Umwelt, natürlich ändert sich diese Umwelt laufend. Natürlich sollte das Unternehmen darauf so flexibel wie möglich reagieren. Diese Flexibilität kann nicht beim Unternehmensvorstand erzeugt werden, sie ist auf der Arbeitsebene umzusetzen. Das bedeutet für den Manager, dass er Flexibilität in gewissen Grenzen fördern, seine Mitarbeiter unterstützen und anleiten muss. Viele Mitarbeiter haben Angst vor Veränderungen und zeigen daher wenig Bereitschaft zu Flexibilität. Hier ist der Manager gefordert, die Angst zu nehmen, die Bereitschaft zu fördern.

Kommt ein Kunde kurzfristig zu Besuch, so sollte man in der Lage sein, den Arbeitsplan zu verändern und dem Kunden ausreichend Zeit einzuräumen. Wird ein notwendiges Teil in der Fertigung nicht rechtzeitig angeliefert, muss die Fertigung flexibel reagieren und den Fertigungsablauf umprogrammieren.

In diesem Sinne wird nur das Unternehmen seine Ziele und Meilensteine rechtzeitig erreichen, das eine gesunde Portion Flexibilität an den Tag legt.

Die Fahrradfabrik AG hatte zu ihrem 50-jährigen Bestehen eine große Aktion geplant. In ihrem asiatischen Werk sollte anlässlich dieses Tages eine neue Generation von Mountainbikes hergestellt und in einer Sonderaktion verkauft werden. Die Produktion lief an, die Bikes kamen ohne Beanstandung durch die Qualitätsabnahme, wurden verschifft. In Deutschland liefen die Vorbereitungen für das große Fest auf Hochtouren. Da ereilte die Firmenleitung die Hiobsbotschaft, dass das Schiff untergegangen sei. Das finanzielle Risiko war zwar über Versicherungen abgedeckt, aber die Feier konnte nicht mehr abgeblasen werden. Die Unternehmensleitung entschied, dass alle auf Lager befindlichen Räder zum Festtag mit einem Rabatt von 20 Prozent verkauft werden sollten. Das Fest wurde ein großer Erfolg, die Kunden stürmten die Läden. Der Name Fahrradfabrik AG war in aller Munde.

Der Einige wird der Sieger sein

Sun Tzu weist auf die Wichtigkeit der Einheit hin: »Indem wir die Vorkehrungen des Feindes ergründen, aber selbst unsichtbar bleiben, können wir unsere Kräfte zusammenhalten, während der Feind die seinigen aufteilen muss. Wir bleiben vereint, während der Feind sich verstreut. In der Begegnung sind wir stark und er schwach. Und treten wir mit unserer Übermacht gegen ihn an, so ist es schlecht um ihn bestellt.« (VI. 13–15)

Nicht nur Sun Tzu hat erkannt, dass Einigkeit stark macht. Nun wird der Handwerksmeister in seinem kleinen Betrieb seinen fünf Mitarbeitern schon die notwendige Einigkeit vermitteln. Viel schwieriger ist das dagegen in komplexen Organisationen. Über die Einigkeit nach außen wachen Presseabteilungen und PR-Beauftragte. Das mag noch funktionieren. Wie aber ist es mit der Einigkeit im Inneren, aus der nach Sun Tzu die Stärke kommen soll? In der Tat haben hier komplexe Organisationen zu kämpfen. Beginnt der Prozess der Einigkeit unten oder oben? Es ist wohl ein beidseitiger Prozess, aber besonders wichtig ist die Einigkeit in den jeweiligen Arbeitsgruppen, bei den Mitarbeitern, die an der »Front« stehen. Es ist sozusagen eine der Schlüsselaufgaben eines Managers, aus seiner Mannschaft ein »verschworenes Team« zu bilden, das gemeinsam denkt und agiert. Damit ist er schon fast Sieger.

Er selbst muss sich natürlich auch mit seinen Managerkollegen in ein verschworenes Team einbringen, das ebenfalls die Stärke der Einigkeit erkennt. Einigkeit ist wie ein Prozess: Sobald Mitarbeiter die Stärke von Einigkeit erleben, werden sie sich einreihen und Einigkeit demonstrieren. Wohl unterstützt den Manager an dieser Stelle die Natur des Menschen, in der Gruppe zur Einheit und damit zur Stärke zu kommen.

Gute Manager erkennt man daran, dass sie in der Lage sind, solche Einheiten zu formen. Im heutigen Geschäftsleben hat man es vielfach mit virtuellen Teams zu tun. Das ist eine zusätzliche Herausforderung an die Einheit. Die Online-Kommunikation bringt viele Chancen, aber auch viele Schwierigkeiten mit, an die Sun Tzu natürlich noch nicht denken konnte. In der heutigen globalen Geschäftsstrategie kommt es darauf an, Mitarbeiter in unterschiedlichen Regionen mit unterschiedlichen Mentalitäten und unterschiedlichen Sprachen zu einer Einheit zu formen.

Wir haben bereits von der verschleißfreien Radnabe berichtet. Das war ein negatives Beispiel. Es hätte sich natürlich auch anders zutragen können, als ein Beispiel für die Einigkeit in einem Unternehmen: Der Vorstand der Fahrradfabrik AG entnahm einer Umfrage, dass sich viele Kunden über den Verschleiß der Naben ärgerten. Sie hatten ein teures Fahrrad gekauft, aber die Naben waren in aller Regel nach einem Jahr verschlissen und mussten ausgetauscht werden. Nun kämpfte die Fahrradfabrik AG nicht allein mit diesem Problem, auch ihren Konkurrenten erging es ähnlich, auch sie konnten keine bessere Lösung bieten. Der Vorstand beriet mit seinen Kollegen, wie man diese Schwachstelle beseitigen könnte, und es wurde ein Aktionsplan angenommen: Die Entwicklungsabteilung erhielt den Auftrag, Naben zu entwickeln, die verschleißfrei sein sollten. Es wurde ein Budget zur Verfügung gestellt, die besten Entwickler auf dieses Problem angesetzt. In Zusammenarbeit mit einer Hochschule kam man schließlich zu dem gewünschten Ergebnis. Als man dem Vorstand die Lösung präsentierte, erkannte dieser sofort die Bedeutung. Er rief seine Kollegen zusammen, und sie beschlossen einstimmig, die Offensive fortzusetzen und spektakulär umzusetzen. Ab sofort wurden alle Fahrräder mit der verschleißfreien

Nabe ausgestattet. Gleichzeitig lancierte man eine große Werbekampagne. Die Aktion wurde ein großer Erfolg. Die Fahrradfabrik AG konnte 10 Prozent Marktanteil hinzugewinnen. Als die Konkurrenz mit einem ähnlichen Produkt auf den Markt kam, war es bereits zu spät. Um einen gewissen Marktanteil zurückzugewinnen, musste die Konkurrenz die Preise senken. Verdienen konnte nur der Erste, das war die Fahrradfabrik AG.

Wer die Schwächen des Gegners angreift, wird der Sieger sein

Es gibt viele Geschichten von Kämpfen, die das Wirtschaftsleben schreibt. Airbus gegen Boeing, um nur eines von vielen Beispielen zu nennen. Wie erringt man den Sieg? Indem man eine bessere, eine modernere, eine über den Lebenszyklus kostengünstigere Produktpalette aufbaut. Indem man die Vorteile der eigenen Produkte gut vermarktet.

Schon in dem Abschnitt über Taktik hatte Sun Tzu betont: »Die eigene Unangreifbarkeit liegt in unseren Händen, die Angreifbarkeit des Feindes liegt in den Händen des Feindes. Der gute Kämpfer kann sich selbst unangreifbar machen, aber den Feind angreifbar zu machen liegt nicht in seiner Macht.« (IV. 2/3) Es geht darum, die eigenen Stärken auszubauen und die Schwächen des Gegners anzugreifen.

Folgende Stärken sind notwendig, um in Auseinandersetzungen zu bestehen:

- Analysefähigkeit: Darunter versteht man die Art der Vorbereitung. Sun Tzu weist immer wieder darauf hin.
- Ressourcenmanagement: Wir benötigen zum Beispiel die notwendige Anzahl von Mitarbeitern in jeder Funktion. Es ist tödlich, Aufträge zu akquirieren und abzuschließen, die man nicht abwickeln kann, weil man hierfür keine Kapazitäten hat.
- Strategie und Taktik: Dahinter verbirgt sich Klarheit und Konsequenz. Jeder Mitarbeiter muss die Strategie verstanden haben. Er ist ihr verpflichtet und wird sie umsetzen.

- Motivation und Überzeugung: Damit formt der Manager die Streitmacht, eint sie, bildet ein Team, macht Stärke fühlbar.
- Öffentlichkeitsarbeit: Wer gut arbeitet, soll auch gut darüber reden. Nur eine Stärke, die im Markt als solche wahrgenommen wird, zahlt sich für das Unternehmen aus.

Wenn das eigene Unternehmen stark aussieht, sieht der Gegner schwach aus. Darüber hinaus ist es durchaus von Nutzen, die Schwächen und die Stärken des Gegners genau zu kennen. Warum sollte ein Unternehmen ausgerechnet um die Positionen kämpfen, in denen der Konkurrent stark ist? Oder mit Sun Tzu: »Auch im Krieg gilt es, das Starke zu meiden und das Schwache anzugreifen.« (VI. 30)

Die Konkurrenz ist der Fahrradfabrik AG zuvorgekommen und hat die verschleißfeste Radnabe auf dem Markt eingeführt. Als dies bekannt wurde, stellte sich die Frage, ob man – wie oben beschrieben – die Stärke des Gegners angreifen und mit viel Aufwand Zweiter werden will, wenn es nicht gelingen sollte, den Vorsprung aufzuholen und die Konkurrenz zu überflügeln. Man könnte aber auch nach einem schwachen Punkt beim Gegner suchen und, statt bei der Radnabe Zweiter zu sein, auf einem anderen Gebiet Erster werden. Die Fahrradfabrik AG entschied sich für Letzteres. So konnten die eigenen Erfahrungen mit der Radnabe dazu genutzt werden, die Anschlussteile der Nabe sowie deren Montage zu optimieren. Dabei entstand ein leicht zu montierendes und sehr kostengünstiges Schutzteil, das die Lebensdauer der Nabe erheblich steigerte. Diese Neuentwicklung gefiel vielen Händlern und Endkunden so gut, dass sie diese der besseren Radnabe sogar vorzogen.

Der beste Stratege wird der Sieger sein

Es gibt in jeder Auseinandersetzung einige Grundregeln, die natürlich auch von Sun Tzu erwähnt werden. Wir befinden uns mitten in der Strategie und Taktik. Wie sagt er? »Er taucht an Orten auf, die den Feind zur Eile zwingen; er rückt rasch zu Orten vor, an denen der Feind ihn nicht erwartet.« (VI. 5)

Der kluge Manager wählt also zunächst die Positionen aus, die der Gegner nicht verteidigen kann. Das kann eine Region sein, wo der Wettbewerber relativ schwach präsent ist. Der Angriff wird einem an dieser Stelle leicht fallen. Ein geschickter Manager konzentriert sich auf die Schwachstellen der Konkurrenz. Er wechselt seine Positionen rasch, sodass er für den Gegner nicht berechenbar ist. Angriffe gehen dann ins Leere. Ein geschickter Manager konfrontiert den Gegner mit widersprüchlichen Aktionen, die die wahren Absichten verborgen halten. Der kluge Manager kann auch je nach Situation die Taktik wechseln.

Den Manager kann man als stark bezeichnen, wenn der Gegner auf ihn reagieren muss. Er ist schwach, wenn er gezwungen werden kann, auf die Aktivitäten des Gegners zu reagieren. Sun Tzu sagt: »Schwach ist derjenige, der sich gegen mögliche Angriffe wappnen muss. Stark ist derjenige, der den Feind zwingt, sich gegen ihn zu wappnen.« (VI. 18) Strategie und Taktik spielen bei allen kriegerischen und natürlich auch bei allen wirtschaftlichen und selbst bei vielen persönlichen Auseinandersetzungen eine dominierende Rolle. Eigentlich kommt kein Mensch in seinem Leben ohne Strategie und Taktik aus, sie ist uns sozusagen in die Wiege gelegt. Aber nicht jeder beherrscht sie mit der gleichen Virtuosität. Dies trifft auch auf die Manager zu.

Das Management der Fahrradfabrik AG hatte beschlossen zu expandieren. Man sah jedoch keine Möglichkeiten, das benötigte Expertenwissen auf dem Arbeitsmarkt zu rekrutieren. So beschloss man, einen kleineren Konkurrenten aufzukaufen und diesen in das eigene Unternehmen zu integrieren. Das Ziel war dabei, die benötigten Fachkräfte relativ günstig zu bekommen. Der kleinere Wettbewerber verweigerte sich jedoch. Man machte dem Inhaber zwar ein attraktives Angebot, fand aber kein Gehör. Schließlich lancierte man ein Modell, das dem Hauptprodukt des Wettbewerbers sehr ähnlich war, auf dem Markt und unterbot dieses massiv im Preis. Die Umsatzzahlen des Wettbewerbers sanken kontinuierlich. Als man ein Jahr später den Inhabern eine neue Kaufofferte, allerdings zu schlechteren Konditionen, machte, nahmen diese widerwillig an. Der Preiskampf hatte zwar auch die Fahrradfabrik AG viel Geld gekostet, aber das strategische Ziel wurde erreicht.

Der Informierte wird der Sieger sein

Heute gibt es andere, neue Schwerpunkte im wirtschaftlichen Wettbewerb. Einer davon ist das Informationsmanagement, man könnte auch »Umgang mit Wissen« dazu sagen. Ein römisches Sprichwort sagt »scientia est potentia«, Wissen und Erkenntnis sind Macht, sind Einfluss und Wirksamkeit. Auch die richtigen Strategien kann man nur entwerfen, wenn man umfassend informiert ist. Das Informationsnetzwerk ist daher für den Manager von fundamentaler Bedeutung. In Großunternehmen ranken sich um Informationen häufig »Managerspiele«. Wer ist am schnellsten über Veränderungen informiert? Wer hat die besten Verbindungen zu den Entscheidungsträgern? Hat man gute Verbindungen zu »gewöhnlich gut unterrichteten Kreisen«, kann man sich einen Informationsvorsprung »erarbeiten« und damit schneller reagieren, schneller die Taktik den sich verändernden Erfordernissen im Unternehmen anpassen.

Es ist wichtig, in den Informationsfluss des Unternehmens eingebunden zu sein. Diesem Informationsfluss kann der Manager Änderungen, Probleme und, was noch wichtiger ist, neue Tendenzen entnehmen. Die Informationen und das entsprechende Wissen bedeuten für den Manager im wahrsten Sinne des Wortes Einfluss und Macht gleichermaßen.

Aber nicht nur die Informationen im Unternehmen sind wichtig, auch die Informationen über den Markt haben selbstverständlich eine große Bedeutung. Große Unternehmen haben ein weltweites Netzwerk von Informationskanälen, über die vielfältige Informationen laufen. Viele Unternehmen gehen damit allerdings unwirtschaftlich um. Marktinformationen werden von vielen Managern wie »Eigentum« behandelt: Es gibt keinen organisierten Informationsfluss; es gibt keine Stelle, die zentral auswertet und wieder verteilt. Viele Unternehmen könnten vom Informationsmanagement der Geheimdienste profitieren. So wäre es beispielsweise ein pragmatischer Versuch gewesen, das Wissen des Staatssicherheitsdienstes in einem Unternehmen zielorientiert einzusetzen.

Die Informationen waren auch schon für Sun Tzu von großer Bedeutung. Er spricht davon, dass der Kriegsherr wissen muss, was der Feind plant, wie er sich aufstellt, wie er agiert. Dieses Wissen und die benötigten Informationen sind eine Basis für das eigene Vorgehen.

Wir leben heute im Informationszeitalter. Es geht nicht mehr nur darum, informiert zu sein, sondern es geht auch darum, mit der Flut von Informationen effizient zurechtzukommen. Dieser Gedankengang war für Sun Tzu sicherlich nicht so geläufig. Denken wir aber einmal darüber nach, was Informationen für uns heute bedeuten. Informationen haben im modernen Wirtschaftsleben mehrere Dimensionen.

Je mehr Informationen man hat, desto größer ist die Sicherheit über die Einschätzung zukünftiger Ereignisse. Dann kann man die Zukunft zumindest in ihren Grundrissen erahnen, vorwegnehmen und gegebenenfalls entsprechende Vorkehrungen treffen.

Informationen geben uns die Möglichkeit, Wichtiges von Unwichtigem zu unterscheiden. Damit kann man innerhalb des Unternehmens optimal zielorientiert handeln. Selbstverständlich gilt dies auch für Aktivitäten vom Unternehmen zum Kunden, zum Lieferanten, in jeder Außenbeziehung. Auch hier ist die ausreichende Information wichtig. Besitzt man diese, kann man angemessen mit seinem Partner umgehen.

Informationen sind nicht nur für das Unternehmen wichtig, mithilfe von Informationen sichert der Manager auch seinen sozialen Status innerhalb des Unternehmens. Gut informiert sein bedeutet auch, dem inneren Kreis des Unternehmens anzugehören, sozusagen etabliert zu sein. Damit ist Information gleichzusetzen mit Bedeutung, also Anerkennung. Im Obersten Führungskreis eines Unternehmens befinden sich vielleicht ein Prozent der Mitarbeiter. Diese Mitarbeiter erhalten ausgewählte Informationen. Damit sichert Information den sozialen Status.

Ausreichende Information ist für den Manager wichtig, um seine Position und die seiner Funktion innerhalb des Unternehmens abzusichern und um gegenüber Kunden, Lieferanten, Behörden überzeugend auftreten zu können. Großunternehmen haben eine ganze Reihe von Vorteilen gegenüber kleineren Unternehmen. Aber sie haben auch

Nachteile. Einer der Nachteile gehört ins Gebiet des Informationsmanagements. Die Weitergabe von Informationen ist hier sehr viel schwieriger zu organisieren, sodass kaum ein Mitarbeiter in einem Großunternehmen heute noch den Überblick hat, was sein Unternehmen eigentlich alles produziert, welche Unternehmen zu der Dachgesellschaft gehören und was man dem Kunden anbieten kann.

So kann es durchaus geschehen, dass selbst Manager ihr Unternehmen und seine Möglichkeiten nicht kennen. Sie wissen nicht, dass in der Nachbarabteilung an den gleichen Aufgaben geforscht wird, dass das Gegenüber beim gleichen Lieferanten anfragt und bessere Preise erhält, weil sich zum Beispiel zwei Vertriebsleute erst beim Kunden treffen und dort kennen lernen. Die Vertriebskollegen pflegen ohnehin nur das eigene Sortiment zu verkaufen, für das sie auch ihre Provision erhalten. Dabei hätte das Unternehmen noch viel mehr zu bieten. Manche Unternehmen haben erkannt, dass dies ungenutzte Chancen sind, dies war die Geburtsstunde der Key Accounter. Sie vertreten das gesamte Unternehmen gegenüber dem Kunden. Sie agieren gemäß dem Motto *one face to the client*. Die Idee ist zwar gut, die Umsetzung aber nicht immer gelungen. Also Handlungsbedarf für Manager.

Wie auch immer, Information ist Führungssache. Der Informierte wird gewinnen. Der Manager hat sich selbst zu informieren und hat seine Mitarbeiter so zu informieren, dass sie zielgerichtet und effizient agieren können. Sun Tzu wusste bereits, dass Wissen Macht ist und einen Sieg durchaus garantieren kann.

Wesentliche Informationen sind auch solche über sich selbst und das eigene Unternehmen, insbesondere auch über die eigenen Schwächen. Denn das Wissen über die eigenen Schwächen verleiht ebenfalls Macht. Natürlich hat jeder Manager, hat jede Organisation Schwächen. Bevor man jedoch gegen sie vorgehen kann, muss man sie wahrnehmen. Vielen Managern fällt das Erkennen der eigenen Schwächen schwer. Doch auch das sollte kein Problem sein. Es gibt ausreichend Lehrgänge, die der Selbsterkenntnis dienen.

Schwieriger wird es, wenn der Manager glaubt, keinen Rat zu benötigen. Vielleicht läuft er dann mit seiner Mannschaft bereits in die falsche Richtung. Dort befindet sich die Niederlage. Denn für den Konkurrenzkampf ist es unerlässlich, die eigenen Stärken und Schwächen zu kennen und mit denen des Gegners zu vergleichen. (vgl. Sun Tzu, VI. 24)

Erlesenes zum Thema: Starke und schwache Punkte

Auf der Welt gibt es nichts, was weicher und dünner ist als Wasser. Doch um Hartes und Starres zu bezwingen, kommt nichts diesem gleich. – Dass das Schwache das Starke besiegt, das Harte dem Weichen unterliegt, jeder weiß es, doch keiner handelt danach.
Lao-tse (3. oder 4. Jh. v. Chr.)

Fest und stark ist nur der Baum, der unablässig Windstößen ausgesetzt war, denn im Kampf festigen und verstärken sich seine Wurzeln.
Lucius Annaeus Seneca (4 v. Chr.–65 n. Chr.), römischer Dichter und philosophischer Schriftsteller

Zweck und Ziel der Organisation ist es, die Stärken der Menschen produktiv zu machen und ihre Schwächen unwesentlich.
Peter F. Drucker (*1909), amerikanischer Autor und Publizist österreichischer Herkunft

Der Erfolgreichste im Leben ist der, der am besten informiert wird.
Benjamin Disraeli (1804–1881), britischer Politiker und Schriftsteller; 1868 und 1874–1880 Premierminister

Letzten Endes kann man alle wirtschaftlichen Vorgänge auf drei Worte reduzieren: Menschen, Produkte und Profite. Die Menschen stehen an erster Stelle. Wenn man kein gutes Team hat, kann man mit den beiden anderen nicht viel anfangen.
Lee Iacocca (*1924), amerikanischer Topmanager; 1978–1992 Präsident der Chrysler Corp.

Mit Schwierigkeiten fertig werden

軍爭篇

Das siebte Gebot:
Wer siegen will,
muss taktische Manöver beherrschen

- Das Unvorhergesehene einplanen?
- Bestimmend für Manöver: Zeitmanagement
- Teamwork und ganzheitliches Denken
- Lieber vorher nachdenken!
- Motivation und kluger Umgang mit den eigenen Kräften
- Die Lust auf Veränderungen
- *Erlesenes* zu den Themen Team und Motivation

In der Umsetzung von Geschäftsstrategien begegnet man nun den konkreten und nicht immer vorhersehbaren Situationen, Problemen und Widrigkeiten. Ihnen muss man mit taktischen Manövern begegnen. Sun Tzu sagt: »Nachdem er [der Heerführer] seine Truppen versammelt hat, muss er die verschiedenen Elemente aufeinander abstimmen und zu einem Ganzen verbinden. Anschließend muss er sich den taktischen Manövern zuwenden, der schwierigsten Aufgabe überhaupt. Dabei muss er Umweg in Abkürzung und Nachteil in Vorteil verwandeln. Den Feind mit Ködern zu verleiten, einen Umweg zu machen, um selbst zwar später zu starten, aber früher am Ort des Geschehens zu sein, darin beweist sich die Kunst von Umweg und Abkürzung.« (VII. 2–4)

Jetzt gilt es, unter den jeweils alternativen Varianten die erfolgversprechenden auszuwählen: getrennt oder gemeinsam marschieren, schnell oder langsam vorrücken, für geeignete Kommunikationsmittel sorgen, Verbündete suchen, den langen oder den kurzen Weg nehmen ...

Das Unvorhergesehene einplanen?

Wir haben schöne Strategien entwickelt, unsere Handlungen daraufhin ausgerichtet. Und nun schlägt Murphys Gesetz zu: Was schief gehen kann, geht schief. Oder zumindest kommt es anders als gedacht: Der Kunde bevorzugt einen Konkurrenten, die Lieferanten liefern zu spät aus, die Fertigung steht still. Der Bewerber, auf den wir gesetzt haben, sagt im letzten Augenblick ab. Darauf müssen wir nun reagieren, unsere Handlungen ausrichten. Können wir die Handlungen so anpassen, dass wir dennoch die vereinbarte Strategie erfüllen? Gibt es hierfür Rezepte? Ein Manager mit entsprechender Erfahrung kann auf unvorhergesehene Situationen besser, adäquater reagieren. Er kann sich auch von vornherein auf solche Beeinflussungen einstellen. Es wird beispielsweise immer wieder einmal Lieferanten geben, die nicht rechtzeitig liefern. Bis zu einem gewissen Teil kann man sich gegen solche Vorkommnisse versichern und schützen. Man kann mit dem Lieferanten bei Vertragabschluss so hohe Konventionalstrafen vereinbaren, dass er selbst ein großes Interesse daran hat, rechtzeitig zu liefern, und man davon ausgehen kann, dass er alles Menschenmögliche bewegen wird, um die Lieferzeit einzuhalten. Oder man kann noch während des Produktionsprozesses beim Lieferanten den Stand der Arbeiten überprüfen und darauf achten, dass er im Zeitplan bleibt. Man kann zumindest eine geraume Zeit, ehe man die Teile tatsächlich benötigt, überprüfen, wie die Situation beim Lieferanten ist.

Widrigkeiten kommen zwar überraschend, weil sie ja nicht eingeplant sind, generell ist aber davon auszugehen, dass sich immer wieder Schwierigkeiten, und zwar meistens ähnliche, einstellen. Man kann sich also zum Teil schon darauf einstellen und Vorsorge treffen.

In der Fahrradfabrik AG gab es einen Lieferanten, der sehr unzuverlässig lieferte. Man hatte sich schon mehrmals überlegt, dem Lieferanten die Zusammenarbeit aufzukündigen. Aber die Qualität war bestens, der Preis attraktiv, sodass man sich nicht dazu durchringen konnte. Schließlich vereinbarte man mit dem Lieferanten, dass er ein Konsignationslager (als Puffer) betreiben sollte. Er richtete auf seine Kosten bei der Fahrradfabrik AG ein Lager ein, das er regelmäßig belieferte. Somit hatte man für die Produktion ein permanentes Lager, aus dem man sich je nach Bedarf bedienen konnte. Das verursachte für das Unternehmen keine zusätzlichen Kosten, und der Ärger mit den Lieferzeiten gehörte der Vergangenheit an.

Was kann man aus dem Umgang mit unvorhergesehenen Situationen lernen? Wie muss man darauf reagieren? In Anlehnung an Sun Tzu lassen sich einige Grundsätze formulieren, denen man folgen sollte.

Die Richtung aller Aktivitäten muss gleich sein, dann addieren sich die Einzelvorgänge zu einem mächtigen Aktionspfeil. Für den Manager bedeutet dies, dass er seine Mitarbeiter zu einem Ganzen verbinden muss, dass er aber auch dafür sorgen muss, dass sich Lieferanten in dieses Ordnungssystem einbeziehen lassen. Und auch Kunden kann man durchaus »erziehen«, nämlich durch einen sehr detaillierten Vertrag, der Rechte und Pflichten der Kunden definiert. Hat man einen solchen Vertrag, kann man durchaus konstruktiv auf Widrigkeiten reagieren, die vom Kunden ausgehen.

Die Kontrollspannen müssen angemessen sein. Die Leitung eines Unternehmens ist immer versucht, Führungsfunktionen zu eliminieren. Sobald man Abteilungen zusammenlegt, freut man sich, dass man zumindest eine Führungskraft und eine Sekretärin weniger hat. Dabei müssen nun die neuen Manager häufig die doppelte Anzahl von Mitarbeitern führen. Es besteht durchaus die Gefahr, dass die Informationskultur schlechter wird, dass Ausbildung und Weiterbildung vernachlässigt werden. Je schlechter aber die Informationskultur in einer Abteilung ist, je schlechter die Mitarbeiter ausgebildet sind, desto mehr Widrigkeiten entstehen auch in der eigenen Organisation. Die Kontrollspanne ist so zu gestalten, dass die Mitarbeiter zügig informiert werden können und sie diese Informationen sofort in Handlungen umsetzen, um den Widrigkeiten des täglichen Lebens schnell begegnen zu können.

Anweisungen müssen einfach gehalten sein. Grundsätzlich lassen sich auch komplexe Vorgänge einfach darstellen. Im Zweifelsfall muss man mit einer Anweisung auch nicht alle Anwendungsfälle abdecken. Wenn durch eine knappe Anweisung nur 80 Prozent aller Handlungsfälle abgedeckt sind, sie dafür von 80 Prozent aller Mitarbeiter klar verstanden wurde, ist das Ziel einer Anweisung durchaus erreicht. Die größte Gefahr ist eine Vielfalt von Interpretationsmöglichkeiten. Dies führt automatisch dazu, dass die Mitarbeiter unterschiedliche Richtungen einschlagen. Und sie tragen nicht einmal die Schuld, sondern der Verfasser der Anweisung.

Change Management einsetzen, wenn beabsichtigte Handlungen ständig geändert werden müssen. Leider haben viele Vorgaben und Anweisungen bezüglich beabsichtigter Handlungen nicht lange Bestand, weil sich eben das Umfeld ändert, ständig Widrigkeiten Handlungen vereiteln. Das Unternehmen und seine Mitarbeiter müssen aber schnell und flexibel reagieren. Schnell müssen neue Informationen an Mitarbeiter weitergegeben werden, damit diese entsprechend handeln können. Darauf muss das Unternehmen vorbereitet sein. In der heutigen Managementsprache nennt man das Change Management. Damit versucht das Unternehmen, komplexe Veränderungen im Griff zu behalten. Change Management führt man in vielen Unternehmen ein, weil jemand durch die vielen und vielleicht auch permanenten Veränderungen führen muss. Man hat gelernt und will die »Verwirrspiele«, von denen Sun Tzu spricht, eben »managen«.

In der Fahrradfabrik AG hat man ein unternehmensweites Steuerungstool eingeführt. Es dauerte fast ein Jahr, bis es installiert war. Nun ist das ganze Unternehmen vernetzt und alle Aktivitäten im Unternehmen werden allen bekannt. Meldet ein Zulieferer einen Lieferverzug, dann beeinflusst dies sofort online die Lagerbestandsplanung. Meldet ein Vertriebsmitarbeiter, dass die Auftragswahrscheinlichkeit für einen Großauftrag gesunken ist, wird sofort die Fertigungsplanung angepasst. In der Praxis generierte dieses Verfahren eine Flut von Folgeänderungen. Alle Mitarbeiter waren permanent mit Änderungen beschäftigt. Jeder reagierte auf Änderungsmeldungen und erzeugte damit weitere Änderungen. So optimal das vernetzte System wirken sollte, führte es doch fast zum Kollaps der Fahrradfabrik AG. Schließlich fügte man in das System einen Änderungsspeicher ein, der alle Änderungen aufbereitete, sie aber nur in einem bestimmten Zeitrhythmus, nämlich einmal in der Woche, online stellte. Viele Änderungen waren zu diesem Zeitpunkt bereits überholt. Nun konnten sich die Mitarbeiter wieder stärker auf ihre Aufgaben konzentrieren.

Bestimmend für Manöver: Zeitmanagement

Sun Tzu weist immer wieder darauf hin, dass jede Vorbereitung und jede Umsetzung Zeit benötigt. Wenn eine große Gruppe loszieht, kann sich die Ankunft verzögern: »Rückt die gesamte Armee geschlossen vor, so wird die vorteilhafte Stellung möglicherweise zu spät erreicht. Rückt lediglich eine bewegliche Einheit vor, so verliert man die Verbindung zum Versorgungstross.« (VII. 6) Man ist daher gut beraten, die Varianten vorher gegeneinander abzuwägen. Dies kann auf unterschiedliche Art geschehen. Man plant noch gründlicher, spielt Schwierigkeiten durch, die sich einstellen können, und erarbeitet prophylaktisch entsprechende Manöver. Oder man kalkuliert von Anfang an einen gewissen Zeitpuffer ein, sodass eine bestimmte Verzögerung ausgeglichen werden kann. Auch das Ziel kann man überprüfen. Ist es erreicht, wenn die gesamte Armee angekommen ist, oder genügt es auch, wenn bereits ein Vorauskommando am Ziel ist? So ist es eben nicht immer gut, hastig ein Vorauskommando loszuschicken, um schon einmal präsent zu sein. Militärisch gesprochen kann es leicht aufgerieben werden. Andererseits kann ein Vorauskommando auch sinnvoll sein. Geschäftlich gedacht, kann ein solches »Vorauskommando« in dem neu zu bearbeitenden Land bereits ein Büro anmieten, erste Kontakte aufnehmen. Gefährlich und problematisch ist es, wenn ein Vorauskommando Aktivitäten beginnt, sie aber nicht umsetzen kann, weil Kapazität und Kompetenz fehlen.

Es erscheint für Sun Tzu auch nicht zweckdienlich, das gesamte Projekt über Gebühr zu beschleunigen. Hektik bricht aus, es schleichen sich leichter Fehler ein. Sun Tzu beschreibt, was passieren kann, wenn das Heer über lange Strecken zu schnell marschieren soll: »Die kräftigeren Männer werden vorn marschieren, die schwächeren werden zurückfallen, und so wird lediglich der zehnte Teil der Armee das Ziel erreichen.« (VII. 8) Übergroße Hektik führt zu der Gefahr, dass die Hauptmannschaft auseinander gerissen wird und die Soldaten in kleinen Gruppen nacheinander am Ziel ankommen. Dadurch wird das Heer extrem gefährdet, denn es kann leicht angegriffen werden.

Nun dürfte in der heutigen Managementwelt niemand von Terminverzögerungen oder Kapazitätsverschiebungen überrascht werden. Zeitmanagement gehört zur täglichen Arbeit. Dazu gehören Netzpläne und Kapazitätskurven. Sie garantieren, dass das Heer rechtzeitig an sein Ziel kommt, dass schließlich ein Auto rechtzeitig die Produktionshalle verlässt. In Netzpläne gehen auch die Veränderungen ein. Doch nichts geschieht automatisch. Die Eingabe muss erfolgen und die Konsequenzen aus den Veränderungen müssen beurteilt, Gegenmaßnahmen getroffen werden. Der Netzplan sorgt dafür, dass stärkere und schwächere Männer gemäß ihrer Eignung eingesetzt werden und somit ihren gemeinsamen Anteil am zu erstellenden Produkt, an der Zielerreichung haben.

Teamwork und ganzheitliches Denken

Die oben schon zitierte Beobachtung von Sun Tzu kann auch als eine Warnung verstanden werden und als Plädoyer für Teamarbeit: »Die kräftigeren Männer werden vorn marschieren, die schwächeren werden zurückfallen, und so wird lediglich der zehnte Teil der Armee das Ziel erreichen.« (VII. 8) Auf der einen Seite hören wir in vielen Unternehmen zwar ein Bekenntnis zum Team, in Wirklichkeit findet aber eine Konzentration auf die Starken statt. Macher sind gefragt. Manager verdienen ein Heidengeld und tragen die gesamte Verantwortung. Aber was kann ein Manager eigentlich ohne Mitarbeiter anfangen? Was kann er managen, wenn seine Mannschaft nicht mitzieht? Ein Macher ohne Mitmacher ist schlicht nicht existent.

Ist dagegen das gesamte Heer auf den Krieg vorbereitet, wird es leichter siegen, als wenn nur einige Macher den Kampf bestimmen und die anderen sich bei der ersten Gelegenheit verdrücken. Es ist die wichtigste Aufgabe eines Managers, das Team zu bilden, die Mannschaft beisammen zu halten (vgl. VII. 2). Wenn man seine Mitarbeiter gut ausgewählt hat, kann man sich auf sie verlassen. Man weiß, wie man sie einsetzen, welchen Mitarbeiter man mit welcher Aufgabe betrauen, wen man für welche Problemlösung auswählen kann. Daher wird man im eigenen Interesse dafür sorgen, dass die Mannschaft zusammenbleibt. Was nützt es, wenn die Kanone am Schlachtfeld eintrifft, aber der Kanonier nicht mitgekommen ist?

In der Gesamtheit liegt die wahre Kraft, die Garantie des Siegs. Dazu gehört nach Sun Tzu auch die Versorgung. Das könnten in unserer Unternehmenswelt die Stabsabteilungen sein, deren Unterstützung häufig wichtiger ist als von den Machern angenommen. Sun Tzu schreibt: »Die Armee ist verloren ohne ihren Versorgungstross; sie ist verloren ohne Proviant; sie ist verloren ohne Nachschub.« (VII. 11)

Der Hinweis auf den Versorgungstross ist bemerkenswert. Welche Manager denken heute an den »Gepäckwagen«, die Logistik zum Beispiel? In vielen Fällen wird dem Vertrieb eine hohe Aufmerksamkeit geschenkt. Aber der Vertrag, der von einer Vertriebsabteilung mit dem Kunden abgeschlossen wird, muss so gestaltet sein, dass die Logistik ihn auch gut und effizient umsetzen kann. Daher hat der Vertriebsmanager sich auch um die Logistik zu kümmern. Oder das Beispiel Umorganisation: Manche Manager haben die Angewohnheit, gewagte Strategien zu entwerfen und umgehend zu verkünden. Anscheinend sind sie der Meinung, aufgrund ihrer Entscheidung und Verkündung müsse nur eben ein Schalter umgelegt werden und schon stehe die neue Organisation. Aber nach kurzer Zeit stellt man fest, dass weder Organisationsabteilung noch Buchhaltung in der Lage sind, die Umorganisation im gewünschten Zeitrahmen umzusetzen. Dann muss auch der beste Manager einen Schritt zurücktreten. Er hat schlichtweg seinen Gepäckwagen vergessen.

Die Fahrradfabrik AG hatte häufiger mit Umorganisationen zu tun. Auch im Nachhinein ist nicht sicher festzustellen, was Umorganisationen gebracht und was sie gekostet haben. Eine dieser Umorganisationen war jedoch aus ganz trivialen Gründen zum Scheitern verurteilt. Ein neuer Manager brachte ein neues Organisationskonzept mit und gab Anweisung, es umzusetzen. Der Buchhaltungsleiter machte daraufhin den Vorstand darauf aufmerksam, dass zum einen während des Geschäftsjahres nicht alle Kostenstellen umgestellt werden könnten und dass sich zum anderen der Vorstand im Klaren sein müsste, dass es nach der Neustrukturierung keine

Zahlenvergleiche mit der Vergangenheit gebe – zumindest nicht maschinell. Den manuellen Aufwand schätzte er auf circa fünf Mannjahre. Der Vorstand entschied daraufhin, die Organisation in ihrer alten Form zu belassen. Der Vergleich der aktuellen Unternehmensdaten mit denen der Vergangenheit war ihm mehr wert als die von dem neuen Manager angedachte Neustrukturierung.

Ein Manager benötigt in seinem Team die notwendigen Spezialisten, wenn er mit einer Mannschaft eine Strategie umsetzen will. Sie müssen vertraut sein mit den spezifischen Herausforderungen der Umsetzung. Will man in einem neuen Land neue Produkte einkaufen, benötigt man einen versierten Einkäufer, der sich in diesem Land auskennt. Wenn es wichtig ist, Präsentationen und Vorträge in der Öffentlichkeit zu halten, benötigt man wahrscheinlich einen Trainer, der einen darauf vorbereitet. Diese Mitarbeiter muss man nun nicht direkt im eigenen Team haben, man kann sich das Wissen, das Know-how auch kaufen. Wichtig ist aber, dass dieses Wissen in der ausreichenden Menge verfügbar ist. Nur wenn man das gesamte benötigte Wissen an Bord hat, kann man siegen. Wie drückt Sun Tzu dies aus? »Wir können eine Armee nicht durch ein Land führen, mit dessen Gegebenheiten wir nicht vertraut sind – mit seinen Bergen und Wäldern, Gefahren und Unwegsamkeiten, Sümpfen und Morasten.« (VII. 13)

Der Kanzlerkandidat Edmund Stoiber hat im Bundestagswahlkampf 2002 ein Kompetenzteam aufgestellt. Das war sicher eine gute Idee, damit wurde Kompetenz personalisiert und für die Wähler sichtbar. Und da geschah es, dass eine Flutkatastrophe das Land heimsuchte, womit niemand rechnen konnte. In dem Kompetenzteam des Kandidaten erkannte man plötzlich, dass die Kompetenz Umwelt nicht besetzt war. Den Wahlkampfstrategen war wohl bewusst, dass nur der siegen kann, der rechtzeitig alle Kompetenzen in seinem Team verfügbar hat. Aus der Not wurde eine Tugend gemacht und die Kompetenz Umwelt zur Chefsache. Der Ausgang des Kampfes ist bekannt.

Lieber vorher nachdenken!

Bezüglich der Taktik hat Sun Tzu konkrete Vorschläge: »Wir eilen wie der Wind oder marschieren gemessen wie der Wald. Wir plündern wie das Feuer oder stehen still wie der Berg. Unsere Pläne sind dunkel und undurchdringlich wie die Nacht, und unser Sturm ist wie der Donner. [...] Jeden Schritt gilt es im Voraus gründlich zu erwägen.« (VII. 17–19, 21) Wie viel Weisheit steckt in diesen Worten! Sie sind 2500 Jahre alt, aber sie könnten auch heute noch ein Beispiel für beste Taktik sein, zu der das Abwägen von Alternativen gehört.

In der Fahrradfabrik AG wurden Umorganisationen zu einer gewissen Tradition. Ab einer gewissen Größenordnung eines Unternehmens mögen permanente Umorganisationen vielleicht notwendig werden. Aber bald stellt man in einem solchen Umfeld auch fest, dass Umorganisationen nicht immer objektiv gute Lösungen sind, sondern eher ein Abbild der subjektiven Erkenntnisse der jeweiligen Manager werden. In der Fahrradfabrik AG beschloss ein Manager, dass in Hamburg, Düsseldorf und Berlin keine Engineeringaufgaben mehr zu erfüllen seien, sondern alles auf den Standort München zu konzentrieren sei. Dieser Beschluss hatte gerade ein Jahr Gültigkeit, dann kam der nächste Manager, der entschied, dass die Engineeringaufgaben dezentral an zehn Orten durchgeführt werden sollten. Ein Jahr später beschloss wieder ein anderer Manager, einen Großteil der Engineeringarbeiten nach Indien zu verlagern. Der Vorstand der Fahrradfabrik AG bemerkte mit der Zeit, dass diese Konzepte nicht immer durchdacht waren und eigentlich jedes Mal nur die subjektive Erfahrung des jeweiligen Managers widerspiegelten. In keinem Fall wurden die Mitarbeiter gefragt. Vielleicht hätten diese selbst gute Lösungsvorschläge vortragen können. Hinzu kam, dass man der jeweiligen Organisation keine Zeit gewährte, um sich zu bewähren. Lieber begann man mit einer neuen Umorganisation.

Aus den Empfehlungen Sun Tzus lässt sich für organisatorische Veränderungen ein Fragenkatalog erstellen. Jeder organisatorischen Veränderung sollten folgende Überlegungen vorausgehen:

- Wie sieht das wirtschaftliche und gesellschaftliche Umfeld aus? Ist die heutige Organisationsform angemessen, oder muss sie geändert werden? Welche Auswirkungen hat es, wenn keine Veränderung stattfindet? Welche Ergebnisse erwartet man von der Veränderung?
- Wie war die historische Entwicklung? Welche Gründe und Überlegungen führten zu der heutigen Organisationsstruktur? Sind die erhofften Ergebnisse eingetreten? Hat man der bestehenden Organisationsform genügend Zeit gegeben, um ihre Wirksamkeit unter Beweis zu stellen?
- Welche Mitarbeiterressourcen haben wir? Können wir mit einer Umorganisation die Mitarbeiter fördern und motivieren, oder besteht die Gefahr, dass wir durch die Umorganisation viele Mitarbeiter und das entsprechende Wissen verlieren werden?
- Haben wir Vorstellungen, was die Umorganisation kosten wird (etwa auch durch Kosten für außerordentliche Pensionierungsregelungen)? Haben wir Vorstellungen, welche Auswirkung die Phase der Umorganisation auf unsere Geschäftszahlen, insbesondere auf unser Ergebnis haben wird?
- Ist damit zu rechnen, dass die Demotivation von Mitarbeitern zu Fehlleistungskosten führt? Werden vielleicht keine Aufträge mehr akquiriert? Es ergeben sich immense Restrukturierungskosten, wenn man Expertenwissen neu aufbauen muss, weil erfahrene, aber demotivierte Mitarbeiter das Unternehmen verlassen haben.

Motivation und kluger Umgang mit den eigenen Kräften

Die Gesamtheit, die Geschlossenheit ist für den Sieg wichtig, und Sun Tzu sagt dies deutlich: »Mit Gongs und Trommeln, Bannern und Flaggen ist es möglich, die Aufmerksamkeit der Truppen auf einen bestimmten Punkt zu lenken. Sind die Truppen in dieser Weise vereint, so kann weder der Mutige allein vorpreschen noch der Feige allein zurückbleiben. So lassen sich große Armeen lenken.« (VII. 24/25) Der

Führer und Manager ist zwar wichtig, aber auch er ist »nur« Teil der Gesamtheit, wird allein nicht siegen können.

Ebenso wichtig ist das Bewahren der Kräfte. Sun Tzu weiß, dass der Elan und die Motivation der Mitstreiter schnell verloren gehen kann. Ist der Mitarbeiter frustriert, bedeutet es viel Arbeit und Anstrengung, ihn aufzubauen und für Höchstleistungen zu interessieren. Sun Tzu: »Das Ziel zu erreichen, während der Feind noch fern ist, in Muße zu warten, während sich der Feind müht und plagt, sich gut ernähren, während der Feind hungert – darin zeigt sich der kluge Umgang mit den Kräften.« (VII. 31)

Viele Manager unterschätzen die Schwierigkeit, ihre Mannschaft leistungsfähig zu erhalten. Die permanente Ermutigung der Mitarbeiter kann nicht delegiert werden. Dies ist eine zentrale Aufgabe des Managers.

Über Motivation wird viel geschrieben, viel gesagt – aber was ist Motivation eigentlich? Für Sun Tzu gehört zur Motivation, für das körperliche Wohl zu sorgen. In unserer heutigen Wirtschaftswelt bedeutet dies, vernünftig zu bezahlen, aber auch, Mitarbeiter nach Hause zu schicken, die zu viele Überstunden machen, um ihre Einsatzfähigkeit nicht zu gefährden. Dazu gehört, sich in angemessenem Maße um das seelische Wohl der Mitarbeiter zu kümmern. Dazu gehört, jedem das Gefühl zu geben, dass er ernst genommen wird. Dazu gehört, ein offenes und angstfreies Betriebsklima zu schaffen. Dazu gehört, durch von allen anerkannte Ziele einen positiven Geist zu erzeugen. Dazu gehört, Karriere- und Fortbildungsmöglichkeiten zu bieten. Dazu gehört aber auch, rechtzeitig, fair und angemessen zu kritisieren, wenn es notwendig ist.

Die Fahrradfabrik AG wurde umgestaltet. Dreitausend Mitarbeiter sollten entlassen oder Betriebsteile verkauft werden. Man wollte sich auf das Kerngeschäft konzentrieren. Der Vorstand wurde informiert, dass die Stimmung unter den Mitarbeitern nicht besonders gut sei. Daher ordnete er einen Familientag an. An einem Samstag wurden alle Familienangehörigen eingeladen. Jede Abteilung hatte familienadäquate Spiele, Vorträge, Showeinlagen zu präsentieren, um sich und die Angehörigen zu motivieren. Der

Vorstand zeigte sich sehr erstaunt, als nur wenige Familienangehörige das Angebot in Anspruch nahmen.

Um Motivation zu schaffen, reicht eine »Politik der offenen Tür« nicht aus. Gefragt ist vielmehr eine »Politik des offenen Herzens«. Nun ist der Manager natürlich kein Psychologe und kein Seelsorger. Mancher wäre damit auch überfordert. Die Praxis zeigt sehr wohl, dass die Mitarbeiter unterscheiden können, welche Probleme sie mit einem Vorgesetzten besprechen und welche sie privat klären sollten. Der Manager wird nicht einmal alle Fachprobleme lösen können und müssen, aber er sollte die Zeit aufbringen zuzuhören. Bei einem vorbildlichen Vorgesetzten hat der Mitarbeiter auch eine Möglichkeit, seinen Frust abzuladen. Der Vorgesetzte wiederum hat dadurch die Chance, neue, sonst unbekannte Informationen zu erhalten. Sie können durchaus wichtig sein für seine Strategie und Taktik. Wenn der Manager nun in der Tat vorbildlich ist, wird er die Mitarbeiter aufbauen und stärken. Der Manager weiß, je mehr er seine Mitarbeiter stärkt, desto kampferprobter, willensstärker wird seine Team. Und hier befinden wir uns beim Kern der Motivation. Sie wird vor allem von den Arbeitsinhalten bestimmt. Hat der Mitarbeiter eine anspruchsvolle Arbeitsaufgabe, die ihn fordert, von der er aber auch denkt, dass er sie bewältigen kann, wird er sehr motiviert sein.

Für den klugen Umgang mit den eigenen Kräften im Kampf bietet Sun Tzu einige ganz praktische Tipps an: »Eine militärische Regel lautet, den Feind nicht bergauf anzugreifen und sich ihm nicht in den Weg zu stellen, wenn er sich bergab bewegt. Greife den Feind nicht an, solange er eine Flucht simuliert; greife keine Soldaten an, deren Kampfgeist groß ist. Legt der Feind Köder aus, so beiße nicht an. Kehrt eine Armee nach Hause zurück, so halte sie nicht auf. Umzingelst du eine Armee, so lasse einen Ausgang frei. Setze einen verzweifelten Feind nicht übermäßig unter Druck.« (VII. 33–36)

Was kann der Manager in seinen Kämpfen am Markt und in der Organisation davon an Weisheit übernehmen? Vielleicht könnte der Manager die Ratschläge von Sun Tzu für seine wirtschaftlichen Belange so übersetzen:

- Hüte dich davor, dich mit einem Konkurrenten anzulegen, der im Moment über bessere Produkte, bessere Marktkenntnis und bessere Kundenkontakte verfügt.
- Verfolge einen Mitbewerber nicht, wenn er signalisiert hat, sich aus einem Markt zurückzuziehen. Es macht keinen Sinn, in etwas Kraft zu investieren, was bereits erledigt ist.
- Es ist auch überflüssig, einen Konkurrenten, der in einer ausweglosen Lage ist, weiter unter Druck zu setzen. Greift man nicht ein, erledigt sich das Problem von allein.

Auf diese Weise spart man vor allem überflüssige Kraftanstrengungen und haushaltet mit den eigenen Kräften, auch wenn Abwarten heute eine eher unterschätzte Managertugend ist.

Die Lust auf Veränderungen

Wer siegen will, muss taktische Manöver beherrschen. Jedes taktische Manöver wird ausgelöst von einer Veränderung der Situation. Die Auswirkungen können minimal, sie können aber auch immens sein. Veränderungen werden also immer Gegenstand unserer Arbeit sein, ob wir sie wollen oder nicht, ob wir sie bevorzugen oder nicht. Da ist es schon besser, wenn der Manager Lust auf Veränderungen hat oder wenn er zumindest offen ist gegenüber Veränderungen.

Nun ist Veränderung aber kein Wert an sich. Der Manager hat dabei stets abzuwägen zwischen Offenheit für Veränderungen auf der einen Seite und Behutsamkeit und Angemessenheit auf der anderen Seite. Das beste Beispiel hierfür ist ein Arzt. Er wird offen sein für neue Therapieformen, er wird sie aber nur einsetzen, wenn sie im Vergleich zu bisherigen einen deutlich besseren Erfolg versprechen.

Jeder der Ratschläge Sun Tzus hat etwas mit Veränderung zu tun. So sagt er (VII. 23): »Auf dem Schlachtfeld wird das gesprochene Wort nicht weit genug getragen« – er hat ein Problem und muss nun die Lösung finden: »daher die Verwendung von Gongs und Trommeln. Auch lassen sich gewöhnliche Gegenstände nicht klar genug erkennen – daher die Verwendung von Bannern und Flaggen.« Jede Lösung hat etwas mit Veränderung zu tun. Für den Manager bedeutet dies, auf der einen Seite selbst für Veränderungen offen zu sein und seine Mitarbeiter bei Veränderungen mitzunehmen, sodass auch sie eine solche Offenheit an den Tag legen. Auf der anderen Seite muss er aber die Grenzen für Veränderungen erkennen. Veränderungen haben ihren Preis. Ist dieser zu hoch, sollte man auch von den Veränderungen Abstand nehmen.

Bei der Fahrradfabrik AG verkündete ein Topmanager eines Tages: »Wir organisieren um, entlassen 200 Mitarbeiter und motivieren den Rest.« Das ging selbstverständlich nicht auf. Niemand wusste, wer zu den 200 gehörte und wer nicht, und alle waren demotiviert. Die Gewerkschaft schaltete sich ein und es kam zum Kleinkrieg, der das Unternehmen paralysierte. Mit etwas mehr Sensibilität, mit mehr Vorbereitung hätte man andere Wege gefunden. Die Fahrradfabrik AG löste das Problem unkonventionell: Der Vorstand entließ den verantwortlichen Manager und initiierte ein »kontinuierliches Verbesserungsprogramm«, an dem sich mit Mitarbeiter mit vielen guten Ideen beteiligten.

Manager sollten nicht vergessen, dass sie auch eine Fürsorgepflicht für ihre Mitarbeiter haben. Sun Tzu hat dies immer wieder betont. Allein aus Eigeninteresse ist es wichtig, alle Mitarbeiter in die Schlacht zu führen. Der Mitarbeiter fühlt sich in der Gesamtheit stark. Und die Gesamtheit ist stark, weil die Mitarbeiter stark sind. Damit multipliziert sich die Stärke.

Flexibilität darf man durchaus als Chance begreifen. Das ist zum einen die Chance für den Manager, Änderungen der Umwelt, des Wettbewerbers, der eigenen Organisation rechtzeitig zu erkennen und darauf zu reagieren, um den Sieg zu sichern. Um zum anderen ist dies auch die Chance für die Mitarbeiter, offen Veränderungen zu erkennen, im Team zu besprechen und darauf als Gesamtheit zu reagieren.

Erlesenes zu den Themen Team und Motivation

Wir wollen ein Orchester sein, in dem der eine gut Klavier, der andere gut Geige spielen kann; nach diesem Konzept haben wir auch neue Mitglieder im Ensemble dazugekauft.
Olaf Glanz, deutscher Topmanager, Vorstandsvorsitzender der Glanz AG

Wenn etwas schief gehen kann, geht es irgendwann einmal schief.
Murphys Gesetz, Autor unbekannt

Man muss mit den richtigen Leuten zusammenarbeiten, sie achten und motivieren. Dauerhafter Erfolg ist nur im Team möglich.
Klaus Steilmann (*1929), bis 1999 Geschäftsführer Steilmann GmbH & Co. KG

Wie oft verglimmen die gewaltigsten Kräfte, weil kein Wind sie anbläst.
Jeremias Gotthelf (1797–1854), eigentlich Albert Bitzius, schweizerischer Erzähler

In dir muss brennen, was du in anderen entzünden willst.
Aurelius Augustinus (354–430), lateinischer Kirchenlehrer, Heiliger

Jeden Tag stelle ich mir drei Fragen. Erstens: Habe ich in meinem Denken und Handeln gegenüber anderen gefehlt? Zweitens: Habe ich das Vertrauen eines meiner Freunde missbraucht? Drittens: Habe ich versucht, andere etwas zu lehren, was ich selbst noch nicht richtig begriffen habe?
Zeng Shen, Enkel von Konfuzius

Flexibilität macht den Unterschied

九變篇

Das achte Gebot:
Um einen entscheidenden Vorteil im Kampf zu erlangen, muss man situationsabhängig entscheiden können

- Vom Reagieren zum Agieren
- Führen mit Verantwortung und der Fähigkeit zum Widerspruch
- Gefährliche Eigenschaften eines Managers
- Fehlermanagement für Manager
- *Erlesenes* zum Thema Fehler

In seinem achten Gebot behandelt Sun Tzu die taktischen Varianten. Er gibt Ratschläge, wie man sich in verschiedenen Situationen verhält. Dabei ist es von großer Bedeutung, flexibel zu reagieren. Sun Tzu: »Der Heerführer, der die Vorteile einer variierten Taktik kennt, weiß seine Truppen zu führen. Der Heerführer, der sie nicht kennt, mag noch so sehr mit der Geografie des Landes vertraut sein – er kann sein Wissen nicht umsetzen.« (VIII. 4/5)

Situationen verändern sich, und damit ändern sich auch Taktiken zur Umsetzung von Strategien. Je ausgeprägter die Flexibilität des Führers und seiner Mannschaft ist, desto besser kann er agieren.

Flexibilität in der Handlung heißt auch ganz ausdrücklich, bestimmte Aktivitäten zu unterlassen: »Es gibt Straßen, die du nicht einschlagen, Armeen, die du nicht angreifen, Städte, die du nicht belagern, Stellungen, die du dem Feind nicht streitig machen, und Befehle des Herrschers, die du nicht befolgen solltest.« (VIII. 3)

Und: Die Fähigkeit, die Kenntnisse umzusetzen, hängt ganz entscheidend von den persönlichen Eigenschaften des Heerführers beziehungsweise Managers ab.

Vom Reagieren zum Agieren

Rein theoretisch ist die Sachlage klar: Der eine agiert und der andere reagiert. In der Praxis lassen sich Agieren und Reagieren kaum trennen. Es ist müßig, darüber nachzudenken, welche Einzelaktion agierend, welche reagierend war. Selbst ein Agieren im eigentlichen Sinne des Wortes entspricht auch einem Reagieren – es gibt immer einen Auslöser.

Die Fahrradfabrik AG hatte einen Großauftrag in Taiwan errungen. Bedingung dieses Auftrags war jedoch, 20 Prozent in Taiwan zu lokalisieren, also von Zulieferern in Taiwan zu kaufen. Eigentlich kein großes Thema, man hätte in Taiwan Lieferanten finden können, die entsprechende Qualität bieten. Der Fehler war, dass das Projektmanagement seinen Sitz in Deutschland hatte und nur besuchsweise nach Taiwan kam. Es hatte gar keine Kapazitäten, die Lokalisierung umzusetzen.

Nach zwei Jahren kam ein Brief der taiwanesischen Behörde, die sich über die nicht umgesetzte Lokalisierung beschwerte. Das Schreiben ging an die Geschäftsleitung. Diese reagierte, indem sie die Projektleitung anhielt, die Lokalisierung voranzutreiben. Der Projektleiter schickte daraufhin einen Mitarbeiter nach Taiwan, um das Problem zu lösen. Dieser Mitarbeiter, für solche Aufgaben sucht man immer die besten, hatte aber gar nicht die Zeit, sich um das Problem zu kümmern. Selbst in Taiwan wurde er von vielen anderen Projekten um Hilfe gebeten. Per E-Mail arbeitete er rund um den Globus. Die Projektleitung wurde erneut aufgefordert, einen Mitarbeiter freizustellen, der sich um dieses Thema kümmern sollte. Allerdings verbot die Geschäftsleitung aufgrund der aktuellen Ergebnissituation eine personelle Verstärkung. So wurde das Problem nicht gelöst.

Entschlossenes (und richtiges) Agieren von Anfang an hätte in diesem Beispiel das spätere bloße (und falsche) Reagieren vermieden. Natürlich ist aber die Richtigkeit der Handlung entscheidend. Richtiges Agieren und Reagieren setzt zwei Dinge voraus: Kompetenz und Kapazität. Viele Manager sind gewohnt, Befehle zu erteilen. In dem obigen Beispiel der Fahrradfabrik AG hat das Management einen Auftrag hereingenommen und den Mitarbeitern die Aufgabe erteilt zu lokalisieren. Damit ist es aber in den meisten Fällen nicht getan. Das Management hat auch die entsprechenden Ressourcen bereitzustellen oder zumindest freizugeben. Dies ist auch der oben zitierten Aussage Sun Tzus zu entnehmen. »Der Heerführer, der die Vorteile einer variierten Taktik kennt, weiß seine Truppen zu führen.« (VIII. 4) Das heißt in diesem Zusammenhang, der Manager, der die Lokalisierung im Vertrag akzeptiert hat und damit den wirtschaftlichen Gegner aus dem Feld schlug, muss auch für eine erfolgreiche Umsetzung sorgen. Er muss also seine Taktik variieren, auch wenn das in seinen ursprünglichen Plänen nicht vorgesehen war. Nur so kann er seine Truppen erfolgreich führen.

Führen mit Verantwortung und der Fähigkeit zum Widerspruch

Sun Tzu stellt Thesen auf, die auch heute noch Sprengkraft haben. So sagt er: »Es gibt [...] Befehle des Herrschers, die du nicht befolgen solltest.« (VIII. 3)

Das gilt auch und besonders für die Welt der Unternehmen. Wir benötigen Manager, die Verantwortung übernehmen. Sie müssen in der Lage sein, Mitarbeiter zu führen und gleichzeitig manchmal Ansprüche durch den Lehnsherrn abzuwehren. Es wird immer Situationen geben, in denen der Manager das Für und Wider abwägen und sich entscheiden muss. Es gibt zwei Arten von Szenarien: Das erste Szenario enthält den fachlichen Konflikt. Der Vorstand ist nicht bereit, einen Auftrag hereinzuholen. Der Manager ist der Meinung, dass gerade dieser Auftrag die Ergebnissituation des Unternehmens wesentlich verbessern würde. In solchen Fällen muss der Manager sein ganzes Gewicht, seine ganze Überzeugungskraft in die Waagschale werfen. Kann er den Vorstand nicht überzeugen, muss er sich fügen oder die Konsequenzen tragen, unter Umständen gar das Unternehmen verlassen. Das zweite Szenario enthält einen treuhänderischen Konflikt. Der Vorstand will, dass gewisse Bilanzierungsvorschriften großzügiger ausgelegt werden. Der Manager ist damit nicht einverstanden. In solchen Fällen hat er dem Lehnsherrn zu widersprechen. Manchmal kann der Widerstand des Managers erfolgreich sein, in anderen Fällen wird er entlassen. Das ist der uralte

Konflikt zwischen Pflicht und Gewissen, Gehorsam und verantwortlicher Entscheidung.

Wann versagt der General? Er versagt, wenn er sich nicht durchsetzen kann, entweder nach oben oder nach unten. Nicht jeder General ist so unabhängig. Auch ein General, auch ein Manager hat Familie, Verpflichtungen. Er ist angewiesen auf sein Einkommen und wird damit abhängig. Jeder Manager muss sich über seine Abhängigkeiten im Klaren sein. Wie teuer kommt ihn die Unabhängigkeit, was ist sie ihm wert? Nun konnte Ron Sommer seinen Job bei der Telekom leicht hinschmeißen, weil er finanziell abgesichert ist. Sein Vertrag sichert ihm einen komfortablen Ausgleich. Das ist bei vielen anderen Managern, insbesondere bei denen im mittleren Management, nicht selbstverständlich. Das erschwert die Entscheidung sicher.

»Die Kriegskunst lehrt uns, nicht darauf zu vertrauen, dass der Feind nicht kommt, sondern darauf, dass wir bereit sind, ihn zu empfangen; nicht auf die Chance, dass er nicht angreift, sondern darauf, dass wir unsere Stellung unangreifbar machen.« (VIII. 11) Das lässt sich auf Auseinandersetzungen mit dem Konkurrenzunternehmen ebenso anwenden wie auf Auseinandersetzungen mit dem eigenen Dienstherren im Unternehmen, den Sun Tzu hier wohl nicht gemeint hat. Aber auch da ist gut beraten, wer die möglichen Abhängigkeiten im Voraus durchdenkt und rechtzeitig Vorsorge trifft, was die eigenen (nicht nur finanziellen) Handlungsmöglichkeiten angeht.

Gefährliche Eigenschaften eines Managers

Nach Sun Tzu ist für eine Niederlage in erster Linie der Heerführer verantwortlich. Er stellt fünf Eigenschaften des Managers heraus (VIII. 12), die in diesem Sinne gefährlich sind:

1. »ein[en] Übermut, der Zerstörung bringt« Sun Tzu hat immer wieder betont, dass ein Krieg nicht Selbstzweck ist. Am liebsten sind ihm Kriege ohne Schlachten. Es ist kein Ziel des Krieges, alles oder möglichst viel zu zerstören. Das Ziel des Krieges ist es, die Macht zu übernehmen, um damit besser zu werden, mehr Umsatz, mehr Ergebnis zu erwirtschaften, aber nicht um zu zerstören, weder beim Gegner noch im eigenen Unternehmen.

2. »eine Feigheit, die in Gefangenschaft führt« Feigheit kann für ein Unternehmen dazu führen, dass es in zu große und unnötige Abhängigkeit von Konkurrenten, Meinungsführern oder Politik gerät. Feigheit kann es sein, wenn ein Manager seinem Chef nicht widerspricht. Feigheit kann sein, wenn der Manager Fehler nicht zugibt und nicht daraus lernt. Feigheit oder Dummheit ist es, wenn der Manager nicht auf seine Mitarbeiter hört.

3. »ein hitziges Temperament, das leicht gekränkt ist« Ein Manager versagt, wenn er ein leicht zu erregendes Gemüt hat, wenn man ihn zum Beispiel mit Beleidigungen leicht provozieren kann. Ein Manager, der sich nicht im Griff hat, wird versagen. Er sollte sehr wohl auf Anregungen achten, auch für begründete Kritik offen sein, aber sich nicht von Provokationen aus der Ruhe bringen lassen. Wir würden heute von emotionaler Stabilität und Frustrationstoleranz sprechen.

4. »ein Ehrgefühl, das zur Demut neigt« Sicher sollte sich ein Manager mit seinem Unternehmen identifizieren. Gefährlich wird es dann, wenn er aus Demut und falsch verstandenem Pflichtgefühl auch dann (unter Umständen vorauseilenden) Gehorsam leistet, wenn er das persönlich nicht mehr verantworten kann, aber den Mut zum Widerspruch nicht hat.

5. »eine Fürsorglichkeit für seine Soldaten, die ihn übervorsichtig macht« Ein Manager muss sehr wohl das Wohl seiner Mitarbeiter im Auge haben, aber er kann nicht jede Schwierigkeit von seinen Mitarbeitern fern halten. Er wird seinen Mitarbeitern auch nicht in jeder Situation helfen können. Jeder emanzipierte Mitarbeiter trägt ein hohes Maß an eigener Verantwortung. Es gilt mindestens in demselben Maße die Anforderungen (und gegebenenfalls Zumutungen) einer Aufgabe zu vermitteln.

Und Sun Tzu beschließt diesen Abschnitt: »Das sind die fünf Sünden eines Heerführers, die seine Eignung zunichte machen. Wird eine Armee besiegt und ihr Heerführer getötet, so liegt der Grund mit Sicherheit in einer dieser gefährlichen Eigenschaften. Darum ist es wichtig, sie zu bedenken.« (VIII. 13/14) Also: Erst die persönlichen Qualifikationen *(soft skills)* entscheiden, ob die fachlichen Qualifikationen zum Tragen kommen. Sie sollten also bedacht werden – bei der Einstellung eines Managers ebenso wie bei der »Manöverkritik« nach einer Niederlage.

Fehlermanagement für Manager

Sun Tzu sagt, der Feldherr soll Fehler jeder Art vermeiden. Gibt es Konzepte, um diesem Anspruch näher zu kommen?

Für Produkte gibt es die Null-Fehler-Strategie, die in der Praxis meistens unbezahlbar ist. Es gibt weiterhin die 80/20-Strategie, die besagt, dass 80 Prozent besser sind als gar kein Ergebnis.

Wie aber ist die Arbeitsqualität eines Managers einzuschätzen? Ein Manager entscheidet und kommuniziert. Der Manager macht also garantiert Fehler, wenn er nicht entscheidet und wenn er nicht kommuniziert. Aber der Manager kann natürlich auch Fehler machen, wenn er entscheidet (wenn er die falsche Entscheidung trifft) und wenn er kommuniziert (wenn er vielleicht nicht das Wesentliche kommuniziert).

Wie kann man solche Fehler beurteilen? Auch ein Manager hat seine Arbeit unter Qualitätsgesichtspunkten zu bewerten. Wenn er Entscheidungen trifft, muss er ein System haben, mit dem er die Wirksamkeit dieser Entscheidungen überprüfen kann. Wenn er kommuniziert, muss er ein System nutzen, das ihm Rückmeldung gibt, wie die Botschaft angekommen ist.

Der Manager stellt hohe Anforderungen und muss sich auch selbst hohen Anforderungen stellen. Zu diesen Anforderungen gehört, dass er für sich ein Qualitätssicherungsverfahren installiert. Es muss ihn lediglich unterstützen, regelmäßig die Arbeitsfortschritte zu überprüfen und mit der Planung zu vergleichen. Arbeitet der Manager mit einem solchen System, wird er zwar nicht vor Fehlern bewahrt bleiben, aber er kann Fehler schneller erkennen und entsprechend gegensteuern.

Ein leistungsfähiges Qualitätssicherungssystem für Managementaufgaben bringt den konsequenten Manager schnell an die Null-Fehler-Schwelle. Besser ausgedrückt: Es bringt ihn an die Schwelle, an der Fehler schnell erkannt werden und entsprechend reagiert werden kann.

Ideal ist es, wenn man aus den Fehlern auch noch lernt und keinen Fehler ein zweites Mal macht. Werden Fehler erkannt, so müssen sie im Qualitätssicherungsprozess berücksichtigt werden. Der Prozess schließlich wird fehlerfrei werden.

Der Manager muss sich mit Fehlermanagement auseinander setzen. Sun Tzu schreibt: »Halte feindliche Nachbarn in Schranken, indem du ihnen Schaden zufügst; halte sie beschäftigt, indem du ihnen Ärger bereitest; lege Köder aus, um sie zu lenken.« (VIII. 10) Der Manager wird natürlich auch vom Gegner auf die Probe gestellt. Er muss solche Proben erkennen und richtig darauf reagieren. Leicht erliegen Manager der Hektik des Geschäftes, lassen sich durch Anforderungen von Kunden, Lieferanten, Mitarbeitern jagen. In diesem Fall hat der Manager nicht mehr die notwendige Zeit, seinen Qualitätssicherungsprozess ablaufen zu lassen. Das bedeutet, dass er »fehleranfällig« wird.

Nun kann es auch Fehler geben, die in der persönlichen Qualifikation, in bestimmten Eigenschaften der Persönlichkeit also, ihre Ursache haben. So muss sich jeder kritisch mit der Frage auseinander setzen, ob seine Fähigkeiten, seine Qualitäten den Anforderungen entsprechen.

In vielen Unternehmen gibt es ausgeklügelte Personalbeurteilungssysteme. Meistens werden die Fähigkeiten und die Leistungen der Mitarbeiter einmal im Jahr beurteilt und mit dem Anforderungsprofil verglichen. Stimmen Fähigkeits- und Anforderungsprofil nicht überein, kann man über Lehrgänge, Sonderaufgaben, Wechsel der Arbeitsaufgabe manche Verbesserung erzielen. Dies ist mittlerweile in den meisten Großunternehmen üblich und wird auch in vielen kleineren Unternehmen umgesetzt.

Nicht so durchgängig erfolgt die Beurteilung der Manager durch ihre Mitarbeiter. Selbstverständlich kann man auf beiden Seiten viele Fragen im individuellen Gespräch klären. Wird ein »Vorgesetztengespräch« aber als System genutzt, so erhält man durch die Struktur (von Fragen und Antworten) und durch eine gewisse Anonymität durchaus aufschlussreiche Erkenntnisse. Grundlage einer späteren Diskussion zwischen Mitarbeiter und Vorgesetztem können die durchaus unterschiedlichen Einschätzungen (von Manager und Mitarbeiter) zu bestimmten Themen (Delegation, Lob und Tadel, Entwicklungsmöglichkeiten für Mitarbeiter ...) sein. Ein Manager, der Wert darauf legt, kann durchaus wichtige Erkenntnisse gewinnen und für sich daraus Konsequenzen ziehen. Aber dies stellt bereits die Grenze eines solchen Systems dar: Der Manager muss offen, aufnahmebereit und selbstreflektiert sein. Nur dann führt dieses System zu einer Befriedigung für die Mitarbeiter (»Der Chef ist an meiner Meinung interessiert!«) und zu einer Selbsterkenntnis für den Manager (»Ich habe nie gedacht, dass meine Mitarbeiter noch mehr Entscheidungsfreiheit wollen.«).

In der Fahrradfabrik AG führte man das Instrument Vorgesetztengespräch ein, was zu einer Menge Irritationen unter den Managerkollegen führte. Die Mitarbeiter sollten nun plötzlich Kritik üben dürfen, und zwar so, dass die direkten Vorgesetzten davon erfahren würden.

Die Gespräche verliefen sehr unterschiedlich und auch unerwartet. Eine Führungskraft erhielt zum Beispiel so schlechte Noten, dass sie auf Empfehlung der Geschäftsleitung die Beratung durch einen Psychologen in Anspruch nehmen musste. Ein anderer Kollege nahm die Erkenntnis mit, dass seine Mitarbeiter einen konsequenten Führungsstil durchaus befürworteten. Bisher hatte er versucht, es allen Mitarbeitern weitgehend recht zu machen. Nach den Gesprächen änderte er seinen Führungsstil und gewann schnell an Akzeptanz.

Die Unternehmensleitung der Fahrradfabrik AG war nach dem ersten Durchgang mehrheitlich der Meinung, dass das Vorgesetztengespräch ein wichtiger Grundstein für eine bessere Performance sei, und selbst die Vorstände unterwarfen sich diesem Prozess.

Denken wir noch einmal über die Grundfrage nach: Helfen uns Mitarbeiter- und Vorgesetztengespräche, eine Null-Fehler-Kultur zu erreichen? Durchaus: Entscheidungen und Kommunikation werden bei diesen Gesprächen aus der Sicht des Managers und der des Mitarbeiters beurteilt. Jede Verbesserung ist ein Schritt Richtung null Fehler.

Erlesenes zum Thema Fehler

Casals forderte mich auf, mit Rudolf Serkin eine Beethovensonate zu spielen. Wir waren aufgeregt und pfuschten, und Casals rief immer wieder: »Wundervoll!« und »Großartig!«. Am Schluss umarmte er mich, und ich grübelte tagelang, warum er, der doch jeden Fehler gehört haben musste, so begeistert tat. Einige Jahre später traf ich ihn in Paris wieder. Da fasste ich mir ein Herz und gestand ihm meinen Zweifel an der Aufrichtigkeit seines Lobes. Casals griff zu seinem Instrument und spielte einige Takte aus jener Sonate. »Haben Sie diese Stelle nicht mit jenem Fingersatz gespielt? Und das hier: Mit Aufstrich, nicht wahr?« Ich bejahte. »Sehen Sie«, sprach Casals. »Das war wunderbar, und ich bin Ihnen heute noch dankbar dafür. Die Fehler zu zählen, können Sie den Dummen überlassen.«
Gregor Piatigorsky (1903–1976), amerikanischer Violincellist russischer Herkunft, über sein erstes Zusammentreffen mit Pablo Casals (1876–1973), spanischer Violincellist, Dirigent und Komponist

Erfahrungen sind Maßarbeit. Sie passen nur dem, der sie macht.
Carlo Levi (1902–1975), italienischer Arzt, Schriftsteller und Maler

Ganz oben auf der Liste meiner Erfahrungen steht die Erkenntnis, dass man unangenehmen Dingen nicht einfach aus dem Weg gehen kann.
Henry Ford (1863–1947), amerikanischer Industrieller; Gründer der Ford Motor Company, 1903–1919 und 1943–1945 deren Präsident

Wer einen Fehler begangen hat und ihn nicht korrigiert, begeht einen weiteren Fehler.
Konfuzius (551 v. Chr.–479 v. Chr.), chinesischer Philosoph

Wer einen Flop baut, ist klüger geworden. Warum soll man Klügere entlassen?
Horst Ullrich, Vertriebsdirektor und Mitglied der Geschäftsleitung von Sony Deutschland

Fehler sind ein Bestandteil des Lebens; man kann sie nicht vermeiden. Man kann nur hoffen, dass sie einen nicht zu teuer kommen und dass man denselben Fehler nicht zweimal macht.
Lee Iacocca (*1924), amerikanischer Topmanager, 1979–92 Vorstandsvorsitzender der Chrysler Corp.

Ich finde es bedenklich, wenn einer keine Fehler macht. Das weist auf zu großes Sicherheitsdenken.
Hermann Wagner, DEC-Manager

Ich versuche, den Menschen das Gefühl zu geben, dass es in Ordnung ist, Fehler zu machen, dass es sogar wichtig ist, Fehler zu machen.
James Burke, amerikanischer Topmanager, Präsident Johnson & Johnson

Wer arbeitet, macht Fehler. Wer viel arbeitet, macht mehr Fehler. Nur wer die Hände in den Schoß legt, macht gar keine Fehler.
Alfred Krupp (1812–1887), deutscher Industrieller, Sohn des Unternehmensgründers Friedrich Krupp

Wir entdecken oft etwas, das funktioniert, indem wir herausfinden, was nicht funktionieren wird, und wahrscheinlich machte der, der nie einen Fehler machte, nie eine Entdeckung.
Samuel Smiles (1812–1904), schottischer Schriftsteller und Sozialreformer

Die Mühen der Umsetzung

行軍篇

Das neunte Gebot:
Mit aufmerksamer und vorbildlicher Führung gewinnen

- Erfahrungsträger im mittleren Management
- Ratschläge kreativ umsetzen
- Die Mitarbeiter stehen im Mittelpunkt
- Mitarbeiter entwickeln
- *Erlesenes* zum Thema Mitarbeiter

Die Armee ist nun auf dem Vormarsch. Der Feldherr will alle Geländevorteile ausnutzen, Hindernisse und Schwierigkeiten dagegen meiden. Dabei darf er nicht unüberlegt handeln und muss die Aktionen des Gegners berücksichtigen. Die eigenen Kräfte muss er auf wenige Punkte konzentrieren. Die Handlungsanweisungen, die in dieser Phase zur Anwendung kommen, müssen einfach und klar, für jeden verständlich sein.

In der Tat gibt Sun Tzu auch in diesem Kapitel sehr konkrete Rezepte: »Schlage dein Lager auf erhöhtem, sonnigem Grund auf. Begegne dem Feind nicht stromaufwärts. [...] Durchquerst du Salzsümpfe, so beeile dich nach besten Kräften. Triffst du in den Salzsümpfen auf den Feind, so solltest du dich in die Nähe von Wasser und Gras begeben, wo du Bäume im Rücken hast. [...]« (IX. 6–8)

Wenn man dies so liest, wird man fast neidisch. Die Ratschläge sind sehr konkrete Empfehlungen eines Erfahrungsträgers. Man kann ihnen folgen, und man wird mit großer Wahrscheinlichkeit gewinnen. Der Manager von heute kann auf eine mannigfaltige Managementliteratur zugreifen. Doch findet er dort irgendwo die Rezepte, deren Befolgung ihm den Sieg garantiert? Sicher nicht, aber auch zu Sun Tzus Zeit wird die Wirklichkeit wohl komplexer gewesen sein, als die Faustregeln ahnen lassen. Das ist in der vielfältigen und komplexen Wirklichkeit eines Managers von heute umso mehr der Fall, und es kommt auf sein Denken und auf seine Tatkraft an. Selbstverständlich sind Erfahrungen, die ein Manager an den Nachwuchs weitergibt, wichtig und hilfreich. Aber das Verknüpfen mit eigenen Erfahrungen und die Anwendung der daraus gewonnenen

Erkenntnisse blieben damals und bleiben heute jedem selbst vorbehalten.

Erfahrungsträger im mittleren Management

Mitunter sind Manager bereits so weit von der Praxis entfernt, dass sie gar nicht mehr die konkreten, aber doch sehr wichtigen Erfahrungen für die Umsetzung an der Basis weitergeben können. Dann benötigen sie einen Unterbau, verlässliche Mitarbeiter, die dies können. Eine wichtige Funktion nimmt die »erste« Hierarchiestufe wahr, die Gruppenführer, das mittlere Management, die wichtige Erfahrungsträger sind. Sie können in konkreten Situationen Ratschläge geben, nach »oben« wie nach »unten«.

Es handelt sich im Berufsalltag immer um sehr konkrete Situationen. Jede dieser Situationen führt zu Entscheidungen. Der, der entscheiden muss, ist in einer glücklichen Position, wenn er – falls nötig – einen Erfahrungsträger fragen kann. Viele komplexe Großprojekte werden mit Verlusten abgewickelt, weil die Erfahrungsträger fehlen, weil jungen Managern Verantwortungen aufgebürdet werden, die sie ohne erfahrenen Mentor nicht tragen können. In den letzten Jahren gab es einen Trend, der hieß »Hierarchien abflachen« oder »Leitungspositionen reduzieren«. Was von der Idee her sicherlich richtig war, führte in der Praxis zur radikalen Ausdünnung des erfahrenen mittleren Managements. Die Konsequenzen stellten sich bald ein, die Führungsspanne der Manager wurde entsprechend groß, so groß, dass ihnen keine Zeit mehr blieb zu beraten, zu empfehlen, zu unterstützen. Der Managementnachwuchs wurde sich selbst überlassen. Viele von ihnen wären sicher für grundlegende Rezepte dankbar gewesen, wenn sie sie gefunden hätten.

Es ist nicht die Aufgabe eines Managers, die Probleme seiner Mitarbeiter zu lösen. Nicht umsonst fordern wir den mündigen Mitarbeiter. Ein mündiger Mitarbeiter denkt mit, übernimmt eigenverantwortlich Aufgaben, löst diese auch so weit wie möglich und gibt gleichzeitig eine Rückmeldung an seinen Vorgesetzten, sodass dieser entsprechend reagieren kann. Es ist fraglos so, dass die Zahl derer, die Verantwortung gern in andere Hände legen, größer ist als die Zahl der Menschen, die Verantwortung tragen wollen.

Es gehört zur Aufgabe des Managers, dass dieser selbst Verantwortung übernimmt und Mitarbeiter findet und einstellt, die bereit und fähig sind, ebenfalls Verantwortung zu übernehmen. Das geht nicht von heute auf morgen, und es funktioniert auch nicht »automatisch«. Diese Mitarbeiter müssen trainiert, unterrichtet, beraten werden.

Führungspersönlichkeiten erkennt man daran, dass sie lösungsorientiert arbeiten, dass sie sich kreativ und konstruktiv Gedanken machen, wie sie eine Lösung herbeiführen können. Hierzu gehören Training und Beratung. Und wie wäre es mit Fallstudien, die entsprechendes Erfahrungswissen zugänglich machen?

Auch die Fahrradfabrik AG stand vor der Frage, wie sie ihre Nachwuchskräfte ausbilden sollte. Natürlich hatte man ein Training-on-the-Job. Natürlich schickte man die Mitarbeiter zu Schulungen und Kursen. Aber wurden sie dabei immer zielgerichtet auf ihre Tätigkeit vorbereitet? Man zweifelte daran. Nach längeren Beratungen gab man einer Hochschule den Auftrag, aus dem Unternehmensalltag heraus eine Reihe von typischen Fallstudien zu entwickeln. Für diese Fallstudien gab es Musterlösungen. Die Broschüre wurde an die Trainees verteilt, und diese bearbeiteten in gemeinsamen Teams jeden der Fälle. Eine Umfrage bei den Teilnehmern ergab, dass sie überzeugt waren, durch diese Lernmethode besser auf ihren Arbeitsalltag vorbereitet zu werden.

Ratschläge kreativ umsetzen

Die Ratschläge von Erfahrungsträgern können auf ihre Tauglichkeit für neue Situationen geprüft werden. So kann man zum Beispiel versuchen, Sun Tzus Ratschläge auf konkrete Beispiele aus dem Unternehmensalltag zu beziehen.

»Schlage dein Lager auf erhöhtem, sonnigem Grund auf. […]« (IX. 2) Von erhöhten Stellen hat man eine bessere Ausgangsposition für den Kampf, und man hat einen besseren Überblick. Bin ich in einem soliden Unternehmen mit einer finanziell gesunden Basis, dann kann ich den Gegner leichter bekämpfen. Und um Überblick über mein Unternehmen, den Markt, die Kunden und die Konkurrenz zu bekommen, benötige ich Wissen und Informationen. Also gilt es, zuerst die eigene Person, das eigene Unternehmen zu stärken, ehe man sich mit einem Konkurrenten anlegt.

»[…] Kämpfe niemals bergauf.« (IX. 2) Es ist logisch, dass man von oben nach unten besser kämpfen kann. Erklimmt man die Höhen und kämpft gleichzeitig, dann ist man unübersehbar im Nachteil. Wenn ich erst Ordnung in mein Arbeitsteam bringen muss und gleichzeitig schon wichtige Aufgaben im Unternehmen zu erfüllen habe, bin ich im Nachteil, weil ich mich nicht auf meine Aufgabe konzentrieren kann. Also gilt es zu vermeiden, dass man sich einer Aufgabe nicht voll widmen kann, weil eine andere zugleich erfüllt werden muss – zumindest, solange durch die Gleichzeitigkeit schlechte Ergebnisse drohen. Also gilt es herauszufinden, welches die vordringliche Aufgabe ist, und dann die nötige Zeit zu investieren, um diese zu erfüllen.

»Durchquerst du Salzsümpfe, so beeile dich nach besten Kräften.« (IX. 7) Es gibt im beruflichen Leben Phasen, in denen vielerlei Fallen drohen: Vorgesetzte, die eine andere Meinung haben, Kollegen, die einem den Erfolg nicht gönnen, Mitarbeiter, die unzuverlässig sind. Also gilt es, solche Situationen oder Phasen schnell hinter sich zu bringen, etwa indem man unzuverlässige Mitarbeiter entfernt, neidische Kollegen versöhnt, unzufriedene Chefs zu verstehen versucht. Vielleicht ist man auch gut beraten, für eine gewisse Zeit in den Hintergrund zu treten und erst die eigene Situation zu konsolidieren – alles mit dem Ziel, sich schnell wieder voll den wesentlichen Aufgaben zu widmen.

»Auf trockenem, ebenem Grund solltest du eine leicht zugängliche Stellung mit Erhebungen zur Rechten und im Rücken einnehmen, sodass die Gefahr vorn und die Sicherheit hinten liegt. […]« (IX. 9) Auch im

Berufsleben ist es wichtig, zu wissen, dass man eine sichere Rückendeckung hat. Was mache ich, wenn ich mit einer (Teil-)Aufgabe Schwierigkeiten habe? Habe ich dann Unterstützung im Rücken, um mich, mein Geschäft wieder auf die Beine zu stellen? Betreibe ich in einem unsicheren Land Geschäfte, so ist vielleicht eine Versicherung eine gute Lösung. Habe ich bei einem Arbeitsauftrag eine fachlich schwierige Situation, so ist es gut, zu wissen, welche Experten im Konzern Unterstützung bieten können. Also gilt es, bei jeder Aufgabe zu überlegen, welches Netz, welche Versicherung, welche Unterstützung infrage kommt. Man muss sie nicht von Anfang an aktivieren, aber man muss sich ihres Vorhandenseins und ihrer Tragfähigkeit versichern.

»Bewegungen zwischen den Bäumen eines Waldes zeigen, dass der Feind vorrückt. [...]« (IX. 21) Unruhe bei den Kunden kann auf Aktivitäten der Konkurrenten schließen lassen. Habe ich die Sensibilität, dass ich solche Bewegungen wahrnehme? Ist man sich unsicher, sollte man den Markt noch sensibler beobachten, als man dies sonst zu tun gewohnt ist. Also gilt es, genügend Seismografen zur Verfügung zu haben, die jede Erschütterung anzeigen und melden.

Auch der Manager muss also nicht alle Erfahrungen selbst machen, aber er muss gelernt haben, sich fremde Erfahrungen zugänglich zu machen und sie der Situation entsprechend anzuwenden.

Die Mitarbeiter stehen im Mittelpunkt

Sun Tzu beschäftigt sich im letzten Teil dieses Kapitels besonders mit den Mitarbeitern – den fremden und den eigenen. Er beobachtet, macht Feststellungen und gibt dann entsprechende Ratschläge.

Bei all diesen Ratschlägen ist eine Grundhaltung zu erkennen: Sun Tzu weiß, dass die Soldaten und Mitarbeiter der ausschlaggebende Faktor für den Sieg sind. Mitarbeiter müssen daher ganz bestimmte Eigenschaften haben: Sie sollten loyal sein, fachlich kompetent, bestens geschult und mit geeigneten Arbeitsinstrumenten ausgestattet. Diese

Soldaten und Mitarbeiter soll der Feldherr und Manager human und gerecht, aber auch mit »eiserner« Disziplin führen.

Für Sun Tzu ist dies selbstverständlich kein Selbstzweck. Es ist auch nicht sein Ziel, den Mitarbeitern irgendeine höhere Weisheit oder Selbsterkenntnis zukommen zu lassen. Seine Überzeugung ist: Die Soldaten und Mitarbeiter müssen bestmöglich gerüstet sein für die Auseinandersetzung, damit sie siegen können.

Sun Tzu leitet aus dem Verhalten der – eigenen und fremden – Soldaten jeweils ab, wie es um die Kampfbereitschaft der Truppen bestellt ist. Hier soll vor allem versucht werden, aus Sun Tzus Ratschlägen Schlussfolgerungen für den Umgang mit den eigenen Mitarbeitern zu ziehen.

»Stützen sich die Soldaten auf ihre Speere, so sind sie von Hunger geschwächt. Wenn diejenigen, die zum Wasserholen geschickt werden, selbst zuerst trinken, leidet die Armee Durst.« (IX. 29/30) Sun Tzu bemerkt, dass die Soldaten (in diesem Beispiel die gegnerischen) Hunger und Durst leiden. In diesem Fall sind sie natürlich nicht gut auf den Kampf vorbereitet. Sie sind vielleicht sogar ein wichtiger Unsicherheitsfaktor im Kampf um den Sieg. Handelt es sich um die eigenen Soldaten, gilt es also, rechtzeitig die Rahmenbedingungen – Ressourcen, Motivation – zu schaffen, auf denen die Stärke eines Unternehmens beruht. Der Manager benötigt die Fähigkeit und Sensibilität, Anzeichen von Erschöpfung und Motivationslosigkeit bei seinen Mitarbeitern zu erkennen, damit er Abhilfe schaffen kann.

»Allzu häufige Belohnungen zeigen, dass der Feind in Bedrängnis ist. Allzu häufige Strafen zeigen, dass er in Not ist.« (IX. 36) Auch hier die Übertragung auf das eigene Unternehmen: Die permanente Erhöhung von Prämien zeigt lediglich, dass das Management unsicher ist. Es weiß nicht, wie es weitergehen soll. Viele Prämien motivieren zudem nicht, sondern werden irgendwann einmal zur Selbstverständlichkeit. Kein Mitarbeiter empfindet das Weihnachtsgeld als besonderen Ansporn. Also gilt es, bei Prämien und Boni ein vernünftiges Maß beizubehalten.

»Tötet die Armee die Pferde, um sie zu essen, hat sie keinen Proviant mehr; lassen die Männer ihr Kochgeschirr zurück, so sind sie verzweifelt und bereit, sich bis zum Tode zu verteidigen.« (IX. 34) Soldaten, die ihre Vorräte vernichten und sich in eine ausweglose Lage bringen, sind verzweifelt und zu allem fähig. Sie sehen keine Alternativen. Sie wissen, dass sie kämpfen müssen, um zu gewinnen oder zu sterben. Ob Verzweiflung jedoch die richtige Motivation für einen Kampf gibt, mag in kriegerischer wie in wirtschaftlicher Sicht dahingestellt bleiben. Nur in absoluten Extremsituationen des Kampfes wird man zu diesem Mittel greifen. Es gilt zu erkennen, ob eine solche Situation eingetreten ist, in der die Existenz des Unternehmens durch die Konkurrenz akut gefährdet ist. Es gilt aber auch zu erkennen, ob unerwünschte Verzweiflung herrscht, etwa weil sich die eigenen Mitarbeiter durch falsche Maßnahmen des Managements in einer ausweglosen Lage wähnen, und entsprechend die Rahmenbedingungen zu ändern.

Der Vorstand der Fahrradfabrik AG untersagte seinen Mitarbeitern, Verlustgeschäfte anzunehmen. Gleichzeitig wurde das Gehalt der Führungskräfte an die Umsatzsteigerung gekoppelt. Bis zu 70 Prozent ihres Gehaltes war nun abhängig von dem Erreichen ihrer Ziele. In der Praxis war dies aber nicht so einfach zu erreichen. Eine Umsatzsteigerung in einem gesättigten Markt kann in vielen Fällen nur über den Preis erreicht werden. Die »Verzweiflung« der Führungskräfte, ihr Gehalt einigermaßen abzusichern, führte dazu, dass sie die Eingangskalkulationen der Aufträge manipulierten. So schienen die gewonnenen Aufträge alle eine gute Ergebnisqualität aufzuweisen. Erst als Buchprüfer die Filiale besuchten, kam der wahre Sachverhalt heraus. Die Aufträge hatten allesamt hohe Ergebnisrisiken. Der verantwortliche Manager wurde gekündigt, aber das Unternehmen musste in diesem Jahr einen satten Verlust ausweisen. Keinem war damit geholfen.

Natürlich wollen alle gewinnen; das oberste Ziel ist selbstverständlich der Sieg. Als Feldherr weiß Sun Tzu, dass er allein keinen Sieg erringen kann. Er braucht gute, die besten Mitarbeiter. Diese wiederum brauchen Essen, Trinken, Ruhe, Motivation. Und in diesem Sinne sorgt er für seine Mitarbeiter.

Mitarbeiter entwickeln

Die eigene Mannschaft soll stark sein, um den Krieg führen zu können. Dazu muss sie gut ausgebildet sein. Natürlich kommen solche Überlegungen kurz vor dem Beginn der Schlacht zu spät. Sun Tzu weiß, dass man bereits in Friedenszeiten das Militär schulen und trainieren muss. So sind auch Manager gut beraten, die Auswahl ihrer Mitarbeiter möglichst sorgfältig zu gestalten und diese auch gemäß den Anforderungen auszubilden. Vorhandene Kompetenzlücken müssen rechtzeitig geschlossen werden.

»Binde die Soldaten mit Menschlichkeit an dich und führe sie mit eiserner Disziplin. So wird dir der Sieg sicher sein. Werden im militärischen Training Befehle stets durchgesetzt, dann herrscht in der Armee Disziplin. Andernfalls macht sich Disziplinlosigkeit breit. Beweist der Heerführer Vertrauen zu seinen Männern und besteht er zugleich auf der Befolgung seiner Befehle, dann haben beide Seiten ihren Nutzen davon.« (IX. 43–45)

Heute würden wir ergänzen: Mitarbeiter müssen nicht nur human, sondern fair und emanzipatorisch behandelt werden. Sie müssen trainiert werden, Meinungen, Verbesserungsvorschläge, Ideen einzubringen. Es ist wichtig, dass sie über ein ausgeprägtes Selbstvertrauen verfügen. Die mündigen Mitarbeiter sind gefragt. Nur sie bringen ihre Ideen ein. Dies ist kein Widerspruch zur Disziplin. Selbstverständlich können und müssen sich auch mündige Mitarbeiter an eine Arbeitsanweisung halten. Solche Mitarbeiter stellen das aber meistens gar nicht infrage, solange es nicht im Widerspruche zu ihrer Aufgabe steht. In diese Mitarbeiter kann der Manager sein Vertrauen setzen; sie werden in dem gemeinsamen Sinne, für das gemeinsame Ziel handeln. Emanzipierte Mitarbeiter bringen sich ein und ordnen sich gleichermaßen ins Team ein. Der Manager weiß, dass sie seine Befehle befolgen und sie eigenverantwortlich und kreativ umsetzen werden. Dies erfolgt zum beiderseitigen Nutzen.

Emanzipierte Mitarbeiter erhält man nicht von heute auf morgen. Sie werden nicht durch einen Zauber generiert, sondern durch solide Managementarbeit entwickelt. Die beginnt mit der sorgfältigen Auswahl. Häufig werden Bewerbungsgespräche eher nebenbei geführt, der Vorgesetzte spricht mehr, als dass er zuhört. Doch er sollte sich bemühen, möglichst viel von dem Bewerber zu erfahren. Es gibt immer mehr Unternehmen, die neue Mitarbeiter in einem Assessment Center testen, sie auf Herz und Nieren prüfen.

Für jede Tätigkeit sollte man dazu ein Anforderungsprofil haben, alle Mitarbeiter werden durch ein Eignungsprofil beschrieben. Im (seltenen) Idealfall stimmen beide überein. Wenn das nicht so ist, muss man entsprechend nachbessern, den Mitarbeiter ausbilden. Mitarbeitergespräche und Mitarbeiterbeurteilungen gehören zu diesem Prozess. Wichtig ist Ehrlichkeit. Ein Vorgesetzter muss in der Lage sein, auch kritische Themen anzusprechen. Selbstverständlich ist es leichter zu loben als zu kritisieren. Aber ehrliche, wohlmeinende Kritik wird von den meisten Mitarbeitern positiv aufgenommen, positiver als das eine oder andere übertriebene Lob.

Ein Manager der Fahrradfabrik AG verabschiedete einen Mitarbeiter, der mehrere Jahre in seiner Abteilung gearbeitet hatte. Dieser Mitarbeiter sollte in seiner nächsten Tätigkeit eine erste Führungsfunktion übernehmen. Der Manager hielt die Abschiedsrede und wollte dem Mitarbeiter einige Ratschläge mit auf den Weg geben. Er gab ihm die folgenden fünf Ratschläge:

Erstens: Der Manager muss eine Vision haben, aus der sich für alle Mitarbeiter eindeutig die Richtung ergibt.

Zweitens: Der Manager muss alle Mitarbeiter ohne Ausnahme ernst nehmen. Er muss bereit sein, sie anzuhören.

Drittens: Der Manager muss bereit sein, seinen Mitarbeitern Freiheiten einzuräumen. Nur in Freiräumen können sie auch zur Entfaltung kommen. Natürlich wird nicht jeder Mitarbeiter die gleichen Freiheiten in Anspruch nehmen können und wollen. Der Manager muss zudem unterscheiden können, wer Freiheiten produktiv nutzt und wer sie ausnutzt. Freiheiten zu schaffen bedeutet zu delegieren. Es gibt viele Menschen, die gern delegieren, meist aber nur Tätigkeiten, die ihnen selbst keinen Spaß machen. Delegieren heißt aber, dass der Manager auch Herausforderungen delegiert. Übernimmt ein Mitarbeiter eine komplexe Tätigkeit, dann gehören dazu natürlich auch die entsprechenden Reisen. Der verantwortliche Manager kann diese nicht für sich reservieren.

Viertens: Es ist die Pflicht des Managers, regelmäßig Sparringspartner für die Mitarbeiter zu sein. Die Mitarbeiter berichten über den Fortschritt ihrer Arbeit, und der Manager spricht diese mit ihnen kritisch durch. Daraus können sich entsprechende Konsequenzen für das weitere Vorgehen ergeben.

Fünftens: Der Manager packt tatkräftig an, wenn Not am Mann ist. Er macht dies aber nur in Ausnahmesituationen, der mündige Mitarbeiter ist selbst in der Lage, seine Aufgaben bestmöglich zu erledigen.

Folgt ein Manager diesen fünf Regeln für die Mitarbeiterführung, dann wird er bald über motivierte Mitarbeiter verfügen. Motivation entsteht durch gute Führung. Im Prinzip ist es nicht schwer, und es funktioniert, solange der Manager sich ein gewisses Maß an Demut bewahrt.

Erlesenes zum Thema Mitarbeiter

Eine sehr gute Art, eine angenehme Atmosphäre zu schaffen, ist, die Leute in einem Betrieb so viel wie möglich selber machen und die Entscheidungen auf dem niedrigstmöglichen Niveau treffen zu lassen: das ist die beste Methode, Führungskräfte zu trainieren.
Cyril Northcote Parkinson (1909–1993), britischer Historiker und Publizist

Mit jedem Paar Hände (das dir Arbeit abnimmt) bekommst du einen freieren Kopf.
Jack Stack (*1946), amerikanischer Topmanager; CEO der Ceska Sporitelna, einer Tochter der österreichischen Ersten Bank

Wer seiner Führungsrolle gerecht werden will, muss genug Vernunft besitzen, um die Aufgaben den richtigen Leuten zu übertragen, und genügend Selbstdisziplin, um ihnen nicht ins Handwerk zu pfuschen.
Theodore Roosevelt (1858–1919), amerikanischer Politiker; 26. Präsident der USA (1901–09)

Meine wichtigste Erfahrung als Manager ist die Erkenntnis, dass die Mitarbeiter das wertvollste Gut eines Unternehmens sind und damit auch das wichtigste Erfolgskapital. Es sind nie Computer, Roboter, technische Einrichtungen, die zu einem Ziel führen, sondern immer Menschen, die Konzepte zustande bringen.
Werner Niefer (1928-1993), deutscher Topmanager; 1989–1993 Vorstandsvorsitzender der Mercedes-Benz AG

Echte Leader schauen nicht in Führungsbücher, sondern in die Augen ihrer Mitarbeiter.
Monique R. Siegel (*1939), schweizerische Unternehmensberaterin

Ein edler Mensch zieht edle Menschen an und weiß sie festzuhalten.
Johann Wolfgang von Goethe (1749–1832), deutscher Dichter

Führung heißt, Mitarbeiter sachbezogen einzusetzen, zu motivieren und für ihre Fähigkeiten die Entfaltungsräume zu schaffen.
Rita Süssmuth (*1937), deutsche Politikerin (CDU); 1988–1998 Präsidentin des Deutschen Bundestages

Geben Sie Ihren Mitarbeitern Arbeit, bei der sie ihre Fähigkeiten voll ausschöpfen müssen. Geben Sie ihnen alle notwendigen Informationen. Erläutern Sie ihnen klipp und klar, was es zu erreichen gilt. Und dann – lassen Sie sie in Ruhe.
Robert Waterman (*1936), amerikanischer Unternehmensberater

Eine Investition in Wissen bringt immer noch die besten Zinsen.
Benjamin Franklin (1706–1790), amerikanischer Staatsmann, Schriftsteller und Naturwissenschaftler, 1776 Mitunterzeichner der amerikanischen Unabhängigkeitserklärung

Persönlichkeiten werden nicht durch schöne Reden geformt, sondern durch Arbeit und eigene Leistung.
Albert Einstein (1879–1955), deutsch-amerikanischer Physiker, 1921 Nobelpreis für Physik

Ich bin, was ich bin, weil ich getan habe, was ich getan habe.
Elia Kazan (*1909), amerikanischer Regisseur und Schriftsteller griechischer Abstammung

Geländekunde I
Das Operationsfeld

地形篇

Das zehnte Gebot:
Die angemessene Berücksichtigung des Geländes schafft taktische Vorteile

- Was das Gelände als Rahmenbedingung bedeuten kann
- Fehler in der Führung gefährden das Unternehmen
- Der Manager als Juwel des Unternehmens
- *Erlesenes* zum Thema Sieger

Sun Tzu übt sich in Geländekunde, weil die Art des Geländes direkte Auswirkungen auf die Angriffsstrategie hat. Wie verhält man sich, wenn das Gelände oder die Konkurrenzsituation offen ist, wenn sie riskant erscheint, wenn das Gelände unzugänglich, die Konkurrenzsituation unentschieden ist, wenn es eng und eingeschränkt ist, wenn es bergig und schwierig erscheint, wenn es abgelegen oder spekulativ ist? Der Feldherr muss sein Vorgehen auf diese Rahmenbedingungen abstimmen. Davon hängt sein Erfolg oder Misserfolg ab.

Was das Gelände als Rahmenbedingung bedeuten kann

Sun Tzu unterscheidet sechs Arten von Gelände und formuliert Prinzipien, wie sie zu berücksichtigen sind. Natürlich gibt es auch bei jeder Wirtschaftsstrategie, bei jedem Konkurrenzkampf Rahmen- und Umgebungsbedingungen, die das Agieren wesentlich bestimmen und die wir als »Gelände« verstehen können.

Hier also Vorschläge, wie man zwei der Geländearten im Unternehmensalltag verstehen könnte:

Für unvorteilhaftes Gelände rät Sun Tzu: »Ist das Gelände von der Gestalt, dass keine Seite einen Vorteil davon hat, wenn sie es zuerst besetzt, so heißt es unvorteilhaft. In eine solche Stellung sollten wir selbst dann nicht vorrücken, wenn der Feind uns mit Ködern lockt. Vielmehr sollten wir uns zurückziehen, um den Feind zum Vorrücken zu bewegen; wenn er teilweise vorgerückt ist, können wir ihn angreifen.« (X. 6/7)

Hat man sich entschlossen, sich mit einem Konkurrenten einen Preiskampf zu liefern, weiß aber nicht, bis zu welcher Preisreduzierung der Konkurrent willig und in der Lage ist mitzuhalten, so kann man als Versuchsballon eine begrenzte Sonderpreisaktion starten. Damit lässt sich gut die Reaktion des Konkurrenten testen. Wie reagiert er darauf? Nimmt er den Kampf auf und senkt er auf breiter Front die Preise, oder agiert er ebenfalls mit begrenzten Sonderpreisen, oder reagiert er gar nicht. Zugleich muss man darauf Acht geben, solche Köder zu erkennen, sollten sie vom Konkurrenten ausgelegt worden sein, um taktisch vorteilhaft reagieren zu können.

Die Fahrradfabrik AG hatte in Europa einen einzigen ebenbürtigen Konkurrenten. Aus diesem Grund hielt man sich auch reichlich bedeckt, wenn es um die direkte Auseinandersetzung ging. In Berlin verfügten beide Konkurrenten in unmittelbarer Nachbarschaft über einen Laden. Hier senkte die Fahrradfabrik AG ihre Preise. Man wollte die Reaktion des Konkurrenten testen. Diese ließ nicht lange auf sich warten: Im Laden der Konkurrenz senkte man die Preise noch ein kräftiges Stück mehr. Bei der Fahrradfabrik erkannte man, dass der Konkurrent den Kampf annehmen würde. Man erhöhte den Preis wieder auf die ursprüngliche Höhe, und nur eine Woche später zog der Konkurrent nach; der Kampf war abgebrochen, noch ehe er so richtig begonnen hatte. Das Gelände ließ keinen Sieg zu.

Für steiles Gelände rät Sun Tzu: »Erreichst du steiles Gelände vor dem Feind, so solltest du die höher gelegenen und sonnigen Plätze besetzen und dort auf den Feind warten. Gelangt der Feind zuerst dorthin, so solltest du ihm nicht folgen, sondern dich zurückziehen und versuchen, ihn aus seiner Stellung zu locken.« (X. 10/11)

Das Schlachtfeld liegt ruhig vor einem. Wie kann man sich positionieren? Sun Tzu empfiehlt, die erhöhten und sonnigen Plätze zu besetzen. Übersetzt könnte dies zum Beispiel bedeuten, in den wichtigsten Publikationen Produkt- und Imagewerbung zu platzieren, seinen Claim also abzustecken. Anschließend ist abzuwarten, wie der Konkurrent reagiert.

So wichtig die Geländesituation für taktische Entscheidungen auch ist – letztlich entscheiden die überlegenen Fähigkeiten der Heerführer bei der Einschätzung und Nutzung dieser Bedingungen über den Sieg.

Fehler in der Führung gefährden das Unternehmen

Machen Führer Fehler? Öffentlich wird – zumindest in den Selbstdarstellungen – der Eindruck erweckt, dass unsere heutigen Entscheidungsträger in Politik und Wirtschaft frei von allen Fehlern seien. Wenn jemand Fehler macht, dann irgendwelche Untergebenen, nicht jedoch der General. Gehört es zum offiziellen Bild des zurzeit mächtigsten Mannes der Welt, des amerikanischen Präsidenten Bush, dass er Fehler macht? Nein, das Gegenteil ist der Fall: Er erkennt die Fehler der Welt und trifft Entscheidungen, sie zu beheben – so versucht seine PR-Maschinerie uns glauben zu machen. Machen die Vorstandsvorsitzenden unserer großen und internationalen Unternehmen Fehler? Nein, sie machen keine Fehler. Es kommt zwar vor, dass ab und zu einer der Offiziere, also ein Manager der zweiten Ebene, Fehler macht, aber der verschwindet dann eben in der Versenkung. Große Unternehmen können sich keine Manager mit Fehlern leisten, weil sie sonst verlieren würden. Und so kann eben nicht sein, was nicht sein darf.

Nach Sun Tzu können alle Manager Fehler machen: »Einer Armee drohen sechs Gefahren, die ihren Ursprung ausschließlich im Verhalten des Heerführers haben: (1) Flucht; (2) Ungehorsam; (3) Kollaps; (4) Ruin; (5) Chaos; (6) Niederlage.« (X. 14) Was versteht Sun Tzu unter diesen Fehlern? Hier lohnt sich ein genauerer Vergleich mit dem Unternehmensalltag:

1. Gefahr der Flucht »Werden die eigenen Männer gegen einen zehnmal stärkeren Feind geschickt, dann werden sie unweigerlich die Flucht ergreifen.« (X. 15)

Das kann vorkommen, ist menschlich verständlich. Aber der Feldherr muss darauf vorbereitet sein. Er muss wissen, welche Kräfte der

Feind zusammenzieht. Ist die Streitmacht in der Tat zehnmal größer, darf er es gar nicht zur Schlacht kommen lassen. Der Fehler besteht vor allem darin, dass ein Manager bei seinen Entscheidungen den Gegner nicht richtig einschätzt. Er muss wissen, welche Ressourcen der Gegner aufbringen kann. Ein eklatanter Fehler ist es zum Beispiel, wenn sich ein kleiner Lebensmittelhändler auf einen Preiskampf mit einem großen Discounter einlässt.

Zugegeben, das ist ein Fehler, vor dem auch Manager heutzutage nicht gefeit sind. In der Öffentlichkeit versucht man allerdings eine solche Niederlage oft dennoch als Sieg zu verkaufen, um den Imageverlust zu begrenzen. Auch in dem mit zweifelhafter Begründung begonnenen Irak-Krieg hat man anscheinend den Gegner unterschätzt. Und auch hier beharren US-Präsident Bush und Großbritanniens Premier Blair offiziell bisher darauf, dass diese Entscheidung dennoch richtig war.

Wir haben von der Fahrradfabrik AG erfahren, dass sie die Preise in ihrem Berliner Laden senkte. Die Konkurrenz nahm die Kampfansage an. Das Management der Fahrradfabrik AG war überzeugt, dass die Konkurrenz nur bluffen würde. Auch wenn sie die Herausforderung in Berlin wohl angenommen hatte, wäre sie doch nie in der Lage, in ganz Deutschland analog zu reagieren. Die Fahrradfabrik AG senkte ihre Preise. Und der Vorstand konstatierte mehr als überrascht, dass die Konkurrenz im ganzen Land die Preise ebenfalls und noch weiter senkte. Nun versuchte man es mit einer Versöhnungsgeste, die Preise in Berlin wurden wieder erhöht. Die Konkurrenz reagierte nicht, verkaufte aber doppelt so viele Fahrräder wie im Vormonat. Nun hob die Fahrradfabrik AG im gesamten Bundesgebiet die Preise, aber die Konkurrenz reagierte nicht. Die Fahrradfabrik AG verlor gut zehn Prozent des Marktanteils, erst dann hob auch die Konkurrenz die Preise. War dies nun ein kapitaler Fehler des Vorstands der Fahrradfabrik AG? Zumindest nicht in der Außendarstellung der Fahrradfabrik AG. In Presseberichten pries der Vorstand seine verbraucherorientierte Preispolitik, die die Kunden mit viel Zustimmung aufgenommen hätten. Irgendeinem Mitarbeiter in der Marketingabteilung wurde gekündigt.

2. Gefahr durch Ungehorsam »Sind die gemeinen Soldaten zu stark und die Offiziere zu schwach, dann kommt es zu Ungehorsam. [...]« (X. 16)

Dies ist häufiger der Fall, als man denkt. Die Mitarbeiter sind stark, oder besser: gut; sie arbeiten professionell. Der Vorgesetzte dagegen hat wenig Ahnung vom Geschäft. Wenn er dies zugibt, sich von den Mitarbeitern beraten lässt und anschließend ausgewogene Entscheidungen trifft, ist dies kein Problem. Schwierig wird es nur, wenn der Vorgesetzte in Verkennung der Tatsachen nicht auf seine Mitarbeiter hört und falsch entscheidet.

In der Fahrradfabrik AG agierte ein Vorgesetzter, der zwar im Gesamtgeschäft erfahren war, sich jedoch in einigen Bereichen nicht gut auskannte. Dies nahm er aber nicht wahr. Daher traf er zum Beispiel buchhalterische Entscheidungen, die einfach falsch waren. Er hörte auch nicht auf den Rat seiner Mitarbeiter. Bei einer Buchprüfung wurden die Fehler erkannt und er musste einen starken Rüffel einstecken. Er änderte sich aber dennoch nicht. Daraufhin bezichtigten ihn seine Mitarbeiter offen der Inkompetenz.

3. Gefahr durch Kollaps »[...] Sind die Offiziere zu stark und die gemeinen Soldaten zu schwach, so ist Kollaps die Folge.« (X. 16)

So eine Situation darf eigentlich nicht vorkommen. Der gute Manager weiß, ob er sich auf seine Mitarbeiter verlassen kann, ob sie das Geschehen beherrschen. Kommt dies dennoch vor, ist dies eindeutig ein Fehler des Managers – mit den entsprechenden Folgen.

In der Fahrradfabrik AG gab es einen Vorgesetzten, der ein ausgezeichneter Stratege war. Er hatte Visionen, konnte Strategien entwerfen und sie auch bestens präsentieren. Aber jedes Mal, wenn seine Strategien positiv aufgenommen worden waren und er die Freigabe für die Realisierung erhielt, entstand ein Problem. Er verfügte nicht über fähige Mitarbeiter, die seine Strategie hätten umsetzen können. Hatte er anfangs noch versucht, seine Mitarbeiter zu motivieren, sie anzufeuern, sie zu begeistern, hatte er dies später aufgegeben, weil die Umsetzung seiner Strategien stets in einem Desaster endete. Nun ließ er es gar nicht mehr darauf ankommen. Die verabschiedeten Strategien verkümmerten bald auf seinem Schreibtisch.

4. Gefahr des Ruins »Sind die höheren Offiziere unzufrieden und ungehorsam und kämpfen sie beim Zusammentreffen mit dem Feind auf eigene Rechnung, bevor der Heerführer weiß, ob ein Angriff durchführbar ist, dann führt dies zum Ruin.« (X. 17)

Diese Situation kann man unterschiedlich interpretieren. Vielleicht haben sich die Gruppenführer provozieren lassen – zum Beispiel durch eine ihnen unverständliche Taktik des Vorstands – und haben deshalb die Auseinandersetzung begonnen. Das ist unprofessionell. Anders würde die Bewertung ausfallen, wenn die Gruppenführer im Rahmen ihrer Delegationsverantwortung gehandelt hätten.

Der verantwortliche Manager der Fahrradfabrik AG in Berlin hatte auf Anweisung des Vorstands die Preise in seinem Laden gesenkt. Die Konkurrenz hatte sofort mitgezogen. Der Manager war verärgert. Ohne mit dem Stammhaus Rücksprache zu nehmen, senkte er die Preise nochmals. Die Konkurrenz konterte ungerührt. Und er senkte die Preise nochmals. Dies sprach sich herum. Die billigen Fahrräder wurden ihm aus der Hand gerissen. Aber er erwirtschaftete mit dieser Aktion ein so hohes Minus, dass es die Firma in erhebliche Schwierigkeiten brachte.

5. Gefahr durch Chaos »Ist der Heerführer schwach und ohne Autorität, sind seine Befehle widersprüchlich, haben Offiziere und Soldaten keine klaren Zuständigkeiten und verlaufen die Reihen kreuz und quer, dann kommt es zum Chaos.« (X. 18)

Das ist eins zu eins auf den Unternehmensalltag übertragbar.

Der Vorstandsvorsitzende der Fahrradfabrik AG hatte seinem Einkaufsleiter den Auftrag gegeben, die Kosten im Einkauf zu halbieren, also die halbe Mannschaft zu entlassen und das erwirtschaftete Einkaufsergebnis um 20 Prozent zu erhöhen. Der Einkaufsleiter entließ die meisten seiner Mitarbeiter. Dabei verlor er vor allen Dingen die Leistungsträger, die schnell in anderen Unternehmen gute Positionen erhielten. Dann versuchte er mit der verbliebenen Mannschaft noch mehr Druck auf die Lieferanten auszuüben. Aber er verfügte nicht mehr über die notwendige Kapazität. Er konnte die Aktivitäten der Lieferanten nicht einmal mehr überwachen. So erhöhten diese relativ ungeniert ihre Preise. Die Fahrradfabrik AG kam unter Ergebnisdruck und musste die Preise ihrer Produkte erhöhen, was wiederum zu Absatzeinbußen führte. Der Einkaufsleiter wurde entlassen. Er hatte seinen Chef nicht darauf hingewiesen, dass dessen Anweisungen nicht umzusetzen waren. Pech für ihn.

6. Gefahr der Niederlage »Ist ein Heerführer nicht in der Lage, die Stärke des Feindes richtig einzuschätzen, sodass er eine schwächere Truppe gegen eine stärkere ins Feld führt, und versäumt er es, gute Männer an die Spitze zu setzen, dann mündet dies in einer Niederlage.« (X. 19)

Gibt es solche Fehler auch bei Managern? Ja, natürlich. Es gibt viele Beispiele von Managementfehlern, die zum Zusammenbruch von Unternehmen geführt haben. Meistens haben die Manager nicht dafür gehaftet. Die Mitarbeiter wurden arbeitslos.

Die Fahrradfabrik AG hatte ein Segment Rennräder. Ein verdienter Manager wurde mit der Leitung dieses Segments beauftragt. Nach kurzer Zeit bestellte er Vertraute, Bekannte aus der Vergangenheit an die Managementpositionen unter ihm. Dabei achtete er weniger auf deren objektive Kenntnis als auf die Loyalität zu ihm. Er vergaß dabei den Grundsatz, dass man für die Leitungspositionen die am besten geeigneten Mitarbeiter aussuchen sollte. Die Mitarbeiter erhielten keine klaren Signale über die weitere Ausrichtung. Viele Strategien passten nicht zusammen. Die Mitarbeiter sprachen hinter vorgehaltener Hand von Dilettantismus. Nach kurzer Zeit brach der Umsatz zusammen. Das Ergebnis war Verheerung. Das Segment wurde schließlich mit hohen Verlusten an die Konkurrenz verkauft.

»Das sind die sechs Arten von Unglück, die der gewissenhafte Heerführer gründlich studieren sollte«, sagt Sun Tzu (X. 20). Und Sun Tzu betont noch einmal, dass es Umstände gibt, die den Krieg beeinflussen können, wie zum Beispiel die Art des Geländes, aber die Hauptverantwortung liegt beim Heerführer: »Die natürlichen Gegebenheiten des Geländes sind des Soldaten beste Verbündete. Die Kunst des Heerführers zeigt sich jedoch in seiner Fähigkeit, den Feind richtig einzuschätzen, Siege zu erringen sowie Schwierigkeiten, Gefahren und Entfernungen zuverlässig zu beurteilen.« (X. 21)

Wie kommt es, dass unsere Wirtschaft geprägt ist von vielen Managementfehlern? Manche sind offensichtlich. Andere treten nicht so offen zutage. Kann es daran liegen, dass unsere Manager nicht ausreichend geschult sind? So befinden wir uns wieder bei der Frage, was einen Manager eigentlich ausmacht. Welche Eigenschaften, Fähigkeiten muss ein Manager haben? Viele Manager haben jahrelang gut gearbeitet, dann sind sie befördert worden. Gute Fachleute aber sind nicht automatisch auch gute Manager. Es dauert eine lange Zeit, bis man gute von schlechten Managern unterscheiden kann. Vielleicht haben sie die Stufe ihrer Inkompetenz auf der Peter-Pyramide erreicht. Vielleicht ist ihnen auch nur Ruhm und Image und Macht zu Kopf gestiegen und sie haben den Kontakt zur Realität verloren. 80 Prozent aller Fehler, die in einem Unternehmen gemacht werden, sind Managementfehler im weitesten Sinne des Wortes. Vielleicht sollte man einen Managementführerschein einführen, der alle Jahre erneuert werden muss ...

Der Manager als Juwel des Unternehmens

Nachdem Sun Tzu die Gefahren beschrieben hat, die durch falsches Verhalten des Heerführers drohen, gibt er Ratschläge, wodurch sich ein Feldherr auszeichnen sollte: »Der Heerführer, der ohne Ruhmessucht vorrückt und ohne Angst vor Schmach zurückweicht und dessen Streben ausschließlich darauf gerichtet ist, sein Land zu schützen und seinem Herrscher zu dienen, der ist das Juwel des Reiches.« (X. 24)

Was heißt das? Der Manager darf nicht abheben. Eine solche Gefahr besteht bekanntlich durchaus. Macht korrumpiert, Geld korrumpiert. Und plötzlich hält sich der eine oder andere für unfehlbar. Der Manager muss sich selbst einschätzen können, und er sollte auch in der Lage sein, rechtzeitig abzutreten. Und im Sinne Sun Tzus sollte ihm das auch nicht als Niederlage ausgelegt werden.

Der Manager sollte abtreten, wenn er den Kontakt zur Basis verloren hat. Der Manager muss seine Mitstreiter motivieren können. Wie merkt der Manager, dass er nicht mehr motivieren kann, dass er nicht mehr begeistern kann, dass er keine Visionen mehr hat? Vielfach wagt keiner, es ihm zu sagen. Vielfach jubeln ihm alle nur noch zu. Er ist gefangen im Käfig der Macht.

Sun Tzu betont auch hier noch einmal, dass der Sieg davon abhängt, dass der Feldherr seine Soldaten auf sich und die gemeinsame Aufgabe eingeschworen hat. Wie nimmt der Führer am besten seine Verantwortung wahr und erweist sich gleichzeitig als führungsfähig? Einerseits sagt Sun Tzu: »Betrachtest du deine Soldaten als deine Kinder, so werden sie dir ins tiefste Tal folgen; siehst du in ihnen deine geliebten Söhne, so werden sie bis in den Tod an deiner Seite bleiben.« (X. 25) Andererseits warnt er davor, die Zügel schleifen zu lassen: »Bist du nachsichtig und gutherzig, aber ohne Autorität und Durchsetzungskraft, und hast du deine Armee nicht unter Kontrolle, so werden deine Soldaten wie verhätschelte Kinder sein und du kannst sie nicht gebrauchen.« (X. 26)

Auch noch einen anderen ernsten Rat gibt uns Sun Tzu: Bleib nicht auf halbem Weg stehen! Die Fähigkeiten der eigenen Mannschaft zu entwickeln und richtig einzuschätzen ist das eine. Ebenso wichtig bleibt aber die Einschätzung des Gegners sowie des »Geländes«: »Wenn wir wissen, dass unsere Männer zum Angriff bereit sind, aber übersehen, dass der Feind unangreifbar ist, dann ist das nur der halbe Sieg. Wenn wir wissen, dass der Feind angreifbar ist, aber übersehen, dass unsere Männer nicht zum Angriff bereit sind, dann ist das nur der halbe Sieg. Wenn wir wissen, dass der Feind angreifbar ist und dass unsere Männer zum Angriff bereit sind, aber übersehen, dass die Gegebenheiten des Geländes einen Angriff unmöglich machen, dann ist das ebenfalls nur der halbe Sieg.« (X. 27–29)

Führungsentscheidungen sind stets komplex, nur die Berücksichtigung aller Faktoren verhilft zum Sieg: »Deshalb heißt es: Kennst du den Feind und kennst du dich selbst, dann wirst du ohne Zweifel siegen; kennst du den Himmel und kennst du die Erde, dann wird dein Sieg total sein.« (X. 31)

Der Feldherr und nur der Feldherr, der Manager und nur der Manager trägt die hohe Verantwortung für den Sieg. Daran gibt es nichts zu deuteln. Sun Tzu spricht außerordentlich deutlich: »Führt ein Kampf mit Sicherheit zum Sieg, so musst du kämpfen, auch wenn der Herrscher es dir verbietet; ist ein Kampf aussichtslos, so darfst du nicht kämpfen, auch wenn der Herrscher es dir gebietet.« (X. 23) Bedeutet dies den Aufstand der Manager? Nein, es bedeutet, dass es auch für einen Manager wie für einen Flugzeugpiloten, einen Arzt, einen Astronauten Situationen gibt, wo er und nur er allein die Verantwortung trägt und handeln muss. Er muss diese Verantwortung für sein Handeln übernehmen, statt Befehle vom übergeordneten Manager zu empfangen und kritiklos auszuführen.

Erlesenes zum Thema Sieger

Du musst steigen oder sinken, / Du musst herrschen und gewinnen, / Oder dienen und verlieren, /Leiden oder triumphieren, / Amboss oder Hammer sein.
Johann Wolfgang von Goethe (1749–1832), deutscher Dichter

Einen Sieg kann man verschenken, eine Niederlage muss man immer selber einstecken.
Claudia Doren (1931–1987), deutsche Fernsehansagerin

Zu siegen verstehst du, Hannibal, aber den Sieg zu nutzen verstehst du nicht.
Titus Livius (59 v. Chr.–17 n. Chr.), römischer Geschichtsschreiber

Wirkungsvolle Autorität beruht nicht auf Privilegien, sondern auf mehr Wissen, Einsatz und Energie.
Cyril Northcote Parkinson (1909–93), britischer Historiker und Publizist

An jedem Tag, den ich mit ihm verheiratet bin, erkenne ich deutlicher, dass er die vielleicht wichtigste Eigenschaft eines Führers hat: ein unbeirrbares Vertrauen zu sich selbst und seinen Kräften.
Jacqueline Kennedy-Onassis (1929–94), amerikanische First Lady, später Publizistin, über ihren ersten Ehemann John F. Kennedy

Geländekunde II
Die Stellungen der Kontrahenten

九地篇

Das elfte Gebot:
Auch in der Schlacht ist die Berücksichtigung der Situationen entscheidend für den Sieg

- Note eins in Strategie, Note sechs in Umsetzung – das bedeutet Niederlage
- Exzellent in jeder Situation
- Der Feldherr als Machiavellist
- Im Krieg gibt es keinen Schmusekurs
- *Erlesenes* zu: Details, Autorität

Sun Tzu lehrt, dass neben den Gegebenheiten des Geländes (voriges Kapitel) die konkreten Umstände der Situation, insbesondere die Stellung der Kontrahenten zueinander, ausschlaggebend seien für Erfolg und Misserfolg. Das gilt auch, wen wundert es, für eine wirtschaftliche Konkurrenz- und Wettbewerbssituation zwischen Unternehmen. Sun Tzu definiert neun Situationen, also grundlegende Konstellationen, die ein jeweils anders Verhalten erfordern: die unübersichtliche Situation, die ungebundene, die Konfliktsituation, die offene, die komplexe, die kritische, die blockierte Situation, eine Situation, in der Umzingelung droht, oder eine ausweglose Situation.

Note eins in Strategie, Note sechs in Umsetzung – das bedeutet Niederlage

Der Feldherr hat die Aufgabe, je nach Situation eine unterschiedliche, die jeweils beste Taktik anzuwenden. Es geht um sichtbare Taten. Worte genügen nicht, so wie auch die modernsten Visualisierungen und bunte Folien nicht genügen. Viele Strategen in Unternehmen wurden trainiert, in »Folienschlachten« zu bestehen. Selbst wenn die Theorie in der Präsentation erfolgreich war, muss die praktische Wettbewerbsschlacht nicht immer siegreich sein. Ein Mindestmaß an Mut, an Stärke, an Entschlusskraft muss jeder Manager aufbringen und an seine Mitarbeiter weitergeben. Nur dann ist es im Team zu schaffen, die Vorteile der Situation zu nutzen und die Nachteile zu bewältigen.

Sun Tzu sagt weiter: »Sein Heer zu versammeln und in die Gefahr zu werfen – das ist die eigentliche Aufgabe des Heerführers.« (XI. 41) Dabei ist ganz wichtig: Der Feldherr geht mit in die Schlacht. Er muss nicht an vorderster Front mit dem Speer kämpfen, aber er muss Teil der Schlacht sein.

Der Fahrradfabrik AG wurde ein radikales Sparprogramm verordnet. Unter anderem sollten die Reisekosten um 25 Prozent gesenkt werden. Allen Mitarbeitern wurden die Business-Flüge gestrichen. Das verursachte ein ziemliches Murren. Dann lieber gar nicht, schwor sich so mancher Mitarbeiter – was schon einmal ein guter Effekt war. Nicht alle Reisen konnte man jedoch einstellen. Das Murren in der Belegschaft ging merklich zurück, als festgestellt wurde, dass auch der Vorstandsvorsitzende nur noch Economy Class flog.

Sun Tzu formuliert auch in diesem Teil seines Lehrbuches eindeutige Gebote. Zu jeder Situation, zu jeder Konstellation auf dem Schlachtfeld kann er seine Erfahrung beisteuern. Sun Tzu sagt zum Beispiel: »Kämpfe nicht auf dispersivem Terrain. Verweile nicht auf leichtem Terrain. Greife auf umstrittenem Terrain nicht an. Versuche nicht, dich auf offenem Terrain dem Feind in den Weg zu stellen. Mache auf strategischem Terrain gemeinsame Sache mit deinen Verbündeten. Bist du auf kritischem Terrain, so plündere. Befindest du dich auf schwierigem Terrain, so marschiere stetig weiter. Verwende auf umzingeltem Terrain eine List. Kämpfe auf ausweglosem Terrain.« (XI. 11–14)

Natürlich kann man entsprechende Lösungskataloge auch für wirtschaftliche Probleme aufstellen. Es gibt auch diverse Literatur darüber. Wichtig ist jedoch die Erkenntnis: Auch der größte Feldherr ist kein »Überflieger«; auch er muss sich mit »Kleinigkeiten« wie der Bodenbeschaffenheit abgeben. Jeder Manager ist gut beraten, wenn er auch in Details informiert bleibt, damit das vollständige Faktenmaterial Grundlage für seine Entscheidung ist. Eine verbreitete Krankheit von Managern besteht darin, dass sie nur die große Linie interessiert, aber nicht der konkrete Landeplatz. Dann kann es schon einmal vorkommen, dass zwar die Linie stimmt, aber der Landeplatz bestimmend für die Niederlage ist.

Exzellent in jeder Situation

Einige Hinweise von Sun Tzu sind uns schon aus vorhergehenden Kapiteln bekannt: »Geschwindigkeit ist der Schlüssel zur Kriegsführung: Nutze die fehlende Vorbereitung des Feindes aus, schlage unerwartete Wege ein und greife ihn an, wo er ungeschützt ist.« (XI. 19)

Diese Aussage können erfahrene Manager gut verstehen. Jede Auseinandersetzung ist schnell zu führen. Jeder Kampf, jede Aktivität, die zu lange dauert, kostet mit jedem Tag mehr Geld und verliert mit jedem Tag an Gewinnaussicht. Der Manager, der eine Auseinandersetzung plant, muss schnell Fakten schaffen. Jeder Angriff muss mit Wucht und voller Überraschung geführt werden.

Die Fahrradfabrik AG hatte den Beschluss gefasst, mit Hightech-Fahrrädern in den chinesischen Markt einzudringen. Die Strategen hatten sich sorgfältig darauf vorbereitet. Jedes Risiko wurde genau analysiert und bewertet. Schließlich entschloss man sich und gab den Startschuss. Der Vertrieb wurde in China aktiv, der Einkauf baute eine Abteilung auf. Ein großes Lager wurde eingerichtet. Der Vorstand zögerte jedoch, einen Verantwortlichen für das Chinageschäft zu benennen, der alle Aktivitäten hätte koordinieren können. Die einzelnen Funktionen wurden nun in China aktiv, aber die Koordination, die Abstimmung fehlte. Die Verantwortlichen mussten sich immer zusammenfinden, um ihre Aktivitäten abzustimmen. Das Ergebnis war, dass der Sturm auf China zu langsam erfolgte. Der lokale Wettbewerb konnte sich auf die Attacke einstellen und Gegenmaßnahmen ergreifen. Die Fahrradfabrik AG erwirtschaftete mit diesem China-Abenteuer einen hohen Verlust und musste es einstellen.

Sun Tzu betont, dass es wichtig ist, den Zusammenhalt der eigenen Mannschaft zu kennen und zu erhalten: »Folgende Prinzipien musst du beachten, wenn du fremdes Territorium betrittst: Je tiefer du eindringst, desto größer ist die Solidarität unter deinen Männern und desto schwerer fällt es deinen Gegnern, sich zu verteidigen. Unternimm Streifzüge in fruchtbare Landstriche, um deine Armee mit Proviant zu versorgen. Sorge für das Wohlergehen deiner Männer und fordere nicht zu viel von ihnen. Konzentriere deine Energie und spare deine Kräfte. Halte deine Armee ständig in Bewegung und verfolge undurchschaubare Strategien.« (XI. 20–22)

Sun Tzu ist ein gewiefter Taktiker: Wenn das Team erste Erfolge verbuchen kann, schweißt das zusammen. Das Team wird eine verschworene Gemeinschaft, der nichts mehr unmöglich scheint. Nun muss der Manager eher bedächtig bremsen. Er muss dafür sorgen, dass die Mitarbeiter auch entspannen, sich Ruhe gönnen. Sie müssen fit bleiben und dürfen sich nicht übernehmen. Gefragt ist die Fürsorgepflicht des Managers. Mitarbeiter wird man immer dann begeistern, wenn man sich im richtigen Maß um sie kümmert. Ein Manager ist gut beraten, in die Gruppe der Mitarbeiter, die direkt mit ihm zusammenarbeiten, nur so viele aufzunehmen, wie er auch betreuen kann. Er muss sie mit Namen ansprechen können, muss ihre Schwächen und Stärken kennen. Er muss seine Mitarbeiter mit »Nahrung versorgen«, er muss sich um ihre (beruflichen) Lebensbedingungen kümmern.

Auch wenn der Versuch der Fahrradfabrik AG, in China Fuß zu fassen, kläglich gescheitert war, so erbrachte diese Aktion doch ein Egebnis. Der Einkauf hatte sich in China etabliert und zuverlässige Lieferanten gefunden. Er hatte ihre Qualität überprüft und in langwierigen und aufwändigen Aktionen dafür gesorgt, die Qualität zu erhöhen und auf dem gewünschten Niveau zu stabilisieren. Dies war für die Mitarbeiter eine harte Zeit, und so manches Wochenende mussten sie arbeiten, um zu einem guten Ergebnis zu kommen. Jeden Freitagabend lud der Einkaufschef alle Mitarbeiter zum Abendessen ein. Hinterher saß man noch lange beim Bier zusammen und unterhielt sich. Der Chef erhielt einen direkten Überblick über die Probleme des täglichen Arbeitslebens. Die Mitarbeiter wurden allein durch das Interesse des Chefs aufgebaut. Sie hatten den Eindruck, nicht allein zu stehen. Und so arbeiteten sie eisern weiter. Der Einsatz lohnte sich. Heute hat ein Fahrrad der Fahrradfabrik AG einen Zukaufanteil aus China in Höhe von ca. 30 Prozent. Die Kostensenkung betrug für diesen Teil fast 40 Prozent. Das bedeutete immerhin eine Gesamtkostensenkung von 12 Prozent. Die Abendessen hatten sich mehr als bezahlt gemacht.

Es gibt natürlich auch Situationen, in denen der Kampf nicht so positiv verläuft, in denen das Team stark angegriffen wird. Hier gibt Sun Tzu den folgenden Ratschlag: »Bringe deine Soldaten in Situationen, aus denen es kein Entrinnen gibt; so werden sie um ihr Leben kämpfen, anstatt zu fliehen. Sobald sie dem Tod ins Antlitz blicken, gibt es nichts, was sie nicht erreichen können. Offiziere und Soldaten werden ihr Äußerstes geben. Sobald die Soldaten sich in einer hoffnungslosen Lage befinden, verlieren sie jegliche Furcht. Sobald es kein Entrinnen gibt, halten sie eisern die Stellung. Auf feindlichem Boden zeigen sie größte Standhaftigkeit. Wenn sie auf keine Hilfe hoffen können, kämpfen sie verbissen. Auch ohne Ermahnung werden die Soldaten stets wachsam sein; auch ohne Aufforderung werden sie tun, was du von ihnen erwartest; auch ohne Sanktionen werden sie dir treu dienen; auch ohne Befehle kannst du ihnen vertrauen.« (XI. 23–25)

Diese Situation ist mit dem Wirtschaftsgeschehen gut vergleichbar. Da ist zum einen die Erfahrung, dass Mitarbeiter in besonders schwierigen Situationen auch besondere Leistungen erbringen, vielleicht nach dem Motto: »Denen werden wir es aber zeigen.« Solch ein Ausdruck bedeutet Kraft und Verzweiflung gleichermaßen. Aber auch diese Einstellung wird nur zum Erfolg führen, wenn sie zielorientiert geleitet wird. Der Manager ist notwendig, der die Richtung angeben kann. Beeindruckend ist es aber immer wieder, wie Mitarbeiter ihr Unternehmen, das in Konkurs gegangen ist (häufig aufgrund von Managementfehlern), mit großem Einsatz zu retten versuchen. Sie verzichten auf Einkommen, investieren ihre Freizeit, kümmern sich um Aufgaben, die ihnen vorher gleichgültig waren. Sie bringen übergroßen Einsatz. Auch hier ist aber erneut festzustellen: Sie werden nur erfolgreich sein, wenn jemand die Managementfunktion gekonnt übernimmt. In solchen Fällen ist dies häufig der Konkursverwalter.

Druck kann also durchaus motivationsverstärkend wirken. Der Manager muss jedoch in der Lage sein, den Druck auch rechtzeitig wieder zu reduzieren. Selbst der beste Mitarbeiter kann nicht unter permanentem Druck arbeiten. Irgendwann lässt die Energie nach, nimmt die Frustration des Mitarbeiters zu, die Leistung geht zurück; und er kündigt schließlich (innerlich oder tatsächlich). Solche Situationen verlangen vom Manager besonders viel Sensibilität. Er benötigt entsprechende Ruhe und Ausgeglichenheit, um auf die Mitarbeiter einwirken zu können. Aber gerade der Manager steht in solchen schwierigen Situationen vermutlich unter ebenso viel, wenn nicht unter noch größerem Druck. Er wird beweisen müssen, ob er diesem Druck standhalten und den Mitarbeitern eine Aufbruchsstimmung vermitteln kann. Notwendig für den Manager ist die sichere und belastbare Verankerung in der eigenen Organisation. Mitarbeiter, die aus altehrwürdigen Firmen mit langer Tradition kommen, haben es in solchen Fällen einfacher als Mitarbeiter von kleineren und jüngeren Unternehmen. Sie können sich nicht auf die Tradition, auf den Namen des Unternehmens stützen.

In der Fahrradfabrik AG bekam ein junger Manager den Auftrag, einen Zulieferbetrieb zu kaufen. Der junge Mann stellte sich ein Team von Experten zusammen. Sie saßen tagelang zusammen, um ein Konzept zu erarbeiten, wie sie vorgehen wollten. Endlich waren sie so weit. Am nächsten Tag sollten die Verhandlungen mit dem Unternehmen beginnen. Der junge Manager rief das Team zusammen, um sich ein letztes Mal abzustimmen, da merkte er, dass alle sehr nervös waren. Sie fieberten ihrer Aufgabe entgegen, hatten aber auch Angst vor dem Ungewissen, das auf sie zukommen könnte. Doch als sie sich alle am nächsten Morgen am Flughafen trafen, waren sie ausgeschlafen und fit. Nun ging es los, und nichts konnte sie erschüttern. Sie waren die Profis.

Der Feldherr als Machiavellist

Es liegt am Feldherren. Immer wieder greift Sun Tzu diese Idee auf, und er schont sich dabei nicht. Schließlich ist er der Feldherr. »In der Kriegsführung ist es vielmehr erforderlich, einen gemeinsamen Standard des Mutes zu etablieren. Aus den günstigen und den ungünstigen geografischen Bedingungen musst du stets das Beste machen. Der erfahrene Heerführer führt seine Armee mit fester Hand, als wäre sie ein Mann.« (XI. 32–34) So weit, so gut. Dies entspricht auch modernen Managementgrundsätzen.

Aber Sun Tzu beleuchtet auch noch eine andere Seite der Kriegsführung, die seinen manipulativen Umgang mit Informationen betrifft: »Der Heerführer muss verschwiegen sein, damit seine Absichten verborgen bleiben; er muss standhaft und gerecht sein, damit seine Männer ihm gehorchen. Er muss es verstehen, die Augen und Ohren seiner Offiziere und Soldaten zu täuschen, damit sie keine Kenntnis von seinen Plänen erhalten. Er muss seine Handlungen und Pläne fortlaufend ändern, damit sich der Feind keinen Reim darauf machen kann. Indem er sein Lager wechselt und verschlungene Wege geht, hindert er den Feind daran, seine Absichten zu erkennen. [...] Er führt seine Männer tief in feindliches Land, bevor er seinen Plan enthüllt. [...] so treibt er seine Männer hierhin und dorthin, und niemand kennt das Ziel.« (XI. 35–39)

Viele Jahrhunderte nach ihm gab es einen anderen Politiker und Autor, der diese Auffassungen teilte, sie pflegte, entwickelte und darüber schrieb: Machiavelli.

Gibt es auch hier für uns Übertragbares? Sun Tzu deutet an, dass sich der Manager nicht vor unangenehmen Aufgaben drücken kann. Er wird Mitarbeiter tadeln müssen, er wird Mitarbeiter entlassen müssen. Je schneller, konkreter und objektiver er dies macht, desto mehr Akzeptanz findet er auch bei den verbleibenden Mitarbeitern. Ein Krieg fordert Opfer. Eine wirtschaftliche Auseinandersetzung wird auch Verlierer haben. Dazu können Entlassene, Arbeitslose durchaus gehören. Vielleicht ist der Manager in Krisensituationen gut beraten, den Mitarbeitern nicht die volle Wahrheit zu sagen, um sie nicht zu demotivieren, um ihnen nicht die Aussichtslosigkeit zu zeigen. Ein Fragezeichen ist hinter diese Empfehlung sicherlich zu setzen.

Im Krieg gibt es keinen Schmusekurs

Der Feldherr und der Manager haben die Befehlsgewalt. Im Krieg kann es keinen Schmusekurs geben. Im Konfliktfall zählt nur der Befehl, die Anweisung. Sun Tzu sagt: »Ein kriegerischer Fürst muss die folgenden Prinzipien beachten: Greifst du einen mächtigen Staat an, so verhindere, dass der Feind seine Kräfte sammeln kann. Schüchtere deine Gegner ein, damit sie sich nicht gegen dich verbünden. Versuche weder, dich mit benachbarten Herrschern zu verbünden, noch, sie zu stärken. Verfolge stattdessen deine geheimen Pläne und schüchtere deine Gegner ein. So bist du in der Lage, ihre Städte zu erobern und ihre Reiche zu stürzen. Belohne ohne Regel und befehle ohne System. So kannst du eine Armee führen, als wäre sie ein Mann. Lenke deine Männer mit deinem Handeln, aber enthülle ihnen nicht deine Pläne; konfrontiere sie mit der Gefahr, aber verrate ihnen nicht den Nutzen. Wirf sie in eine auswegslose Situation, und sie werden überleben. Stürze sie in Verzweiflung, und sie werden sich retten. Denn erst, wenn eine Armee in Not ist, ist sie in der Lage, den entscheidenden Sieg zu erringen.« (XI. 53–59)

Wieder fällt die Interpretation nicht sehr leicht. Die Vorbereitung ist zu Ende, der Aufmarsch der Heere vorbei. Nun befindet man sich mitten im Krieg. Nun geht es um das schnelle Handeln, um das mehr oder weniger intuitive Handeln. Nun fließt Blut.

In einer solchen Situation sind vermutlich fast alle Mittel recht. Es ist gleichgültig, welche Pläne noch gestern bestanden. Macht der Feldherr heute einen neuen Vorschlag, so wird man diesem folgen, um am Leben zu bleiben. Sie kämpfen mit dem Mut und der Macht von Verzweifelten. Eines ist dabei klar: Der Manager benötigt die Autorität. Diese Autorität erhält er nicht in Krisenzeiten, er muss sie sich bereits vorher erworben haben und kann sie in Krisenzeiten nur verstärken. Er gibt die Anweisungen, denen gefolgt werden muss. Dann gibt es kein Wenn und Aber. Er trägt die Verantwortung, damit hat er auch das Recht und die Pflicht, Anweisungen zu geben. Der Manager ist gut beraten, auf Rat und Vorschläge zu hören, sie in seine Maßnahmen einfließen zu lassen. Aber er hat die Autorität des Handelns.

Erlesenes zu: Details, Autorität

Die großen Dinge kannst du auch sehen, wenn du ein Auge geschlossen hast. Aber halte beide Augen weit offen für die kleinen Dinge. Die kleinen Dinge markieren die große Trennlinie zwischen Erfolg und Versagen.
Jacob M. Braude

Man bewältigt ein Gebirge und man stolpert über einen Stein.
Gertrud von Le Fort (1876–1971), deutsche Dichterin

Menschen stolpern nicht über Berge, sondern über Maulwurfshügel.
Konfuzius (551–479 v. Chr.), chinesischer Philosoph

Je mehr ein General von seinen Truppen zu fordern gewohnt ist, desto besser werden seine Forderungen erfüllt werden.
Carl von Clausewitz (1780-1831), preußischer General und Militärtheoretiker

Der springende Punkt ist, ob man Autorität HAT oder eine Autorität IST.
Erich Fromm (1900–1980), amerikanischer Psychoanalytiker deutscher Herkunft

Wirkungsvolle Autorität beruht nicht auf Privilegien, sondern auf mehr Wissen, Einsatz und Energie.
Cyril Northcote Parkinson (1909–1993), britischer Historiker und Publizist

Was ein hohes C ist, bestimme ich.
Placido Domingo (*1941), spanischer Sänger (Tenor)

Feuer als Angriffswaffe

火攻篇

Das zwölfte Gebot:
Bei der Anwendung extremer Mittel ist besondere Vorsicht geboten

- Feuer als letzte Hoffnung
- Wie und wann man Feuer einsetzen kann
- Der wichtigste Grundsatz: Sichere zuerst das eigene Unternehmen
- *Erlesenes* zum Thema Image

Die nächsten beiden Kapitel gehen detailliert auf die Kriegsführung der damaligen Zeit ein. Das zwölfte Kapitel ist überschrieben mit »Angriff durch Feuer«. Es beschäftigt sich also mit der Frage, wann Aggression eingesetzt werden soll und welcher Waffeneinsatz dabei Erfolg verspricht. Manche Manager zündeln natürlich auch gern, sie legen im übertragenen Sinne Feuer. Heute heißt das meist, mit aggressiven Mitteln den Ruf, das Image eines Konkurrenten anzugreifen. Das kann die gleiche Wirklungen haben wie echtes Feuer: Es kann vernichten, das eigene und das konkurrierende Unternehmen.

Feuer als letzte Hoffnung

Man sollte meinen, Feuer als Angriffsmittel sei das letzte Mittel einer Auseinandersetzung. Feuer vernichtet rigoros. Auch Sun Tzu rät dazu, achtsam abzuwägen, bevor man den Frieden des Reiches gefährdet. Er sieht aber auch eine Rechtfertigung für den Einsatz von Feuer und untergliedert die Möglichkeiten, die ein Feuerangriff bietet. Sun Tzu sagt: »Es gibt fünf Arten, mit Feuer anzugreifen. Die erste ist, die Soldaten in ihrem Lager zu verbrennen; die zweite ist, ihre Vorräte zu verbrennen; die dritte, ihre Gepäckzüge zu verbrennen; die vierte, ihre Arsenale zu verbrennen; die fünfte, Feuer zwischen die feindlichen Reihen zu werfen.« (XII. 1)

Wie kann man sich das als Manager übersetzen? Wie können Manager auf Mitarbeiter des Konkurrenten einwirken? Die einfachste Interpretation ist wohl, dass Mitarbeiter abgeworben werden können. Dann sind sie für den Konkurrenten »verbrannt«, nicht mehr existent. Eigene Mitarbeiter kann man verbrennen, wenn man sie in aussichtslose Kämpfe schickt, wenn man ihnen Aufgaben gibt, die sie nicht lösen können.

Wie ist das, wenn Vorräte verbrennen? Vielleicht sind dies die Produkte des Konkurrenten, die nicht mehr absetzbar sind, sozusagen verramscht werden müssen. Unter »Tross« könnten wir Stabsabteilungen verstehen. Und wenn sie verbrennen, dann könnte dies bedeuten, dass der Einkauf nicht mehr funktioniert, dass die Buchhaltung fehlerhaft arbeitet, dass die Strategieabteilung keine Ideen mehr hat. »Waffenlager« sind vielleicht die Kunden, die man dem Konkurrenten abspenstig macht, und »Transportmittel« vielleicht die Kapitalausstattung, die sich verflüchtigt.

Natürlich kann man auch im Wirtschaftsleben Feuer einsetzen, kann man zündeln, kann man einen Flächenbrand auslösen. Das sind Begriffe, die man sich in einem solchen Zusammenhang vorstellen kann. Es gibt Unternehmen, die gegeneinander mit allen Mitteln gekämpft haben, also das Feuer angewendet haben. Dieser Einsatz des letzten aller Mittel ist sicher nicht der beste Weg. Es ist auch nur schwer vorstellbar, dass es bei einer solchen Auseinandersetzung noch Sieger gibt.

Man könnte an die Kämpfe zwischen Coca-Cola und PepsiCo denken, man könnte auch an das harte Ringen zwischen Adidas und Puma erinnert werden. Man kann an die vielfältigen Aktivitäten im Rahmen der Fusion von HP und Compaq denken.

Hier die HP-Compaq-Story: Im September 2001 gab Hewlett-Packard bekannt, sich den Erzrivalen Compaq einverleiben zu wollen. Das war schon eine Überraschung, weil sich beide Konzerne auf der Erfolgsleiter sahen. Compaq verdaute gerade die Übernahmen von Tandem und Digital, HP gab sich aggressiv im Servergeschäft und beim Aufbau neuer Serviceabteilungen. Beide Unternehmen hatten bisher das strategische Ziel verfolgt, ins hochwertige Geschäft von Services und Systemintegrationen einzusteigen. Beide waren damit aber bisher nicht erfolgreich gewesen. Dann erfolgte der gut vorbereitete

Coup: Die beiden Partner wollten damit den Rivalen IBM bedrängen. Die Kritiker befürchteten hingegen einen Riesenflop. Außerdem stellte die Fusion überraschenderweise eine Kehrtwende in der bisherigen Strategie dar. Die Befürworter der Fusion betonten, dass allein die Größe des neuen Konzerns den Erfolg garantiere. Man könnte Kunden zusammenführen, doppelt besetzte Abteilungen der Verwaltung reduzieren, gemeinsam einkaufen. Spätestens als sich der HP-Erbe Walter Hewlett eindeutig gegen die Fusion aussprach, entbrannte der Konflikt. Seine Sorge galt vor allem dem profitablen Druckergeschäft, das schon jetzt manche Verluste in anderen Segmenten decken musste. Er nahm an, dass noch mehr Verluste im Rahmen der Fusion gedeckt werden müssten und damit die gesicherten Einkünfte aus den HP-Aktien bald ganz verschwinden würden. Daraus ergab sich dann ein selbst für amerikanische Verhältnisse beispielloser Wahlkampf um die Stimmen der Anteilseigner. Dieser wurde nach dem Muster der Wahlkampfauftritte von Politikern inszeniert: Riesenetats standen für Marketing- und Anzeigenkampagnen zur Verfügung. Die Protagonisten traten auf Wahlkampfveranstaltungen auf. Experten äußerten sich dafür und dagegen, Fernsehdebatten in allen wichtigen Talkshows waren an der Tagesordnung. Die investierten Beträge für den Stimmenfang sprechen eine deutliche Sprache: Walter Hewlett soll 32 Millionen Dollar bereitgestellt haben, HP etwa 150 Millionen Dollar. Zum Vergleich: Der demokratische Präsidentschaftskandidat Al Gore konnte im letzten Wahlkampf über 120 Millionen Dollar verfügen, sein Gegner und der spätere Sieger, der Republikaner George W. Bush, konnte 186 Millionen Dollar investieren.

Es fand kein Austausch von Argumenten statt, sondern einen Fokussierung auf die beiden Kontrahenten, wie in der Politik eben üblich. Carly Fiorina, in der Rolle einer wildentschlossenen Macherin, gegen Walter Hewlett, in der Rolle eines aufrechten Millionärs und Verteidigers der Unternehmenskultur. Während sich die beiden duellierten, fand insbesondere bei Compaq eine immense Mitarbeiterabwanderung statt.

Die Stimmabgabe erfolgte, Fiorina verkündete auf einer Pressekonferenz ihren »schmalen, aber ausreichenden« Sieg. Beide Parteien haben nicht nur mit dem Feuer gespielt, sondern es auch eingesetzt. Der Ruf war jedenfalls ruiniert. Nun muss das verbrannte Feld wieder bestellt werden.

Wie und wann man Feuer einsetzen kann

Vielleicht haben die Akteure beim Spiel mit dem Feuer die Regeln nicht berücksichtigt, die Sun Tzu gibt: »Wenn du mit Feuer angreifst, solltest du dich auf fünf mögliche Entwicklungen vorbereiten: (1) Bricht Feuer im Lager des Feindes aus, so antworte sofort mit einem Angriff von außen. (2) Bricht Feuer aus und bleibt der Feind ruhig, so greife nicht an, sondern warte ab. (3) Haben die Flammen ihren Höhepunkt erreicht, so greife an, wenn es dir möglich ist, und warte ansonsten ab. (4) Ist es dir möglich, von außen mit Feuer anzugreifen, so warte nicht, bis es von innen ausbricht, sondern wähle einen günstigen Augenblick für deinen Angriff. (5) Lege das Feuer von der Windseite aus. Greife nicht gegen den Wind an.« (XII. 5–9)

Sun Tzu legt mit diesen Ratschlägen und Maßnahmen das Vorgehen fest. Manches klingt sehr logisch. Ja, wenn der Kontrahent damit beschäftigt ist, die höchsten Flammen in seinem Lager zu löschen, kann man gut angreifen. Und weiterhin: Legst du Feuer, so lege es so, dass es dich nicht auch erwischt und vernichtet, also greife mit dem Wind an und nicht gegen den Wind.

Wie auch immer, wenn man einen Konkurrenten angreifen will, egal mit welchen Methoden, sind einige grundlegende Überlegungen von großer Wichtigkeit: »Bewege dich nur, wenn es dir einen Nutzen bringt; setze deine Truppen nur ein, wenn du etwas gewinnen kannst; kämpfe nur, wenn es die Situation erfordert. Kein Herrscher sollte seine Truppen zu seinem Vergnügen ins Feld schicken; kein Heerführer sollte nur aus einer Laune heraus Schlachten schlagen. Ist es zu deinem Vorteil, so rücke aus. Ansonsten bleibe, wo du bist. Aus Ärger kann Freude, aus Wut Zufriedenheit werden. Aber ein zerstörtes Reich kann nicht wiedererstehen; und ein Toter wird nicht wieder lebendig. Deshalb ist der weise Heerführer achtsam und der erfahrene Heerführer vorsichtig. So bleibt der Frieden des Reiches gewahrt und seine Armee unversehrt.« (XII. 17–22)

Jeder Unternehmensführer wird sich bei einem solchen Kampf ganz besonders sorgfältig vorbereiten müssen. Da steht zuerst die Vision. Passt das geplante Vorgehen, das Legen des Feuers, zur Vision?

Wenn man diese Frage beantworten kann, und nur dann, sollte man sich mit den Zielen beschäftigen. Welches meiner Ziele kann ich durch das Feuer erreichen? Verspricht der Einsatz von Feuer einen besonderen Vorteil? Gibt es auch andere Möglichkeiten, dieses Ziel zu erreichen? Wenn es andere Möglichkeiten gibt, sollte man diese nutzen. Das Feuer ist das letzte Mittel.

Wenn sich der Manager entschließt, Feuer einzusetzen, sollte er eine Risikoanalyse vornehmen. Welche Risiken entstehen durch den Einsatz des Feuers? Welchen Schaden kann das eigene Unternehmen davontragen? Sind die Risiken zu hoch, sollte man die Finger davon lassen.

In der Fahrradfabrik AG wurde ein neuer Abteilungsleiter berufen. Er kam aus den USA, hatte den Ruf, ein Sanierer zu sein. Er sollte den Gewinn seiner Abteilung verdoppeln. Ein anspruchsvolles Ziel. Was tun? Kosten senken, mehr Umsatz, mehr Produktivität, nur noch ergebnisträchtige Aufträge akzeptieren. Er war noch keine zwei Monate im Amt, da hatte er so viele Änderungen veranlasst, dass die ganze Abteilung Kopf stand. Viele erfahrene Mitarbeiter waren versetzt worden, Arbeitsgruppen aufgelöst, auch Entlassungen ausgesprochen. Leider stellte sich nicht das gewünschte Ergebnis ein. Der Umsatz brach ein, weil sich die Mitarbeiter nicht mehr auf die Kunden konzentrierten, sondern versuchten, mit den Unruhen im Unternehmen zurechtzukommen. Die Kosten stiegen, weil viele Abfindungen gezahlt wurden. Der Gewinn schrumpfte als Folgeerscheinung. Nach einem Jahr wurde der Abteilungsleiter selbst entlassen. Er hatte ein Feuer entfacht, das auch die eigene Division und schließlich ihn selbst erreichte und verschlang.

Der wichtigste Grundsatz: Sichere zuerst das eigene Unternehmen

Was kann einen Manager veranlassen, eine Feuerschlacht zu entfachen? Hoffentlich sind es wichtige Gründe. Nur wenn er überzeugt ist, dass es sich lohnt, wenn er erkennt, dass das Ergebnis die Kosten und die Mühen übersteigt, sollte er mit dem Zündeln beginnen. Und vor allem muss er dafür sorgen, dass sein Unternehmen keinen Schaden erleidet.

In der Geschichte von Unternehmen gibt es eine berühmte Auseinandersetzung, die in die Kategorie »Feuersturm« fällt – das ist die Schlacht zwischen den Giganten Coca-Cola und PepsiCo.

Hier die Cola-Geschichte: Coca-Cola war zuerst auf dem Markt und beliebt. Jeder wollte Cola. Cola stand für ein Image, für eine Lebenseinstellung. Coca-Cola hatte eine unangefochtene Marktposition und erwirtschaftete ein gutes Ergebnis. Damit betraten viele Nachahmer den Markt, die ihren Teil von dem Kuchen wollten. Der bekannteste und erfolgreichste Herausforderer war Pepsi-Cola. Das Getränk ist Coca-Cola sehr ähnlich, trotzdem blieb Coca-Cola weiterhin unangefochten die Nummer eins unter den Soft Drinks.

Mit dem zweiten Platz waren die Pepsi-Macher aber nicht zufrieden und begannen den Krieg. Sie versuchten Pepsi ein Image zu geben, das die Jugend ansprechen sollte, und prägten das Schlagwort von der »Pepsi-Generation«. Damit erhob Pepsi Anspruch auf die gesamte Jugend Amerikas. Zusätzlich drehte Pepsi einen sehr erfolgreichen Werbespot mit Michael Jackson. In der Tat holte Pepsi auf, und Coca-Cola musste sich verteidigen. Auch dieses Unternehmen investierte in Werbespots und positionierte sich mit dem Slogan »It's the real thing«. Doch Pepsi wurde eine noch gefährlichere Konkurrenz, als man Pepsi-Cola in 1-Liter-Flaschen abfüllte und in der Anfangszeit für 5 Cent verkaufte. Daraus entstand ein neues Marktsegment, der Preiskrieg begann. Aber Pepsi hatte immer noch ein schlechteres Image, es galt als Getränk zweiter Klasse. Viele Amerikaner bevorzugten nach wie vor Coca-Cola.

1985 brach der Kampf in Moskau aus. Coca-Cola positionierte sich in Moskau, wo bisher nur Pepsi vertreten war. Pepsi setzte auf eine neue Kampagne: Pepsi wird blau. Die gesamte Aufmachung änderte sich, das Logo wurde modernisiert und der Untergrund blau. Die Idee hinter dieser Änderung war psychologisch fundiert und sollte den Cola-Trinkern eine Botschaft vermitteln: Die Vergangenheit (der Kalte Krieg, die Sowjetherrschaft) ist rot (die Farbe von Coca-Cola), die Zukunft dagegen ist blau (die Farbe von Pepsi). Wieder konnte Pepsi aufholen, Coca-Cola aber nicht erreichen. Immer häufiger machte man sich politische Gelegenheiten zunutze. So verschenkte Coca-Cola 1989 anlässlich des Mauerfalls Sechser-Packs seines Getränks.

Auch anderswo ging es hoch her: Coca-Cola wurde in Guatemala wegen Menschenrechtsverletzung angeklagt. Hinter der Aktion vermutete man als Drahtzieher Pepsi-Manager. Es kam zu Mordanschlägen und einem Aufstand. Coca-Cola beteuerte, nichts damit zu tun zu haben. Coca-Cola überließ schließlich Pepsi das Gebiet, weil man einen allgemeinen Imageverlust befürchtete. Doch auch der Konkurrent konnte sich nicht lange freuen: Pepsi wurde von vielen boykottiert (Coca-Cola schießt zurück) und zog sich schließlich zurück.

In anderen Ländern kam es ebenfalls zu moralischen und politischen Problemen. Viele Regierungen empfanden die »Machtübernahme« durch Coca-Cola als eine Politik der Hegemonie. Der Konkurrenzkampf der beiden Unternehmen verstärkte dies. Der geräuschlose Aufbau eines Marktes war kaum mehr möglich.

Eine weitere Runde im Kampf wurde durch den Vergiftungsskandal in Belgien ausgelöst, der Coca-Cola betraf; in einem Abfüllbetrieb gerieten Verschmutzungen in die Flaschen. Nun konnte Pepsi enorm zulegen, aber auch andere Marken konnten Marktanteile erobern.

Gekämpft wird auch um die Präsenz im Weißen Haus: John F. Kennedy war ein Coke-Präsident, ebenso Lyndon B. Johnson. Dagegen machte Richard Nixon der Firma Kummer. Durch Spendengelder der Konkurrenz angetrieben, wechselte er nach seinem Wahlsieg die Automaten im Weißen Haus aus. Nun zog Pepsi ins Weiße Haus ein.

Es stellt sich die Frage, ob sich der permanente Krieg, um den es in den letzten Jahren ruhiger geworden ist, wirklich gelohnt hat. Coca-Cola hatte einmal Marktanteile um 80 Prozent, heute dürfte der

Marktanteil auf 50 Prozent gefallen sein. Pepsi hatte einmal an die 2 Prozent und hat jetzt vielleicht 10 Prozent erreicht. Gewonnen haben die Dritten, die sich an der Schlacht nicht beteiligt haben, aber ihren Marktanteil erheblich ausdehnen konnten. Das Feuer hat also beiden Konkurrenten geschadet und Dritten genutzt – die Risiken waren also falsch eingeschätzt worden.

Erlesenes zum Thema Image

Jeder, der einen anderen schlechter macht, wird es dadurch selbst.
Lucius Annaeus Seneca (4 v. Chr.-65 n. Chr.), römischer Dichter und philosophischer Schriftsteller

Der gute Ruf geht weit, aber der schlimme geht noch viel weiter.
Aus Serbien

Man kann auf Dauer Produkte nur verkaufen, wenn man einen guten Ruf hat.
Alfred Herrhausen (1930–1989), deutscher Bankfachmann, Vorstandsmitglied und seit 1988 Vorstandssprecher der Deutschen Bank

Das ist die Gefahr bei einem guten Image: Wer glaubt, ich bin seit dreißig Jahren der Erste, also bleibe ich's, der liegt falsch.
Eberhard von Kuenheim (*1928), deutscher Manager, 1970–1993 Vorstandsvorsitzender, 1993–1999 Aufsichtsratsvorsitzender der BMW AG

Der Einsatz von Spionen

用間篇

Das dreizehnte Gebot:
Vermeide langwierige und teure Schlachten durch Informationsvorsprung

- Die reale Welt von Spionen
- Über die unterschiedlichen Arten von Spionen
- *Erlesenes* zum Thema Information

Eingebung, Erfahrung und Analyse des Feldherrn müssen ergänzt werden durch gezielte Informationspolitik: Beschaffung von Informationen über den Gegner sowie gezielte Fehlinformation des Gegners. Für Sun Tzu ist deshalb der Einsatz von Spionen ein wichtiger Teil der Kriegskunst. Er weiß, dass die Informationsbeschaffung von großer Wichtigkeit ist, ein Informationsvorsprung ausschlaggebend für den Sieg. Er setzt Spione ein, und er weiß, dass sich auch unter seinen Offizieren und Soldaten Spione befinden. Vermutlich weist er deshalb auch immer wieder darauf hin, mit den eigenen Strategien vorsichtig umzugehen (siehe elftes Gebot). Sie sollen keine zu große Öffentlichkeit, auch nicht im eigenen Unternehmen, erhalten. Werden Strategien und Maßnahmen vorzeitig bekannt, sind sie natürlich wertlos.

Die reale Welt von Spionen

Ebenso selbstverständlich ist der Einsatz von Spionen in wirtschaftlichen Auseinandersetzungen. Jeder Manager wird sich darüber im Klaren sein, dass in jedem Unternehmen Spione der Konkurrenz sitzen. Mitarbeiter wechseln von einem Unternehmen zum anderen und nehmen ihr Wissen mit. Manchmal sind die Manager an dieser Form von Spionage selbst schuld. Und nach dem Ende des Kalten Krieges scheint Industriespionage sogar eine neue Blüte erfahren zu haben.

Ein besonders beeindruckendes Beispiele ist die Affäre um die ostfriesische Firma Enercon: Dieses Unternehmen ist spezialisiert auf die

Konzeption und den Bau von Windmühlen. Vor ungefähr einem Jahrzehnt war es gelungen, mit der E-40 eine Windmühle zu präsentieren, die der Konkurrenz technisch um Jahre voraus war. Die Anlage wurde zum Verkaufsschlager. 1994 wollte Enercon auch auf dem US-Markt Fuß fassen. Die Firma akquirierte mit einigem Erfolg; doch noch ehe das Geschäft abgeschlossen werden konnte, erhielt die Geschäftsleitung eine gerichtliche Vorladung. Das Unternehmen wurde wegen Patentverletzung angeklagt. Dieser Klage war von der amerikanischen Konkurrenz, der Firma Kenetech Windpower Inc., angestrengt worden. Bei der Verhandlung stellte sich heraus, dass die eingereichten Patentunterlagen von Enercon stammten. Das amerikanische Unternehmen hatte sich die Unterlagen durch Spionage beschafft. Der Manager von Enercon konnte sogar bei Gericht den Spitzelbericht einsehen, aus dem hervorging, wie Kenetech an das Material gekommen war. Nun begann ein langwieriger Rechtsstreit vor amerikanischen Gerichten. Der amerikanischen Konkurrenzfirma Kenetech, die sich gegen Enercon nur mit Spionage zu wehren wusste, überlebte dieses Verfahren zwar nicht und musste Konkurs anmelden. Aber auch Enercon verlor auf der ganzen Linie: Einen Tag nach der Einleitung des Konkursverfahren wurde in Washington das Urteil im Patentschutzverfahren gegen Enercon verkündet: Wegen der Gefahr einer Patentverletzung verhängten die Richter ein generelles Importverbot für Enercon, gültig bis zum Jahr 2010. Bis heute hat die Firma durch die Spionage Umsatzverluste von 100 Millionen Mark erlitten. Besonders brisant ist diese Geschichte, weil auch der amerikanische Nachrichtendienst NSA bei der Beschaffung von Material mitgewirkt haben soll.

Weitere Beispiele: 1994 hat das europäische Unternehmen Airbus nur deshalb einen Sechs-Milliarden-Mark-Auftrag aus Saudi-Arabien nicht bekommen, weil der amerikanische Erzkonkurrent Schützenhilfe vom amerikanischen Geheimdienst bekam. Dieser holte angeblich alle Faxe und Telefonate zwischen Airbus und den Saudis aus dem Äther und gab die Informationen an Boeing weiter. Somit war es für Boeing ein Leichtes, den Saudis ein günstigeres Angebot zu unterbreiten.

Oder: 1995, bei den Genfer Verhandlungen über Autoexporte aus den USA nach Japan, soll die Hotelsuite der japanischen Handelsdelegation abgehört worden sein. Jeden Morgen habe der US-Verhandlungsführer quasi zum Frühstück die nächtlichen Beratungsergebnisse der japanischen Seite serviert bekommen. Die betroffenen Unternehmen selbst wollten sich zu den Vorfällen nicht mehr äußern.

Oder: In Japan wurden vor kurzem drei ehemalige Mitarbeiter eines großen Luftfahrtunternehmens wegen des Verdachts auf Industriespionage verhaftet. Die Angestellten der NEC Toshiba Space System Co. waren angeblich in Rechner der National Space Development Agency of Japan eingedrungen, um dort Daten über die Entwicklung neuer Satelliten zu entwenden.

Die Beispiele könnten noch fortgesetzt werden.

Für Sun Tzu jedenfalls war Spionage von höchster Bedeutung. Einen entsprechend hohen Stellenwert hatten Spione für ihn. Und er zeigte sich bereit, sie nach erfolgreicher Arbeit großzügig zu entlohnen. Er begründet folgendermaßen: »Eine Armee von hunderttausend Mann zusammenzustellen und sie über große Entfernungen marschieren zu lassen kostet viele Menschenleben und belastet die Staatskasse. Die täglichen Ausgaben belaufen sich auf tausend Silberunzen. Innerhalb und außerhalb des Reiches herrscht Unruhe, Männer bleiben erschöpft am Wegesrand liegen, und siebenhunderttausend Familien können ihre Arbeit nicht verrichten. Die befeindeten Armeen stehen sich möglicherweise jahrelang gegenüber, bis schließlich ein einziger Tag über Sieg oder Niederlage entscheidet. Wer in dieser Situation mit Belohnungen von hundert Silberunzen geizt und keine Erkundungen über den Feind anstellt, zeigt größte Unmenschlichkeit. Wer so handelt, kann weder Männer führen noch seinem Herrscher eine Hilfe sein oder Siege erringen.« (XIII. 1–3)

Über die unterschiedlichen Arten von Spionen

Sun Tzu lehrt, dass das Wissen über den Feind, die Information darüber, was dieser plant, von größter Wichtigkeit ist, ja ausschlaggebend für Kampf und Sieg. Er hatte kein Internet, keine Consultingunternehmen, keine Wirtschaftsverbände. Er konnte sich Informationen nur durch Spione beschaffen.

Sun Tzu bietet dabei eine sehr interessante Aufteilung in fünf Arten von Spionen. Er unterscheidet lokale Spione, innere Spione, übergelaufene Spione, todgeweihte Spione und überlebende Spione.

»Lokale Spione sind Spione unter der feindlichen Bevölkerung. Innere Spione sind unsere Spione unter den feindlichen Offizieren.« (XIII. 9/10) Es geht Sun Tzu hier um Informationen über Land und Leute, über Gelände und Wetter, über Mentalitäten und Eigenheiten. Diese Informationen dienen der Entscheidungsvorbereitung. In der Wirtschaft würde man das nicht als Spionage ansehen, viele der Informationen sind frei zugänglich. Eine gründliche Internet-Recherche ersetzt heute fast die »inneren Spione«. Und dennoch braucht man auch Kontaktleute in einem Land und Staat, um Beziehungen aufzubauen. Ein Unternehmen agiert am erfolgreichsten, wenn es Teil des Landes und der Region wird. Dies erreicht man am besten, wenn man in diesem Land, in dieser Region ein Beziehungsgeflecht aufbaut. Es reicht vom einfachen Mitarbeiter bis zum Bürgermeister oder Staatspräsidenten.

»Übergelaufene Spione sind feindliche Spione, die wir enttarnen und für unsere Zwecke nutzen.« (XIII. 11) Sun Tzu weiß, dass Spione unter den eigenen Soldaten tätig sind. Einige hat er enttarnt und sie umgedreht. Nun arbeiten sie für ihn oder sind Doppelagenten. Auch heute noch gibt es viele solche Doppelagenten, und manche von ihnen sind allgemein bekannt. Man hat einen Mitarbeiter, von dem man weiß, dass er gute Beziehungen zur Konkurrenz hat. Diese nutzt man, offen oder geheim. »Erfahrungsaustausche« der unterschiedlichsten Art zwischen Firmen (wobei auch solche Kanäle genutzt werden) sind üblich. Einer dieser Kanäle ist sogar institutionalisiert – die Beratungsfirmen. Teil ihre Attraktivität ist die Kenntnis von vielen unterschiedlichen Unternehmensstrukturen. Gibt man nun einem solchen Beratungsunternehmen die Aufgabe, eine Marketingstrategie zu erarbeiten, so gehen natürlich die Erkenntnisse über den Markt und die anderen Marktteilnehmer in diese Studie ein. Der Auftraggeber profitiert zwar von dieser Tatsache. Es ist jedoch gleichzeitig auch sein Dilemma, denn er muss davon ausgehen, dass die Erfahrungen, die die Berater in seiner Firma gemacht haben, in irgendeiner Form auch in Studien für andere Unternehmen eingehen. Die Verpflichtung zur Geheimhaltung scheint nur eine schicke Klausel zu sein, denn wer wollte die Grenze ziehen. Dies sind eben die Schwierigkeiten, die man mit Doppelagenten hat.

»Todgeweihte Spione sind feindliche Spione in unseren Reihen, die wir bewusst mit falschen Informationen versorgen, damit sie diese an den Feind weiterleiten.« (XIII. 12) Hier spricht Sun Tzu von gezielter Desinformation, indem er Informationen lanciert.

»Überlebende Spione sind Rückkehrer aus dem feindlichen Lager.« (XIII. 13) Dies können Mitarbeiter sein, die vom Konkurrenten kommen und nun im eigenen Unternehmen arbeiten. Der Wechsel von Mitarbeitern zwischen Unternehmen findet heute permanent statt. Mitarbeiter nehmen das wichtigste Gut mit, das sie haben: ihre Erfahrungen. Es gibt keine Untersuchung, keine Studie, die beziffern könnte, was diese Art von »Spionage« die Unternehmen kostet. Es könnte um beträchtliche Werte gehen. Will man diese »Spionage« unterbinden, muss man versuchen, das eigene Unternehmen möglichst attraktiv zu machen, sodass keine eigenen Mitarbeiter abwandern, Mitarbeiter von anderen Unternehmen aber gern wechseln. So kann man immer neue Wissensquellen erschließen und immer neues Wissen gezielt ins eigene Unternehmen einfließen lassen.

Sun Tzu sagt: »Ziel des Einsatzes aller dieser fünf Klassen von Spionen ist es, Kenntnisse über den Feind zu erlangen. Die zentrale Rolle spielt dabei der übergelaufene Spion. Deshalb müssen wir den übergelaufenen Spion mit der allergrößten Sorgfalt behandeln.« (XIII. 25)

Die Manager der Fahrradfabrik AG hatten es geschafft, ein sehr positives Betriebsklima aufzubauen. Ihre Mitarbeiter waren stolz, dem Unternehmen anzugehören. Das Ergebnis war, dass es kaum Mitarbeiter gab, die zu anderen Unternehmen wechseln wollten, und selbst Headhunter hatten nicht viel Erfolg. Das Gehalt stimmte, die Arbeitsmöglichkeiten waren optimal, es herrschte ein Klima von Kreativität und Aufbruchsstimmung. Bald bemerkte man in der Personalabteilung, dass sich viele Mitarbeiter von Konkurrenzunternehmen bewarben. Aus dieser Situation heraus entwickelte man einen Plan. Man suchte gezielt Mitarbeiter aus, die in Abteilungen gearbeitet hatten, die über ein Wissen verfügten, das man gern im eigenen Unternehmen verstärkt hätte. So kamen einige Entwicklungsingenieure in die Forschungsabteilung. Sie brachten ihr Wissen und ihre Erfahrung mit. Ihnen war es damit auch indirekt zu verdanken, dass die Fahrradfabrik AG als erstes Fahrradunternehmen eine verschleißfreie Nabe entwickeln konnte. Auch in der Vertriebsabteilung stellte man Mitarbeiter der Konkurrenz ein und erhielt damit Wissen über das Preisniveau und über die Kundenstruktur der Konkurrenz.

Zielgerichtete Beschaffung von Wissen ist die Basis für den Erfolg. Es geht darum, auf welchem Weg man sich diese Informationen beschafft. Je attraktiver ein Unternehmen ist, desto mehr Wissen wird dem Unternehmen angeboten. Die Schlussfolgerung ist einfach: Der Manager kümmert sich um das eigene Unternehmen, sorgt für die besten Arbeitsbedingungen, gibt seinen Mitarbeitern entsprechend kreative Freiheiten, dann wird sein Unternehmen auch für Mitarbeiter anderer Unternehmen attraktiv. Spione werden ihm sozusagen auf dem Silbertablett serviert.

Erlesenes zum Thema Information

Wenn einzelne Experten Recht haben, wird Information zum strategischen Rohstoff, ohne den Staaten und Volkswirtschaften sich nicht mehr steuern, ohne den sie letztlich nicht mehr existieren können.
Edzard Reuter (*1928), deutscher Manager, 1987–95 Vorstandsvorsitzender, 1995–96 Aufsichtsratsmitglied der Daimler-Benz AG

Werden wir richtig informiert? Ich übertreibe nicht, wenn ich be-

haupte, dass von der Antwort auf diese Frage die Zukunft der menschlichen Gesellschaft abhängt.
Arnold Joseph Toynbee (1889–1975), britischer Historiker, Kulturtheoretiker und Geschichtsphilosoph

Der Erfolgreichste im Leben ist der, der am besten informiert wird.
Benjamin Disraeli (1804-1881), britischer Politiker und Schriftsteller, 1868 und 1874–80 Premierminister

Ein Gramm Information wiegt schwerer als tausend Tonnen Meinung.
Gerd Bacher (*1925), österreichischer Journalist

Nachwort

Nun haben Sie sich mit Sun Tzu beschäftigt und für sich sicher die Frage beantwortet, was man heute als Manager von Sun Tzu lernen kann. Viele Ratschläge kamen Ihnen vermutlich bekannt vor. Im Folgenden soll die Lehre Sun Tzus noch einmal in Thesen zusammengefasst werden – in angepasster, modernisierter Form.

Bevor die 13 ewigen Gebote der Strategie angewandt werden können, müssen drei Voraussetzungen erfüllt sein, die den Handlungsspielraum des Managers bestimmen. Sind diese drei Voraussetzungen nicht gegeben, sollte er den Job besser gar nicht erst antreten:

- **Er braucht einen Auftrag** (vom Unternehmer). In West Point hat jeder Kadett gelernt, dass jeder Krieg einer Kriegserklärung bedarf. Die Regierung eines Staates muss sie abgeben und ihren Feldherren dann entsprechende Aufträge erteilen. Und in jedem Unternehmen benötigt auch der Manager einen klar formulierten Geschäftsführungsauftrag. Diesen erteilen Aktionäre, Aufsichtsrat, Vorstand und alle weiteren Vorgesetzten. Ohne Auftrag wird der beste Heerführer keine Schlacht schlagen können. Ohne Geschäftsführungsauftrag kann der Manager nicht erfolgreich agieren.
- **Er muss über umfassenden Zugang zu Informationen verfügen.** Sun Tzu geht immer wieder darauf ein, dass die Informationen die wichtigste Voraussetzung für eine Entscheidung sind. Je umfassender die Informationen, desto besser die Entscheidungen. Für den Manager sollte es oberste Pflicht sein, ausreichende Aufmerksamkeit und seine Initiative auf die Beschaffung und Auswertungen von Informationen zu richten.

- Er muss im Rahmen seines Auftrags frei handeln können. Der Manager muss in der Lage sein, seine Handlungsoptionen selbst zu bestimmen. Dazu gehört auch, dass er die Möglichkeit hat, sich die notwendigen Ressourcen zu beschaffen.

Diese drei Voraussetzungen bilden die Basis für das erfolgreiche Handeln des Managers. Fassen wir die Aussagen von Sun Tzu zusammen, so finden wir darüber hinaus fünf Faktoren aktiven Managements, die für den Erfolg eines Managers entscheidend sind:

- Der Manager muss dafür sorgen, dass er und sein Unternehmen richtig positioniert sind. Da er dies nicht allein kann, wird der Erfolg von seiner Führung abhängen. Gute Führung macht attraktiv. Die besten Mitarbeiter kommen zu image- und führungsstarken Unternehmen.
- Der Manager muss mit Informationen angemessen umgehen können. Wer benötigt welche Informationen? Welche Informationen benötigt man selbst? *Information Network* hätte bereits zu Sun Tzus Zeiten ein Schlagwort sein können. Ein solches Netzwerk zu errichten und einzusetzen erfordert Führungsqualität.
- Im Verantwortungsbereich des Managers dürfen keine gravierenden Fehler gemacht werden. Die Erfahrung des Managers garantiert die entsprechende Arbeitsqualität der Mitarbeiter.
- Weiterhin ist Zeitmanagement notwendig. Oder sagen wir einfach, auch ein Manager muss Geduld aufbringen – für viele Manager ist das eine der schwierigsten Aufgaben. Das betrifft insbesondere die Vorbereitung. Es ist nicht gut, zu schnell zu entscheiden; es ist allerdings auch nicht gut, zu langsam zu entscheiden. Der richtige Zeitpunkt ist wichtig. Geduld kann man als Manager nur ausleben, wenn die Mitarbeiter dies auch verstehen und nicht nervös werden. Führungsqualität ist auch dafür die Basis.
- Und der Manager benötigt schließlich große Verschwiegenheit. Sie ist die Ergänzung zum Informationsmanagement. Der Lieferant, der Kunde, der Konkurrent, ja selbst der Mitarbeiter dürfen oder müssen nicht alle Pläne kennen. Auch hierzu benötigt man verständnisvolle Mitarbeiter. Führungsqualität ist die Grundlage.

Der Manager hat also einen Auftrag erhalten, der sich in Visionen und langfristige Ziele des Unternehmens einordnet. Er verfügt über die notwendigen Informationen und kann im Rahmen seines Auftrages frei handeln. Nun kommt es darauf an, dass er die ewigen Gebote der Strategie erfolgreich anwendet.

Das erste Gebot für Manager: Gründliche Vorbereitungen sind das A und O des Erfolgs.

Der Manager hat eine Aufgabe, ein Problem zu lösen. Die Lösung heißt für ihn nicht losschlagen, sondern zunächst nachdenken. Er verschafft sich ein differenziertes Bild der Ausgangslage und trifft dann seine Entscheidungen. Er entwickelt zu dem Problem, zu der Aufgabe eine Vision, unterteilt sie in Ziele und lässt sich an Meilensteinen messen. Von Meilenstein zu Meilenstein löst er das Problem.

Das zweite Gebot für Manager: Ein kluger Umgang mit Ressourcen verhilft zum Sieg.

Ein Manager allein kann keine Auseinandersetzung gewinnen. Der Manager muss dafür sorgen, die richtige Qualität und Quantität an Kompetenz bereitzustellen. Er stellt eine entsprechende Organisation auf und sorgt für die richtige Einstellung und Motivation. Die Ressourcen müssen stimmen, sonst braucht man den Kampf gar nicht zu beginnen.

Das dritte Gebot für Manager: Die richtige Strategie verhilft der Vision zum Sieg.

Der Manager arbeitet planvoll, also strategisch im Hinblick auf das langfristige Ziel. Es geht um die Ordnung des Geistes. So gelingt es ihm, die eigenen Stärken strategisch einzusetzen und den richtigen Zeitpunkt für die Auseinandersetzung zu bestimmen. Der Manager muss den logischen Ablauf des Geschehens vor sich sehen.

Das vierte Gebot für Manager:
Die siegreiche Taktik vermeidet Fehler und schließt Risiken aus.

Auf der Grundlage komplexer Strategien entwickelt der Manager taktische Schachzüge. Er darf dabei allerdings nicht im Denken stecken bleiben, sondern muss die Umsetzung konsequent betreiben. Deshalb ist es wichtig, dass er zum einen ein Denker ist, zum anderen aber auch zum Macher wird. Sein Denken muss Wirkung zeigen.

Das fünfte Gebot für Manager:
Mit Methode und guten Manövern wird der Sieg errungen.

Jeder Manager, der Erfolg haben will, benötigt engagierte Mitarbeiter. Die Fähigkeit zur Umsetzung dieser Einsicht ist die wichtigste Begabung des Managers. Überlegene Führungsfähigkeiten und situativ eingesetzte Führungsmethoden sind die Garantie dafür, dass die besten Mitarbeiter gern mit ihm arbeiten und ihr Potenzial voll entfalten. Um diese Mitarbeiter wird er sich kümmern, denn er weiß: Der Mitarbeiter, das wichtigste Kapital des Managers, will gepflegt werden.

Das sechste Gebot für Manager:
Wer die Bedingungen der Auseinandersetzung bestimmt, wird Sieger sein.

Der Manager benötigt für seine Entscheidungen Wissen und Informationen. Dieses Wissen erhält er von Kollegen, Mitarbeitern, Nachbarn, Konkurrenten, von seinem Netzwerk. Auf diese Weise kann er Ort, Zeit und Art der Auseinandersetzung bestimmen. Wer die Initiative behält, der Erste ist, seine Kräfte konzentriert und die Schwächen des Gegners angreift, der wird siegreich sein.

Das siebte Gebot für Manager: Wer siegen will, muss taktische Manöver beherrschen und Mut zur Veränderung haben.

Alles, was erstarrt, schadet der Entwicklung. Das bedeutet, dass der Manager selbst Lust auf und Mut zur Veränderung haben muss. Nur dann kann er seine Mitarbeiter motivieren. Er muss sich die Freiheit des Geistes bewahren und damit auch neuen Ideen gegenüber offen bleiben. Nur dann wird es ihm gelingen, neuen Herausforderungen mit taktischem Geschick zu begegnen – statt mit eingefahrenen Verhaltensmustern.

Das achte Gebot für Manager: Die Fähigkeit zur situationsabhängigen Entscheidung und sorgfältiges Fehlermanagement bringen entscheidende Vorteile.

Der überlegene Manager wird schnell initiativ, wenn sich Situationen ändern, statt nur zu reagieren. Er übernimmt Verantwortung für seine Leistungen und seine Fehler. Fehler werden gemacht, auch vom besten Manager. Aber ein entsprechendes Fehlermanagement hilft, Fehler zu reduzieren, und schafft Lernchancen für die Zukunft.

Das neunte Gebot für Manager: Der Manager strebt nach aufmerksamer und vorbildlicher Führung, die motiviert.

Führen und Motivieren sind wie Zwillinge. Sie treten immer gemeinsam auf. Der geschickte Führer wird die besten Leute um sich scharen und für ihre Ausbildung und Entwicklung sorgen. Sie werden für den Manager durchs Feuer gehen. Dann hat er ein Team, das Berge versetzen kann.

Das zehnte Gebot für Manager: Der Manager behält die Bodenhaftung.

Der Manager darf nicht abheben. Erfolg ist gut. Steigt der Erfolg aber zu Kopf, wird er zum gefährlichen Bumerang. Manager sind gut beraten, wenn sie eine Prise Demut behalten. Nicht sie allein sind die großen Macher, sondern viele andere haben Anteil an ihrem Erfolg. Der gute Manager hat den Erfolg nur organisiert.

Das elfte Gebot für Manager: Die Managerpersönlichkeit bewährt sich in der praktischen Auseinandersetzung.

Managementwissen ist das eine, das unabdingbar durch das andere – die überzeugenden Führungsfähigkeiten – ergänzt werden muss. Persönliche Ausstrahlung und Autorität können nur in der praktischen Auseinandersetzung wachsen. Sonst bleibt man auf halbem Wege stehen. Jede entsprechend verarbeitete Erfahrung ist in diesem Sinne gut.

Das zwölfte Gebot für Manager: Der Manager sichert zuerst das eigene Unternehmen. Er greift nur an, wenn es sich rentiert.

Der beste Sieg ist der, der ohne Schlacht errungen wird. Vor allem ist zuerst das eigene Unternehmen zu sichern. Der Kampf, die offene Auseinandersetzung mit aggressiven Mitteln, sollte nur erwägt werden, wenn sie Erfolg verspricht. Der Manager wird sich niemals leichtfertig in einen Konflikt hineinreißen lassen.

Das dreizehnte Gebot für Manager: Mit Informationsvorsprung vermeidet er teure Schlachten.

Der Manager sorgt für die Attraktivität des Unternehmens. Damit wird es offen für neue Anregungen, neues Wissen. So bewerben sich stets neue Mitarbeiter, die dieses Wissen vermehren und weiterentwickeln und so für die Stärke des Unternehmens sorgen.

Danksagung

Dieses Buch beruht auf vielen Erfahrungen. Ich habe besonders von Vorbildern in dem Unternehmen, in dem ich arbeite, profitiert. Diesen möchte ich danken. Sie haben einen wichtigen Beitrag zu diesem Buch geleistet.

Ich möchte mich des Weiteren bei Frau Kroker, der Programmleiterin des Campus Verlags, und Herrn Dr. Meier, dem Lektor dieses Buches, bedanken. Sie haben maßgeblich die Konzeption des Buches unterstützt.

Anhang

孙子兵法

Sun Tzu: Die Kunst des Krieges –
der Text des Originals

I. Planung

1. Sun Tzu sagt: Die Kriegskunst ist für den Staat von entscheidender Bedeutung.
2. Sie entscheidet über Leben und Tod, sie bringt Sicherheit oder Zerfall. Mit ihr müssen wir uns notgedrungen befassen.
3. Sie ist von fünf Faktoren bestimmt, die wir in unseren Überlegungen berücksichtigen müssen, wenn wir die Lage auf dem Schlachtfeld richtig beurteilen wollen:
4. Moralisches Recht, Himmel, Erde, Führung und Methode.

5./6. Das moralische Recht bringt die Soldaten dazu, ihren Vorgesetzten bedingungslos zu folgen und dabei keine Gefahr zu scheuen.

7. Himmel bedeutet Tag und Nacht, Wärme und Kälte, Wetter und Jahreszeit.
8. Erde bedeutet Nähe und Ferne, Gefahr und Sicherheit, Enge und Weite, Leben und Tod.
9. Führung bedeutet Weisheit, Aufrichtigkeit, Wohlwollen, Mut und Strenge.
10. Methode umfasst die hierarchische Strukturierung der Armee, die Unterhaltung der Nachschublinien und die Kontrolle der militärischen Ausgaben.
11. Mit diesen fünf Faktoren muss jeder Heerführer vertraut sein; wer mit ihnen vertraut ist, wird siegen; wer nicht mit ihnen vertraut ist, wird verlieren.
12. Beurteile die militärische Lage zweier Kriegsparteien, indem du auf der Grundlage dieser fünf Faktoren fragst:
13. (1) Welcher der beiden Herrscher hat das moralische Gesetz auf seiner Seite?
    (2) Welcher Heerführer verfügt über die besseren Fähigkeiten?
    (3) Wessen Stellung wird durch Himmel und Erde begünstigt?
    (4) Auf welcher Seite herrscht strengere Disziplin?
    (5) Welche Armee ist stärker?
    (6) Auf welcher Seite sind Offiziere und Soldaten besser trainiert?
    (7) In welcher Armee werden Belohnung und Bestrafung konsequenter praktiziert?
14. Anhand dieser sieben Kriterien kann ich Sieg und Niederlage voraussehen.
15. Ein Heerführer, der nach meinen Ratschlägen handelt, wird siegen. Belasse ihn in seiner Funktion. Ein Heerführer, der meine Ratschläge ignoriert, muss verlieren. Entlasse ihn.
16. Höre auf meinen Rat und nutze darüber hinaus jeden glücklichen Umstand, der sich dir bietet.
17. Sei bereit, deinen Plan entsprechend zu ändern.

18. Alle Kriegskunst ist List und Täuschung.
19. Bist du stark, so stelle dich schwach. Bewegst du dich, so täusche Untätigkeit vor. Bist du fern, so tue so, als seiest du nah, und bist du nah, so erzeuge den Eindruck, als seiest du fern.
20. Lege Köder aus, um den Feind in die Irre zu führen. Täusche Unordnung vor, um ihn zu schlagen.
21. Ist der Feind rundherum unangreifbar, so bereite dich auf ihn vor. Ist er stark, so weiche ihm aus.
22. Ist er aufbrausend, so zermürbe ihn. Ist er zurückhaltend, so verführe ihn zum Übermut.
23. Lasse dem Feind keine Ruhe. Spalte seine Armee.
24. Greife den Feind an, wo er ungeschützt ist. Bewege dich dorthin, wo er dich nicht erwartet.
25. Diese Strategie führt zum Sieg, denn sie bleibt für den Feind unberechenbar.
26. Wer vor dem Kriegsgeschehen viele Situationen in Gedanken durchspielt, hat gute Siegchancen. Wer wenige Situationen bedenkt, hat schlechte Siegchancen. Wer gedankenlos handelt, muss verlieren. Daran kann ich im Voraus erkennen, wer siegen und wer verlieren wird.

II. Krieg führen

1. Sun Tzu sagt: Um in den Krieg zu ziehen, benötigst du tausend leichte und tausend schwere Wagen, hunderttausend gepanzerte Soldaten und ausreichend Proviant für tausend Li. Die Ausgaben zu Hause und an der Front für Leim und Lack, für Wagen und Waffen summieren sich zu tausend Silberunzen täglich. So viel kostet der Unterhalt einer Armee von hunderttausend Mann.
2. Kommt es zum Kampf und lässt der Sieg auf sich warten, so stumpfen die Waffen ab und der Kampfgeist schwindet. Die Belagerung einer Stadt erschöpft die Kräfte des Belagerers.
3. Zieht sich der Kampf hin, so reichen die Ressourcen des Staates nicht aus.
4. Sobald die Waffen deiner Soldaten stumpf, ihr Kampfgeist geschwächt, deine Stärke zerronnen und dein Reichtum verbraucht ist, werden andere Herrscher deine Notlage ausnutzen. Gegen das, was dann folgt, gibt es weder Mittel noch Rat.

5./6. Eine überstürzte Kriegsführung ist manchmal von Nachteil, aber noch nie hat ein lang andauernder Krieg einem Staat genützt.

7. Nur wer mit den möglichen Folgen einer falschen Kriegsführung vertraut ist, kann von einer kriegerischen Auseinandersetzung profitieren.
8. Der erfahrene Heerführer rekrutiert nur einmal Soldaten und belädt seine Wagen höchstens zweimal mit Proviant.
9. Er bringt das Kriegsgerät von zu Hause mit, ernährt jedoch seine Soldaten von Feindesland. So hat die Armee stets ausreichend Proviant.
10. Sind die Staatskassen leer, so muss die Armee aus der Ferne unterhalten werden. Ein Unterhalt aus der Ferne jedoch bringt Armut über die Bevölkerung.
11. Wo aber die Armee ist, steigen die Preise, und der Besitz der Bevölkerung schwindet.
12. Dadurch bricht Not über die Bevölkerung herein.

13./14. Wenn dies geschieht, verliert die Bevölkerung sieben Zehntel ihres Einkommens, während der Staat für zerbrochene Wagen, verschlissene Pferde, Brustpanzer, Helme, Pfeile und Bogen, Hellebarden und Schilde, Speere und Schutzmäntel, Zugochsen und schwere Wagen sechs Zehntel seiner Gesamteinkünfte aufwenden muss.

15. Deshalb plündert ein kluger Heerführer in Feindesland. Eine Fuhre Proviant aus Feindesland ist so viel wert wie zwanzig eigene, ein Zentner Viehfutter aus Feindesland so viel wie zwanzig eigene.
16. Die Soldaten müssen Wut empfinden, damit sie die Feinde töten. Sie müssen Belohnungen erhalten, damit sie das Feindesland plündern.
17. Wurden also im Wagenkampf mehr als zehn Wagen erbeutet, so belohne diejenigen, die die ersten Wagen erbeuteten. Ersetze die feindlichen Flaggen durch deine eigenen und setze die Wagen gemeinsam mit deinen eigenen ein. Behandle die gefangenen Soldaten gut.
18. So wirst du stärker, indem du den Feind besiegst.
19. In der Kriegsführung zählt der rasche Sieg, nicht der zähe, lange Kampf.
20. Der Heerführer entscheidet also über das Schicksal seines Volkes. Von ihm hängt es ab, ob in seinem Staat Frieden oder Gefahr herrscht.

III. Angriffsstrategie

1. Sun Tzu sagt: Einen Staat zu erobern ist besser, als ihn zu vernichten; eine Armee zu erobern ist besser, als sie zu zerschlagen; ein Regiment, eine Kompanie oder eine Einheit zu erobern ist besser, als sie aufzureiben.
2. In hundert Schlachten hundert Siege zu erringen ist nicht der Weisheit letzter Schluss. Besser ist es, den feindlichen Widerstand ohne Kampf zu brechen.

3. Die höchste Stufe der Kriegskunst besteht darin, die Strategie des Feindes zu durchkreuzen; die zweitbeste ist es, ihn an der Zusammenziehung seiner Truppen zu hindern; an dritter Stelle steht der Angriff auf offenem Feld; die schlechteste Variante ist die Belagerung befestigter Städte.
4. Vermeide die Belagerung befestigter Städte, wenn irgend möglich. Die Vorbereitung von Barrikaden, beweglichen Unterständen, Geräten und Waffen erfordert nicht weniger als drei Monate. Das Aufschütten von Erdwällen gegen die Stadtmauern erfordert noch einmal drei Monate.
5. Der Heerführer, der sein Temperament nicht zu zügeln weiß, wird seine Leute wie Ameisen gegen die Stadt schicken, und ein Drittel von ihnen wird fallen, ohne dass die Stadt eingenommen wird.
6. Deshalb bezwingt der kluge Heerführer die Truppen des Feindes, ohne dass es zum Kampf kommt; er erobert seine Städte, ohne sie zu belagern; er stürzt sein Königreich ohne ausgedehnte Schlachten.
7. Ohne einen Mann zu verlieren, bezwingt er das feindliche Reich, sodass sein Triumph ungebrochen ist. Das muss das Ziel jeder Angriffsstrategie sein.
8. In der Kriegsführung gilt: Sind wir zehnmal so stark wie der Feind, so schließen wir ihn ein; sind wir fünfmal so stark, so greifen wir ihn an; sind wir doppelt so stark, so treiben wir einen Keil zwischen seine Reihen.
9. Sind wir gleich stark, können wir eine Schlacht anbieten; sind wir geringfügig schwächer, so können wir ihm ausweichen; können wir uns nicht mit ihm messen, so bleibt uns, vor ihm zu fliehen.
10. Zwar kann auch der Schwächere kämpfen, aber am Ende wird der Stärkere siegen.
11. Der Heerführer ist das Bollwerk des Staates. Bietet das Bollwerk rundum Schutz, so ist der Staat stark; hat das Bollwerk einen Spalt, so ist der Staat schwach.
12. Der Herrscher kann auf dreierlei Weise Unglück über seine Armee bringen:
13. (1) Indem er der Armee den Befehl zum Angriff oder zum Rückzug gibt, ohne zu wissen, dass sie den Befehl nicht befolgen kann. Damit legt er der Armee Fesseln an.
14. (2) Indem er sich in die administrativen Details der Armee einmischt, ohne mit ihren speziellen Umständen vertraut zu sein. Damit verwirrt er die Soldaten.
15. (3) Indem er sich in die taktische Kriegsführung einmischt, ohne mit dem Prinzip der Anpassung an die Situation vertraut zu sein. Damit erschüttert er das Vertrauen der Soldaten.
16. Ist die Armee aber verwirrt und ohne Vertrauen, so droht mit Sicherheit Unheil von benachbarten Herrschern. So hält Anarchie Einzug in die Armee, und die Siegchancen verflüchtigen sich.

17. Der Heerführer einer siegreichen Armee muss folglich fünf Voraussetzungen erfüllen:
(1) Er muss wissen, wann ein Kampf aussichtsreich ist und wann nicht.
(2) Er muss es verstehen, starke und schwache Kräfte optimal einzusetzen.
(3) Er muss alle Ränge seiner Armee auf ein Ziel einschwören.
(4) Er muss besser vorbereitet sein als der Feind.
(5) Er muss überragende militärische Fähigkeiten besitzen. Sein Herrscher muss ihm freie Hand gewähren.
18. Darum heißt es: Kennst du den Feind und dich selbst, so brauchst du dich nicht zu fürchten vor hundert Schlachten. Kennst du dich selbst, aber nicht den Feind, so halten sich Sieg und Niederlage die Waage. Kennst du weder den Feind noch dich selbst, so verlierst du jede Schlacht.

IV. Taktik

1. Sun Tzu sagt: Die guten Kämpfer von einst sorgten zuerst dafür, dass sie selbst unangreifbar waren, und warteten sodann auf die Gelegenheit, den Feind anzugreifen.
2. Die eigene Unangreifbarkeit liegt in unseren Händen, die Angreifbarkeit des Feindes liegt in den Händen des Feindes.
3. Der gute Kämpfer kann sich selbst unangreifbar machen, aber den Feind angreifbar zu machen liegt nicht in seiner Macht.
4. Darum heißt es: Es ist sehr wohl möglich, zu wissen, wie man erobert, ohne jedoch dazu imstande zu sein.
5. Wer nicht besiegt werden will, verteidigt sich. Wer siegen will, greift an.
6. Wer sich verteidigt, dessen Stärke reicht nicht zum Angriff; wer angreift, der hat Stärke im Überfluss.
7. Der weise Verteidiger zieht sich in die entlegensten Winkel der Erde zurück; der weise Angreifer schlägt von den höchsten Höhen des Himmels zu. Auf der einen Seite steht die Fähigkeit, sich selbst zu schützen, auf der anderen der ungeschmälerte Sieg.
8. Siegeschancen nur dort zu sehen, wo jedermann sie erkennen kann, ist nicht der Gipfel der Kriegskunst.
9. Sich auf Kämpfe und Siege zu beschränken, die den ungeteilten Beifall des ganzen Reiches erfahren, ist ebenfalls nicht der Gipfel der Kriegskunst.
10. Ein Härchen heben zu können zeugt noch nicht von Stärke; Sonne und Mond zu erkennen zeugt noch nicht von guter Sehkraft; den Donner zu hören ist noch nicht Ausweis eines feinen Gehörs.

11. Nach dem Verständnis der Alten erringt ein kluger Kämpfer seine Siege mit Leichtigkeit.
12. Folglich bringen ihm seine Siege weder den Ruhm der Weisheit noch des Mutes.
13. Er gewinnt seine Schlachten, indem er Fehler vermeidet. Indem er Fehler vermeidet, ist ihm der Sieg sicher, denn der Feind ist bereits zuvor geschlagen.
14. Der kluge Kämpfer bringt sich in eine unangreifbare Position und wartet sodann auf die Gelegenheit, den Feind zu schlagen.
15. Also ist es klug, den Kampf erst zu suchen, wenn der Sieg bereits errungen ist; unklug ist es, zuerst zu kämpfen, um anschließend den Sieg zu erringen.
16. Der kluge Heerführer hält sich an das moralische Gesetz und befolgt die methodischen Regeln; so liegt die Entscheidung über Sieg und Niederlage in seiner Hand.
17. Methode bedeutet erstens Messung; zweitens Berechnung; drittens Prognose; viertens Abwägung und fünftens Sieg.
18. Die Erde gebiert die Messung; die Messung die Berechnung; die Berechnung die Prognose; die Prognose die Abwägung und die Abwägung den Sieg.
19. Eine siegreiche Armee ist im Verhältnis zu einer unterlegenen Armee wie ein Pfund zu einem Gramm.
20. Der Vormarsch einer siegreichen Armee ist wie ein gewaltiger Wasserfall. So viel zur Taktik.

V. Stärke

1. Sun Tzu sagt: Die Führung einer großen Armee unterscheidet sich nicht von der einer kleinen Einheit. Es ist lediglich eine Frage der Aufteilung.
2. Eine große Armee im Kampf zu befehligen ist nichts anderes, als eine kleine Einheit zu befehligen. Es ist lediglich eine Frage der vereinbarten Zeichen und Signale.
3. Will eine Armee den Ansturm des Feindes unbeschadet überstehen, so muss sie direkte und indirekte Methoden einsetzen.
4. Will eine Armee über den Feind wie ein Mühlstein über ein Ei hereinfallen, muss sie die Methode der starken und schwachen Punkte beherrschen.
5. Im Kampf dient die direkte Methode dazu, die Kräfte zu vereinigen, und die indirekte, den Sieg zu erringen.
6. Die Schar der indirekten Methoden ist unendlich wie Himmel und Erde und

unerschöpflich wie die Flüsse und Meere. Sie enden und beginnen von neuem wie Sonne und Mond. Sie vergehen und entstehen wie die vier Jahreszeiten.

7. Es gibt nur fünf Töne, aber die Melodien, die sich aus ihnen kombinieren lassen, sind so zahlreich, dass wir sie niemals alle hören können.
8. Es gibt nur fünf Grundfarben (blau, gelb, rot, weiß, schwarz), aber die Muster, die sich aus ihnen kombinieren lassen, sind so zahlreich, dass wir sie niemals alle sehen können.
9. Es gibt nur fünf Geschmacksfaktoren (sauer, scharf, salzig, süß, bitter), aber die Geschmackseindrücke, die sich aus ihnen kombinieren lassen, sind so zahlreich, dass wir sie niemals alle schmecken können.
10. Im Kampf gibt es nur zwei Angriffsmethoden – die direkte und die indirekte; aber aus ihnen lassen sich unendlich viele Manöver kombinieren.
11. Die direkte und die indirekte Methode erzeugen sich gegenseitig. Sie bilden einen nicht endenden Kreis. Wer also könnte ihre Möglichkeiten jemals erschöpfen?
12. Ein reißender Fluss spült sogar Steine mit sich fort. So ist der Vormarsch der siegreichen Armee.
13. Ein Raubvogel stößt blitzschnell auf seine Beute herab, um sie zu vernichten. So trifft die siegreiche Armee ihre Entscheidungen.
14. Der erfahrene Kämpfer greift mit Macht an und trifft seine Entscheidungen in kürzester Zeit.
15. Stärke ist wie das Spannen der Armbrust, die Entscheidung wie die Betätigung des Abzugs.
16. Eine scheinbare Unordnung im Kampfgetümmel muss keineswegs auf echte Unordnung hinweisen; inmitten von Verirrung und Chaos mögen deine Reihen weder Anfang noch Ende haben und dennoch gegen die Niederlage schützen.
17. Simulierte Unordnung erfordert Disziplin, simulierte Angst Mut und simulierte Schwäche Stärke.
18. Die Tarnung von Disziplin hinter einem Anschein der Unordnung ist eine Frage der Unterteilung; die Tarnung von Mut hinter einer Maske der Angst setzt latente Kraftquellen voraus; die Tarnung von Stärke durch vermeintliche Schwäche erfordert Taktik.
19. Die hohe Kunst, den Feind zu lenken, besteht darin, ihn mit taktischen Manövern zu bestimmten Schritten zu verführen und ihm etwas anzubieten, nach dem er greifen muss.
20. Mit Ködern lockst du ihn dorthin, wo du ihn mit deinen Soldaten empfängst.
21. Der kluge Heerführer setzt auf geballte Stärke und fordert nicht zu viel

von den einzelnen Soldaten. Darum kann er die richtigen Männer auswählen und ihre geballte Stärke vorteilhaft einsetzen.

22. Diese geballte Stärke gleicht rollenden Baumstämmen und Felsen. Denn Stämme und Felsen bleiben in der Ebene ruhig liegen, aber sie bewegen sich auf dem Abhang. Sie bleiben liegen, wenn sie eckig sind, und rollen abwärts, wenn sie rund sind.
23. Die Stärke eines guten Kämpfers ist wie die Wucht runder Felsen, die von einem hohen Berg herabrollen. So viel zur Stärke.

VI. Starke und schwache Punkte

1. Sun Tzu sagt: Wer zuerst auf dem Schlachtfeld ist und den Feind erwartet, geht ausgeruht in den Kampf; wer zuletzt eintrifft und sich beeilen muss, geht erschöpft in den Kampf.
2. Deshalb zwingt der kluge Kämpfer dem Feind seinen Willen auf, aber er lässt nicht zu, dass dieser ihm seinen Willen aufzwingt.
3. Indem er ihm Köder auslegt, kann er ihn dazu verleiten, näher zu rücken; indem er ihm Schaden zufügt, kann er ihn fern halten.
4. Hat der Feind Muße, so kann er ihn stören; hat der Feind ausreichend Proviant, so kann er ihn aushungern; hat der Feind sein Lager aufgeschlagen, so kann er ihn weiterscheuchen.
5. Er taucht an Orten auf, die den Feind zur Eile zwingen; er rückt rasch zu Orten vor, an denen der Feind ihn nicht erwartet.
6. Eine Armee kann mühelos große Entfernungen zurücklegen, wenn sie durch Gegenden zieht, in denen der Feind nicht ist.
7. Du kannst dir des Erfolgs deiner Angriffe sicher sein, solange du den Feind nur dort angreifst, wo er ungeschützt ist. Deine Verteidigung ist nicht in Gefahr, solange du nur Stellungen verteidigst, die unangreifbar sind.
8. Der kluge Angreifer hält den Feind im Unklaren darüber, wo er sich verteidigen soll; der kluge Verteidiger lässt den Feind darüber im Unklaren, wo er angreifen kann.
9. Durch Täuschung verbergen wir unsere Absichten. Durch Heimlichkeit werden wir unhörbar. So liegen die Geschicke des Feindes in unserer Hand.
10. Unser Vormarsch ist unaufhaltsam, solange wir den Feind an seinen schwachen Punkten treffen; sind unsere Bewegungen schneller als die des Feindes, so können wir uns sicher zurückziehen.

11. Wünschen wir den Kampf, so können wir den Feind herausfordern, auch wenn er sich hinter hohen Wällen und tiefen Gräben verschanzt hat. Wir brauchen lediglich einen anderen Ort anzugreifen, zu dessen Verteidigung er ausrücken muss.
12. Wünschen wir nicht zu kämpfen, können wir den Feind daran hindern, uns anzugreifen, auch wenn unser Lager kaum befestigt ist. Wir brauchen ihm lediglich Hindernisse in den Weg zu legen.
13. Indem wir die Vorkehrungen des Feindes ergründen, aber selbst unsichtbar bleiben, können wir unsere Kräfte zusammenhalten, während der Feind die seinigen aufteilen muss.
14. Wir bleiben vereint, während der Feind sich verstreut. In der Begegnung sind wir stark und er schwach.
15. Und treten wir mit unserer Übermacht gegen ihn an, so ist es schlecht um ihn bestellt.
16. Der Ort, den wir für die Schlacht vorgesehen haben, sollte ihm verborgen bleiben, denn dann muss er sich auf verschiedene mögliche Schauplätze vorbereiten; er muss seine Kräfte vielfach aufteilen, und wir müssen stets nur gegen einen kleinen Feind kämpfen.
17. Denn wenn der Feind seine Kräfte vorn konzentriert, ist er hinten schwach; wenn er seine Kräfte hinten konzentriert, ist er vorn schwach; stärkt er seinen linken Flügel, ist er rechts schwach; stärkt er seinen rechten Flügel, ist er links schwach. Schickt er seine Truppen überallhin, ist er überall schwach.
18. Schwach ist derjenige, der sich gegen mögliche Angriffe wappnen muss. Stark ist derjenige, der den Feind zwingt, sich gegen ihn zu wappnen.
19. Kennen wir Ort und Zeit der bevorstehenden Schlacht, so können wir unsere Kräfte von überallher zusammenziehen.
20. Kennen wir weder Ort noch Zeit, dann kann der rechte Flügel nicht den linken stützen, der linke nicht den rechten, das vordere Ende nicht das rückwärtige und das rückwärtige nicht das vordere. Umso mehr, wenn die äußersten Truppenteile bis zu hundert Li und selbst die nächsten noch mehrere Li voneinander entfernt sind.
21. Wenngleich meiner Schätzung nach die Soldaten von Yue den unsrigen an Zahl überlegen sind, erhöhen sich darum noch nicht ihre Siegeschancen. Deshalb sage ich: Wir können sie besiegen.
22. Auch wenn der Feind zahlenmäßig stärker ist, können wir ihn daran hindern zu kämpfen. Wir müssen seine Pläne offen legen und seine Siegeschancen analysieren.
23. Wir müssen ihn provozieren und seine Reaktionsmuster kennen lernen. Wir müssen ihn zwingen, seine schwachen Punkte zu offenbaren.

24. Wir müssen seine Armee mit der unsrigen sorgfältig vergleichen, um die jeweiligen Stärken und Schwächen zu erkennen.
25. Die höchste taktische Kunst besteht darin, die eigenen Vorbereitungen so geheim zu halten, dass kein Spion und kein Verstand sie ergründen kann.
26. Solange wir unser Verhalten am Verhalten des Feindes ausrichten, wird der Feind unsere Taktik nicht erkennen.
27. Jedermann sieht, wie wir siegen, aber niemand kann voraussehen, wie wir den nächsten Sieg erringen werden.
28. Hat uns eine Taktik zu einem Sieg verholfen, so dürfen wir sie nicht wiederholen. Vielmehr sollten wir die Taktik stets neu an der Situation ausrichten.
29. Militärische Taktik ist wie das Wasser, das in seinem natürlichen Lauf die hohen Orte meidet und stets abwärts strebt.
30. Auch im Krieg gilt es, das Starke zu meiden und das Schwache anzugreifen.
31. Das Wasser bildet seinen Lauf je nach dem Grund, über den es fließt; der Kämpfer richtet seine Siegestaktik am Verhalten des Feindes aus.
32. Wie das Wasser seine Form nicht beibehält, so sind auch in der Kriegsführung keine zwei Situationen gleich.
33. Der geborene Heerführer versteht also zu siegen, indem er seine Taktik am Verhalten des Feindes ausrichtet.
34. Die fünf Elemente (Wasser, Feuer, Holz, Metall und Erde) sind nicht immer gleichermaßen gegenwärtig; die vier Jahreszeiten wechseln einander ab. Es gibt kurze und lange Tage; der Mond nimmt ab und wieder zu.

VII. Manöver

1. Sun Tzu sagt: Im Krieg erhält der Heerführer seine Befehle vom Herrscher des Staates.
2. Nachdem er seine Truppen versammelt hat, muss er deren verschiedene Elemente aufeinander abstimmen und zu einem Ganzen verbinden.
3. Anschließend muss er sich den taktischen Manövern zuwenden, der schwierigsten Aufgabe überhaupt. Dabei muss er Umweg in Abkürzung und Nachteil in Vorteil verwandeln.
4. Den Feind mit Ködern zu verleiten, einen Umweg zu machen, um selbst zwar später zu starten, aber früher am Ort des Geschehens zu sein, darin beweist sich die Kunst von Umweg und Abkürzung.
5. Taktische Manöver mit einer Armee sind einerseits vorteilhaft, andererseits gefährlich.

6. Rückt die gesamte Armee geschlossen vor, so wird die vorteilhafte Stellung möglicherweise zu spät erreicht. Rückt lediglich eine bewegliche Einheit vor, so verliert sie die Verbindung zum Versorgungstross.
7. Befehlen wir unseren Männern, die Lederpanzer einzurollen und Tag und Nacht zu marschieren, um das Doppelte der üblichen Strecke zurückzulegen und eine vorteilhafte Stellung hundert Li entfernt zu erreichen, so werden am Ende die Führer unserer drei Divisionen dem Feind in die Hände fallen.
8. Die kräftigeren Männer werden vorn marschieren, die schwächeren werden zurückfallen, und so wird lediglich der zehnte Teil der Armee das Ziel erreichen.
9. Wenn wir fünfzig Li marschieren, um den Feind auszumanövrieren, verlieren wir den Führer der ersten Division, und nur die Hälfte unserer Männer wird das Ziel erreichen.
10. Beträgt die Entfernung dreißig Li, so werden zwei Drittel der Männer das Ziel erreichen.
11. Die Armee ist verloren ohne ihren Versorgungstross; sie ist verloren ohne Proviant; sie ist verloren ohne Nachschub.
12. Wir können keine Bündnisse schließen, solange wir die Absichten unserer Nachbarn nicht kennen.
13. Wir können eine Armee nicht durch ein Land führen, mit dessen Gegebenheiten wir nicht vertraut sind – mit seinen Bergen und Wäldern, Gefahren und Unwegsamkeiten, Sümpfen und Morasten.
14. Ohne die Hilfe der lokalen Bevölkerung können wir von den Möglichkeiten der Geografie nicht profitieren.
15. Erfolgreiche Kriegsführung beruht auf Tarnung und Täuschung.
16. Die Situation muss entscheiden, ob wir unsere Truppen teilen oder versammeln.
17. Wir eilen wie der Wind oder marschieren gemessen wie der Wald.
18. Wir plündern wie das Feuer oder stehen still wie der Berg.
19. Unsere Pläne sind dunkel und undurchdringlich wie die Nacht, und unser Sturm ist wie der Donner.
20. Plündern wir eine Gegend, so teilen wir die Beute unter unseren Männern auf; erobern wir neues Gebiet, weisen wir jedem seinen Teil zu.
21. Jeden Schritt gilt es im Voraus gründlich zu erwägen.
22. Wer sich in der Kunst der langen und kurzen Wege auskennt, wird siegen. Das ist das Wesen des taktischen Manövers.
23. Im *Buch der Armeeführung* heißt es: Auf dem Schlachtfeld wird das gesprochene Wort nicht weit genug getragen – daher die Verwendung von Gongs und Trommeln. Auch lassen sich gewöhnliche Gegenstände nicht klar genug erkennen – daher die Verwendung von Bannern und Flaggen.

24. Mit Gongs und Trommeln, Bannern und Flaggen ist es möglich, die Aufmerksamkeit der Truppen auf einen bestimmten Punkt zu lenken.
25. Sind die Truppen in dieser Weise vereint, so kann weder der Mutige allein vorpreschen noch der Feige allein zurückbleiben. So lassen sich große Armeen lenken.
26. Verwende zur Nachtzeit Signalfeuer und Trommeln und am Tage Flaggen und Banner, um die Ohren und Augen deiner Männer zu beeinflussen.
27. Eine ganze Armee kann ihren Kampfgeist verlieren; ein Heerführer kann seine Besonnenheit verlieren.
28. Der Kampfgeist der Soldaten ist morgens am größten; um die Mittagszeit lässt er nach, und am Abend denken die Soldaten nur noch an die Rückkehr ins Lager.
29. Ein kluger Heerführer weicht dem Feind aus, wenn dessen Kampfgeist groß ist, und greift an, wenn der Feind müde ist und an die Heimkehr denkt. So tragen wir dem Kampfgeist Rechnung.
30. Mit Disziplin und Ruhe darauf zu warten, dass im feindlichen Lager Unordnung und Tumult ausbricht – das ist die Kunst der Besonnenheit.
31. Das Ziel zu erreichen, während der Feind noch fern ist, in Muße zu warten, während sich der Feind müht und plagt, sich gut zu ernähren, während der Feind hungert – darin zeigt sich der kluge Umgang mit den Kräften.
32. Einen Feind, dessen Banner in perfekter Ordnung sind, nicht aufzuhalten und eine Armee, die ruhig und zuversichtlich marschiert, nicht anzugreifen – das bedeutet, sich an die Situation anzupassen.
33. Eine militärische Regel lautet, den Feind nicht bergauf anzugreifen und sich ihm nicht in den Weg zu stellen, wenn er sich bergab bewegt.
34. Greife den Feind nicht an, solange er eine Flucht simuliert; greife keine Soldaten an, deren Kampfgeist groß ist.
35. Legt der Feind Köder aus, so beiße nicht an. Kehrt eine Armee nach Hause zurück, so halte sie nicht auf.
36. Umzingelst du eine Armee, so lasse einen Ausgang frei. Setze einen verzweifelten Feind nicht übermäßig unter Druck.

VIII. Taktische Varianten

1. Sun Tzu sagt: Im Krieg empfängt der Heerführer seine Befehle vom Herrscher; er versammelt seine Armee und konzentriert seine Kräfte.
2. Lagere nicht auf schwierigem Boden. Auf strategischem Boden schließe

dich mit deinen Verbündeten zusammen. Verweile nicht in isolierter Stellung. Bist du umzingelt, so verwende eine List. Bist du in einer ausweglosen Lage, so kämpfe.

3. Es gibt Straßen, die du nicht einschlagen, Armeen, die du nicht angreifen, Städte, die du nicht belagern, Stellungen, die du dem Feind nicht streitig machen, und Befehle des Herrschers, die du nicht befolgen solltest.
4. Der Heerführer, der die Vorteile einer variierten Taktik kennt, weiß seine Truppen zu führen.
5. Der Heerführer, der sie nicht kennt, mag noch so sehr mit der Geografie des Landes vertraut sein – er kann sein Wissen nicht umsetzen.
6. Mag einer auch die fünf Vorteile kennen – solange er die Kunst der variierten Taktik nicht beherrscht, vermag er seine Männer nicht optimal einzusetzen.
7. Deshalb bedenkt der erfahrene Heerführer Vorteile und Nachteile gleichermaßen.
8. Indem er die Vorteile bedenkt, macht er seinen Plan ausführbar; indem er die Nachteile bedenkt, vermeidet er mögliches Unheil.
9. Sind wir jedoch auch in der schwierigsten Situation bereit, mögliche Vorteile zu nutzen, so können wir uns womöglich aus dem größten Unglück befreien.
10. Halte feindliche Nachbarn in Schranken, indem du ihnen Schaden zufügst; halte sie beschäftigt, indem du ihnen Ärger bereitest; lege Köder aus, um sie zu lenken.
11. Die Kriegskunst lehrt uns, nicht darauf zu vertrauen, dass der Feind nicht kommt, sondern darauf, dass wir bereit sind, ihn zu empfangen; nicht auf die Chance, dass er nicht angreift, sondern darauf, dass wir unsere Stellung unangreifbar gemacht haben.
12. Fünf gefährliche Eigenschaften kann ein Heerführer haben:
    (1) Übermut, der Zerstörung bringt;
    (2) Feigheit, die in die Gefangenschaft führt;
    (3) hitziges Temperament, das leicht gekränkt ist;
    (4) Ehrgefühl, das zur Demut neigt;
    (5) Fürsorglichkeit für seine Soldaten, die ihn übervorsichtig macht.
13. Das sind die fünf Sünden eines Heerführers, die seine Eignung zunichte machen.
14. Wird eine Armee besiegt und ihr Heerführer getötet, so liegt der Grund mit Sicherheit in einer dieser fünf gefährlichen Eigenschaften. Darum ist es wichtig, sie zu bedenken.

IX. Die Armee auf dem Marsch

1. Sun Tzu sagt: Bezieht eine Armee Stellung gegenüber dem Feind, so gelten folgende Regeln: Überquere Berge zügig und suche die Nähe der Täler.
2. Schlage dein Lager auf erhöhtem, sonnigem Grund auf. Kämpfe niemals bergauf. So viel zur Kriegsführung in bergigem Gelände.
3. Entferne dich rasch von Flüssen, nachdem du sie durchquert hast.
4. Durchquert ein eindringender Feind bei seinem Vormarsch einen Fluss, solltest du ihn nicht in Flussmitte empfangen. Warte, bis die Hälfte seiner Armee den Fluss überquert hat, und greife dann an.
5. Willst du kämpfen, so solltest du den eindringenden Feind nicht in der Nähe eines Flusses empfangen, den er überqueren muss.
6. Schlage dein Lager auf erhöhtem, sonnigem Grund auf. Begegne dem Feind nicht stromaufwärts. So viel zur Kriegsführung in Flussnähe.
7. Durchquerst du Salzsümpfe, so beeile dich nach besten Kräften.
8. Triffst du in den Salzsümpfen auf den Feind, so solltest du dich in die Nähe von Wasser und Gras begeben, wo du Bäume im Rücken hast. So viel zur Kriegsführung in den Salzsümpfen.
9. Auf trockenem, ebenem Grund solltest du eine leicht zugängliche Stellung mit Erhebungen zur Rechten und im Rücken einnehmen, sodass die Gefahr vorn und die Sicherheit hinten liegt. So viel zur Kriegsführung auf ebenem Grund.
10. Diese vier militärischen Regeln ermöglichten es dem Gelben Kaiser, vier benachbarte Herrscher zu besiegen.
11. Alle Armeen bevorzugen hohe gegenüber tiefen Lagen und sonnige gegenüber schattigen Plätzen.
12. Wenn du deine Männer an sicheren und geschützten Orten lagern lässt, werden sie frei von zahlreichen Krankheiten sein, und du wirst siegen.
13. Kommst du zu Erhebungen oder Dämmen, so lagere an der sonnigen Seite, sodass sich die Steigung rechts hinter dir befindet. Davon profitieren deine Soldaten, und du kannst die Vorteile der geografischen Lage nutzen.
14. Ist infolge Regens ein Fluss, den du durchwaten willst, angestiegen, so musst du warten, bis sich der Pegel gesenkt hat.
15. Gegenden mit steilen Felsen und reißenden Bächen, tiefen Senken, natürlichen Sackgassen, undurchdringlichen Wäldern, Mooren und Spalten solltest du meiden oder schnellstmöglich verlassen.
16. Halten wir uns auch von solchen Orten fern, so sollten wir den Feind dorthin locken. Haben wir sie vor uns, so sollte der Feind sie im Rücken haben.
17. Befindet sich in der Nähe deines Lagers hügeliges Land, mit Wasserpflan-

zen umsäumte Teiche, grasbewachsene Senken oder Wälder mit dichtem Unterholz, so musst du sie sorgfältig durchsuchen; denn sie bieten sich als natürliche Hinterhalte und Verstecke für Spione an.

18. Ist der Feind in der Nähe und bleibt er ruhig, so vertraut er auf die natürliche Stärke seiner Stellung.
19. Hält er sich fern und versucht er einen Kampf zu provozieren, so will er, dass du vorrückst.
20. Ist seine Stellung leicht zugänglich, so legt er einen Köder aus.
21. Bewegungen zwischen den Bäumen eines Waldes zeigen, dass der Feind vorrückt. Sind in dichtem Gras viele Schilde zu sehen, so will er uns auf eine falsche Fährte locken.
22. Aufsteigende Vögel deuten auf einen Hinterhalt hin. Aufgeschrecktes Wild kündet von einem plötzlichen Angriff.
23. Eine hohe Staubsäule ist ein Zeichen für vorrückende Wagen; eine flache, ausgedehnte Staubwolke zeugt von vorrückender Infanterie. Schwebt der Staub in verschiedene Richtungen, so wurden Gruppen nach Feuerholz ausgesandt. Einzelne Staubwolken, die hin und her wandern, zeigen an, dass ein Lager aufgeschlagen wird.
24. Gedämpfte Worte und emsige Vorbereitungen deuten darauf hin, dass der Feind vorrücken wird. Heftige Worte und scheinbar vorwärts gerichtete Bewegung verraten einen Rückzug.
25. Erscheinen die leichten Wagen zuerst und besetzen sie die Flanken, so rüstet der Feind zur Schlacht.
26. Friedensangebote ohne substanziellen Vertrag deuten auf eine List hin.
27. Hektisches Gerenne und die Aufstellung der Soldaten in Reihen bedeuten, dass der entscheidende Augenblick gekommen ist.
28. Rücken die einen vor, während die anderen sich zurückziehen, so handelt es sich um eine List.
29. Stützen sich die Soldaten auf ihre Speere, so sind sie von Hunger geschwächt.
30. Wenn diejenigen, die zum Wasserholen geschickt werden, selbst zuerst trinken, leidet die Armee Durst.
31. Erkennt der Feind eine vorteilhafte Stellung und macht er keine Anstalten, sie einzunehmen, so sind die Soldaten erschöpft.
32. Versammeln sich die Vögel an einem Ort, so ist er unbesetzt. Lärm in der Nacht zeugt von Nervosität.
33. Herrscht im Lager Unruhe, so ist die Autorität des Heerführers schwach. Werden Banner und Flaggen hin und her getragen, kündigt sich Aufruhr an. Sind die Offiziere ungehalten, so deutet das auf Erschöpfung hin.

34. Tötet die Armee die Pferde, um sie zu essen, hat sie keinen Proviant mehr; lassen die Männer ihr Kochgeschirr zurück, so sind sie verzweifelt und bereit, sich bis zum Tode zu verteidigen.
35. Der Anblick von Soldaten, die in kleinen Gruppen miteinander flüstern, deutet auf Spannungen zwischen den Rängen hin.
36. Allzu häufige Belohnungen zeigen, dass der Feind in Bedrängnis ist. Allzu häufige Strafen zeigen, dass er in Not ist.
37. Wer anfangs vorprescht und anschließend vor der zahlenmäßigen Überlegenheit des Feindes erschrickt, beweist mangelnde Kenntnis der Lage.
38. Werden Boten mit schmeichelnden Worten entsandt, so wünscht der Feind einen Waffenstillstand.
39. Marschieren die Truppen des Feindes wütend auf, um anschließend den unsrigen lange gegenüberzustehen, ohne vorzurücken oder zurückzuweichen, dann ist äußerste Wachsamkeit geboten.
40. Sind unsere Truppen dem Feind zahlenmäßig auch nicht überlegen, so ist das kein Grund zu Sorge; wir können lediglich nicht unmittelbar angreifen. Stattdessen können wir unsere Kräfte konzentrieren, den Feind genau beobachten und Verstärkung holen.
41. Wer unvorsichtig ist und den Feind unterschätzt, dem droht eine Niederlage.
42. Bestrafst du Soldaten, bevor sie ein Gefühl der Verbundenheit zu dir entwickelt haben, so werden sie dir nicht gehorchen, und sie werden praktisch nutzlos sein. Fühlen sie sich dir verbunden und führst du Bestrafungen nicht aus, so werden sie ebenfalls nicht zu gebrauchen sein.
43. Binde die Soldaten mit Menschlichkeit an dich und führe sie mit eiserner Disziplin. So wird dir der Sieg sicher sein.
44. Werden im militärischen Training Befehle stets durchgesetzt, dann herrscht in der Armee Disziplin. Andernfalls macht sich Disziplinlosigkeit breit.
45. Beweist der Heerführer Vertrauen zu seinen Männern und besteht er zugleich auf der Befolgung seiner Befehle, dann haben beide Seiten ihren Nutzen davon.

X. Gelände

1. Sun Tzu sagt: Wir unterscheiden sechs Arten von Gelände: (1) offenes Gelände; (2) verschlossenes Gelände; (3) unvorteilhaftes Gelände; (4) strategische Pässe; (5) steiles Gelände; (6) entferntes Gelände.

2. Ein Gelände, das für beide Seiten frei zugänglich ist, heißt offen.
3. Versuche, solches Gelände vor dem Feind zu erreichen, um die höher gelegenen, sonnigen Plätze zu besetzen, und sichere deine Nachschublinien. Dann bist du in der Lage, mit Erfolg zu kämpfen.
4. Ein Gelände, das unschwer zu verlassen, aber schwer einzunehmen ist, heißt verschlossen.
5. Einen unvorbereiteten Feind kannst du aus einer solchen Stellung heraus erfolgreich angreifen. Wenn der Feind jedoch auf dein Kommen vorbereitet ist und du ihn nicht schlagen kannst, bist du in Not, ist doch ein Rückzug nicht möglich.
6. Ist das Gelände von der Gestalt, dass keine Seite einen Vorteil davon hat, wenn sie es zuerst besetzt, so heißt es unvorteilhaft.
7. In eine solche Stellung sollten wir selbst dann nicht vorrücken, wenn der Feind uns mit Ködern lockt. Vielmehr sollten wir uns zurückziehen, um den Feind zum Vorrücken zu bewegen; wenn er teilweise vorgerückt ist, können wir ihn angreifen.
8. Bist du in der Lage, einen strategischen Pass als Erster zu besetzen, solltest du ihn mit starken Kräften sichern und dort auf den Feind warten.
9. Gelingt es dem Feind, den Pass zuerst zu erreichen, so solltest du ihm nicht folgen, solange der Pass gut gesichert ist, sondern nur, solange er lediglich schwach besetzt ist.
10. Erreichst du steiles Gelände vor dem Feind, so solltest du die höher gelegenen und sonnigen Plätze besetzen und dort auf den Feind warten.
11. Gelangt der Feind zuerst dorthin, so solltest du ihm nicht folgen, sondern dich zurückziehen und versuchen, ihn aus seiner Stellung zu locken.
12. Ist die Entfernung zum Feind groß und sind beide Heere gleich stark, so ist es nicht leicht, einen Kampf zu provozieren, und dieser Kampf wird zu deinem Nachteil ausgehen.
13. Das sind die sechs Prinzipien bezüglich des Geländes. Der gewissenhafte Heerführer sollte sie gründlich studieren.
14. Einer Armee drohen sechs Gefahren, die ihren Ursprung ausschließlich im Verhalten des Heerführers haben: (1) Flucht, (2) Ungehorsam, (3) Kollaps, (4) Ruin, (5) Chaos, (6) Niederlage.
15. Werden die eigenen Männer gegen einen zehnmal stärkeren Feind geschickt, dann werden sie unweigerlich die Flucht ergreifen.
16. Sind die gemeinen Soldaten zu stark und die Offiziere zu schwach, dann kommt es zu Ungehorsam. Sind die Offiziere zu stark und die gemeinen Soldaten zu schwach, so ist Kollaps die Folge.
17. Sind die höheren Offiziere unzufrieden und ungehorsam und kämpfen sie

beim Zusammentreffen mit dem Feind auf eigene Rechnung, bevor der Heerführer weiß, ob ein Angriff durchführbar ist, dann führt dies zum Ruin.

18. Ist der Heerführer schwach und ohne Autorität, sind seine Befehle widersprüchlich, haben Offiziere und Soldaten keine klaren Zuständigkeiten und verlaufen die Reihen kreuz und quer, dann kommt es zum Chaos.
19. Ist der Heerführer nicht in der Lage, die Stärke des Feindes richtig einzuschätzen, sodass er eine schwächere Truppe gegen eine stärkere ins Feld führt, und versäumt er es, gute Männer an die Spitze zu setzen, dann mündet dies in einer Niederlage.
20. Das sind die sechs Arten von Unglück, die der gewissenhafte Heerführer gründlich studieren sollte.
21. Die natürlichen Gegebenheiten des Geländes sind des Soldaten beste Verbündete. Die Kunst des Heerführers zeigt sich jedoch in seiner Fähigkeit, den Feind richtig einzuschätzen, Siege zu erringen sowie Schwierigkeiten, Gefahren und Entfernungen zuverlässig zu beurteilen.
22. Wer mit diesen Dingen vertraut ist und sie im Kampf einzusetzen versteht, wird seine Schlachten gewinnen. Wer damit nicht vertraut ist oder keinen Gebrauch davon zu machen versteht, wird verlieren.
23. Führt ein Kampf mit Sicherheit zum Sieg, so musst du kämpfen, auch wenn der Herrscher es dir verbietet; ist ein Kampf aussichtslos, so darfst du nicht kämpfen, auch wenn der Herrscher es dir gebietet.
24. Der Heerführer, der ohne Ruhmessucht vorrückt und ohne Angst vor Schmach zurückweicht und dessen Streben ausschließlich darauf gerichtet ist, sein Land zu schützen und seinem Herrscher zu dienen, der ist das Juwel des Reiches.
25. Betrachtest du deine Soldaten als deine Kinder, so werden sie dir ins tiefste Tal folgen; siehst du in ihnen deine geliebten Söhne, so werden sie bis in den Tod an deiner Seite bleiben.
26. Bist du nachsichtig und gutherzig, aber ohne Autorität und Durchsetzungskraft, und hast du deine Armee nicht unter Kontrolle, so werden deine Soldaten wie verhätschelte Kinder sein und du kannst sie nicht gebrauchen.
27. Wenn wir wissen, dass unsere Männer zum Angriff bereit sind, aber übersehen, dass der Feind unangreifbar ist, dann ist das nur der halbe Sieg.
28. Wenn wir wissen, dass der Feind angreifbar ist, aber übersehen, dass unsere Männer nicht zum Angriff bereit sind, dann ist das nur der halbe Sieg.
29. Wenn wir wissen, dass der Feind angreifbar ist und dass unsere Männer zum Angriff bereits sind, aber übersehen, dass die Gegebenheiten des Ge-

ländes einen Angriff unmöglich machen, dann ist das ebenfalls nur der halbe Sieg.

30. Der erfahrene Kämpfer lässt sich nicht beirren, sobald er sich in Bewegung gesetzt hat; er bricht sein Lager erst ab, wenn er sich seiner Sache sicher ist.
31. Deshalb heißt es: Kennst du den Feind und kennst du dich selbst, dann wirst du ohne Zweifel siegen; kennst du den Himmel und kennst du die Erde, dann wird dein Sieg total sein.

XI. Die neun Situationen

1. Sun Tzu sagt: Die Kriegskunst kennt neun Arten von Terrain: (1) dispersives Terrain, (2) leichtes Terrain, (3) umstrittenes Terrain, (4) offenes Terrain, (5) strategisches Terrain, (6) kritisches Terrain, (7) schwieriges Terrain, (8) umzingeltes Terrain, (9) auswegloses Terrain.
2. Kämpft ein Heerführer auf seinem eigenen Gebiet, so sprechen wir von dispersivem Terrain.
3. Bewegt er sich auf feindlichem Gebiet, ohne tief in dieses einzudringen, so sprechen wir von leichtem Terrain.
4. Terrain, dessen Besitz für beide Seiten mit großen Vorteilen verbunden ist, bezeichnen wir als umstritten.
5. Terrain, auf dem sich beide Seiten frei bewegen können, heißt offen.
6. Terrain, das eine strategische Bedeutung für drei benachbarte Staaten hat, sodass derjenige, der es zuerst besetzt, große Teile der Reiches kontrolliert, heißt strategisch.
7. Dringt eine Armee tief in feindliches Gebiet ein und befinden sich in ihrem Rücken mehrere befestigte Städte, dann befindet sie sich auf kritischem Terrain.
8. Schwieriges Terrain umfasst alles Gelände, das schwer zu durchqueren ist: Berge und Wälder, Pässe und Schluchten, Sümpfe und Moore.
9. Terrain mit schwer passierbaren Zugängen, das wir nur auf gewundenen Pfaden verlassen können, sodass wenige feindliche Kräfte genügen, um viele unserer eigenen Männer zu vernichten, heißt umzingelt.
10. Terrain, auf dem wir uns nur retten können, indem wir unmittelbar kämpfen, heißt ausweglos.
11. Kämpfe nicht auf dispersivem Terrain. Verweile nicht auf leichtem Terrain. Greife auf umstrittenem Terrain nicht an.
12. Versuche nicht, dich auf offenem Terrain dem Feind in den Weg zu stellen. Mache auf strategischem Terrain gemeinsame Sache mit deinen Verbündeten.

13. Bist du auf kritischem Terrain, so plündere. Befindest du dich auf schwierigem Terrain, so marschiere stetig weiter.
14. Verwende auf umzingeltem Terrain eine List. Kämpfe auf ausweglosem Terrain.
15. Die erfahrenen Kämpfer von einst wussten einen Keil zwischen die vorderen und hinteren, die großen und kleinen Truppenteile des Feindes zu treiben; sie wussten zu verhindern, dass die guten Einheiten den schlechten zu Hilfe kamen oder die Offiziere ihre Männer um sich versammelten.
16. Waren die Soldaten des Feindes an einem Ort versammelt, so wussten sie Unordnung unter ihnen zu stiften.
17. War es vorteilhaft, so rückten sie vor; ansonsten blieben sie, wo sie waren.
18. Gefragt, wie du einem starken und geordneten Feind begegnen musst, der im Begriff steht, dich anzugreifen, würde ich antworten: Bringe etwas in deinen Besitz, was ihm teuer ist, und er wird dir zu Willen sein.
19. Geschwindigkeit ist der Schlüssel zur Kriegsführung: Nutze die fehlende Vorbereitung des Feindes aus, schlage unerwartete Wege ein und greife ihn an, wo er ungeschützt ist.
20. Folgende Prinzipien musst du beachten, wenn du fremdes Territorium betrittst: Je tiefer du eindringst, desto größer ist die Solidarität unter deinen Männern und desto schwerer fällt es deinen Gegnern, sich zu verteidigen.
21. Unternimm Streifzüge in fruchtbare Landstriche, um deine Armee mit Proviant zu versorgen.
22. Sorge für das Wohlergehen deiner Männer und fordere nicht zu viel von ihnen. Konzentriere deine Energie und spare deine Kräfte. Halte deine Armee ständig in Bewegung und verfolge undurchschaubare Strategien.
23. Bringe deine Soldaten in Situationen, aus denen es kein Entrinnen gibt; so werden sie um ihr Leben kämpfen, anstatt zu fliehen. Sobald sie dem Tod ins Antlitz blicken, gibt es nichts, was sie nicht erreichen können. Offiziere und Soldaten werden ihr Äußerstes geben.
24. Sobald die Soldaten sich in einer hoffnungslosen Lage befinden, verlieren sie jegliche Furcht. Sobald es kein Entrinnen gibt, halten sie eisern die Stellung. Auf feindlichem Boden zeigen sie größte Standhaftigkeit. Wenn sie auf keine Hilfe hoffen können, kämpfen sie verbissen.
25. Auch ohne Ermahnung werden die Soldaten stets wachsam sein; auch ohne Aufforderung werden sie tun, was du von ihnen erwartest; auch ohne Sanktionen werden sie dir treu dienen; auch ohne Befehle kannst du ihnen vertrauen.
26. Verbiete abergläubische Praktiken und unterbinde falsche Gerüchte. Dann werden sie auch den Tod nicht fürchten.

27. Wenn unsere Soldaten nicht mit Geld überschüttet werden, dann nicht, weil sie es verachten; wenn ihr Leben nicht übermäßig währt, dann nicht, weil sie nicht lange leben wollen.
28. An dem Tage, an dem du sie zur Schlacht rufst, mögen deine Soldaten weinen und dabei sitzend ihre Kleider oder liegend ihre Wangen benetzen. Aber sobald du sie in eine Situation ohne Entrinnen versetzt, werden sie den Mut eines Zhu oder eines Gui beweisen.
29. Eine gut geführte Armee ist wie die *Shuairan*. Die *Shuairan* ist eine Schlange aus den Chang-Bergen. Schlägst du sie auf den Kopf, greift sie dich mit dem Schwanz an. Schlägst du sie auf den Schwanz, greift sie dich mit dem Kopf an. Schlägst du sie in der Mitte, greift sie dich mit Kopf und Schwanz zugleich an.
30. Gefragt, ob eine Armee der *Shuairan* gleichen kann, würde ich antworten: Ja. Zwar sind die Männer von Wu und die Männer von Yue verfeindet. Überqueren sie jedoch den Fluss gemeinsam in einem Boot und kommt ein Sturm auf, so werden sie einander helfen wie die linke Hand der rechten.
31. Pferde anzubinden und Wagenräder im Boden zu vergraben reicht nicht aus.
32. In der Kriegsführung ist es vielmehr erforderlich, einen gemeinsamen Standard des Mutes zu etablieren.
33. Aus den günstigen und den ungünstigen geografischen Bedingungen musst du stets das Beste machen.
34. Der erfahrene Heerführer führt seine Armee mit fester Hand, als wäre sie ein Mann.
35. Der Heerführer muss verschwiegen sein, damit seine Absichten verborgen bleiben; er muss standhaft und gerecht sein, damit seine Männer ihm gehorchen.
36. Er muss es verstehen, die Ohren und Augen seiner Offiziere und Soldaten zu täuschen, damit sie keine Kenntnis von seinen Plänen erhalten.
37. Er muss seine Handlungen und Pläne fortlaufend ändern, damit sich der Feind keinen Reim darauf machen kann. Indem er sein Lager wechselt und verschlungene Wege geht, hindert er den Feind daran, seine Absichten zu erkennen.
38. Im entscheidenden Augenblick handelt der Heerführer wie jemand, der eine Höhe erklommen hat und die Leiter hinter sich wegstößt. Er führt seine Männer tief in feindliches Land, bevor er seinen Plan enthüllt.
39. Er verbrennt seine Schiffe und zerbricht sein Kochgeschirr; wie der Hirte seine Schafherde, so treibt er seine Männer hierhin und dorthin, und niemand kennt das Ziel.

40. Sein Heer zu versammeln und in die Gefahr zu werfen – das ist die eigentliche Aufgabe des Heerführers.
41. Die neun Situationen und die Zweckmäßigkeit offensiven und defensiven Handelns muss der Heerführer gründlich studieren.
42. Für das Eindringen in feindliches Gebiet gilt: Je tiefer du vordringst, desto stärker sind die Kräfte, die deine Armee zusammenhalten.
43. Sobald du dein Land verlässt und deine Armee über benachbartes Land führst, bist du auf kritischem Terrain. Wenn Verbindungswege nach allen vier Seiten hin bestehen, befindest du dich auf strategischem Terrain.
44. Wenn du tief in ein Land eindringst, ist es ernstes Terrain. Wenn du nur wenig vordringst, befindest du dich auf leichtem Terrain.
45. Wenn du die Festungen des Feindes im Rücken und enge Pässe vor dir hast, ist es umzingeltes Terrain. Wenn es kein Entrinnen gibt, befindest du dich auf ausweglosem Terrain.
46. Auf dispersivem Terrain würde ich deshalb meine Männer auf ein gemeinsames Ziel einschwören. Auf leichtem Terrain würde ich mich um die Einheit der Armee bemühen.
47. Auf umstrittenem Terrain würde ich meine hinteren Truppen antreiben.
48. Auf offenem Terrain würde ich auf meine Verteidigung achten. Auf strategischem Terrain würde ich meine Bündnisse festigen.
49. Auf ernstem Terrain würde ich versuchen, meinen Nachschub zu sichern. Auf schwierigem Terrain würde ich vorwärts marschieren.
50. Auf umzingeltem Terrain würde ich jede Rückzugsmöglichkeit blockieren. Auf ausweglosem Terrain würde ich meinen Soldaten die Ausweglosigkeit der Situation vor Augen führen.
51. Denn es liegt in der Natur des Soldaten, dass er verbissenen Widerstand leistet, sobald er sich umzingelt sieht, dass er tapfer kämpft, wenn es kein Entrinnen gibt, und dass er gehorcht, sobald er in Gefahr ist.
52. Wir können keine Bündnisse mit unseren Nachbarn eingehen, solange wir ihre Absichten nicht kennen. Wir können eine Armee nicht durch ein Land führen, solange wir nicht mit seiner Geografie vertraut sind – mit seinen Bergen und Wäldern, Gefahren und Unwegsamkeiten, Sümpfen und Morasten. Ohne die Hilfe lokaler Führer können wir von den Vorteilen der geografischen Gegebenheiten nicht profitieren.
53. Ein kriegerischer Fürst muss die folgenden Prinzipien beachten:
54. Greifst du einen mächtigen Staat an, so verhindere, dass der Feind seine Kräfte versammeln kann. Schüchtere deine Gegner ein, damit sie sich nicht gegen dich verbünden.
55. Versuche weder, dich mit benachbarten Herrschern zu verbünden, noch,

sie zu stärken. Verfolge stattdessen deine geheimen Pläne und schüchtere deine Gegner ein. So bist du in der Lage, ihre Städte zu erobern und ihre Reiche zu stürzen.

56. Belohne ohne Regel und befehle ohne System. So kannst du eine Armee führen, als wäre sie ein Mann.
57. Lenke deine Männer mit deinem Handeln, aber enthülle ihnen nicht deine Pläne; konfrontiere sie mit der Gefahr, aber verrate ihnen nicht den Nutzen.
58. Wirf sie in eine auswegslose Situation, und sie werden überleben. Stürze sie in Verzweiflung, und sie werden sich retten.
59. Denn erst wenn eine Armee in Not ist, ist sie in der Lage, den entscheidenden Sieg zu erringen.
60. Erfolg in der Kriegsführung erfordert, dass wir die Absichten des Feindes gründlich erforschen.
61. Indem wir dem Feind ständig auf den Fersen bleiben, gelingt es uns am Ende, den Befehlshaber zu töten.
62. Das ist ein Beispiel, wie List zum Erfolg führt.
63. An dem Tage, an dem du das Kommando übernimmst, musst du die Grenzen blockieren und den Austausch von Sendboten unterbinden.
64. Sei unerbittlich in der Ratskammer, damit du Herr der Lage bleibst.
65. Lässt der Feind eine Tür offen, so stürme hinein.
66. Komme dem Feind zuvor, indem du in deinen Besitz bringst, was ihm teuer ist, und wähle den Zeitpunkt mit Bedacht.
67. Gehe den Weg, den die Regel vorgibt, und mache dich mit dem Feind vertraut, bis du die entscheidende Schlacht schlagen kannst.
68. Zeige anfangs die Zurückhaltung eines jungen Mädchens, bis der Feind dir die Tür öffnet. Sei sodann flink wie ein Hase, damit sich der Feind dir nicht widersetzen kann.

XII. Angriff durch Feuer

1. Sun Tzu sagt: Es gibt fünf Arten, mit Feuer anzugreifen. Die erste ist, die Soldaten in ihrem Lager zu verbrennen; die zweite ist, ihre Vorräte zu verbrennen; die dritte, ihre Gepäckzüge zu verbrennen; die vierte, ihre Arsenale zu verbrennen; die fünfte, Feuer zwischen die feindlichen Reihen zu werfen.
2. Um mit Feuer anzugreifen, sind bestimmte Materialien erforderlich. Du solltest sie stets vorrätig haben.
3. Bestimmte Zeiten und Tage eignen sich besonders für einen Feuerangriff.

4. Trockenes Wetter ist von Vorteil. Besonders eignen sich jene Tage, wenn der Mond im Zeichen des Siebes, der Mauer, des Flügels oder des Querholzes steht; denn das sind die Tage des Windes.
5. Wenn du mit Feuer angreifst, solltest du dich auf fünf mögliche Entwicklungen vorbereiten:
6. (1) Bricht Feuer im Lager des Feindes aus, so antworte sofort mit einem Angriff von außen.
7. (2) Bricht Feuer aus und bleibt der Feind ruhig, so greife nicht an, sondern warte ab.
8. (3) Haben die Flammen ihren Höhepunkt erreicht, so greife an, wenn es dir möglich ist, und warte ansonsten ab.
9. (4) Ist es dir möglich, von außen mit Feuer anzugreifen, so warte nicht, bis es von innen ausbricht, sondern wähle einen günstigen Augenblick für deinen Angriff.
10. (5) Lege das Feuer von der Windseite aus. Greife nicht gegen den Wind an.
11. Ein Wind, der tagsüber bläst, dauert an. Auf nächtliche Winde ist kein Verlass.
12. In jeder Armee sollten die fünf Entwicklungen im Zusammenhang mit dem Feuer bekannt sein; die Bewegungen der Sterne sollten berechnet und die geeigneten Tage berücksichtigt werden.
13. Der Einsatz von Feuer zur Unterstützung eines Angriffs zeugt von Intelligenz; der Einsatz von Wasser zur Unterstützung eines Angriffs zeugt von Stärke.
14. Mittels Wasser kann ein Feind aufgehalten, aber nicht seines Besitzes beraubt werden.
15. Düster ist das Schicksal dessen, der Schlachten gewinnt und Angriffe durchführt, ohne das Erreichte anschließend zu sichern, denn das bedeutet Verschwendung und Stillstand.
16. Darum heißt es: Der weise Herrscher ist vorausschauend und der erfahrene Heerführer gewissenhaft.
17. Bewege dich nur, wenn es dir einen Nutzen bringt; setze deine Truppen nur ein, wenn du etwas gewinnen kannst; kämpfe nur, wenn es die Situation erfordert.
18. Kein Herrscher sollte Truppen zu seinem Vergnügen ins Feld schicken; kein Heerführer sollte nur aus einer Laune heraus Schlachten schlagen.
19. Ist es zu deinem Vorteil, so rücke vor. Ansonsten bleibe, wo du bist.
20. Aus Ärger kann Freude, aus Wut Zufriedenheit werden.
21. Aber ein zerstörtes Reich kann nicht wieder erstehen; und ein Toter wird nicht wieder lebendig.

22. Deshalb ist der weise Herrscher achtsam und der erfahrene Heerführer vorsichtig. So bleibt der Frieden eines Reiches gewahrt und seine Armee unversehrt.

XIII. Der Einsatz von Spionen

1. Sun Tzu sagt: Eine Armee von hunderttausend Mann zusammenzustellen und sie über große Entfernungen marschieren zu lassen kostet viele Menschenleben und belastet die Staatskasse. Die täglichen Ausgaben belaufen sich auf tausend Silberunzen. Innerhalb und außerhalb des Reiches herrscht Unruhe, Männer bleiben erschöpft am Wegesrand liegen, und siebenhunderttausend Familien können ihre Arbeit nicht verrichten.
2. Die befeindeten Armeen stehen sich möglicherweise jahrelang gegenüber, bis schließlich ein einziger Tag über Sieg oder Niederlage entscheidet. Wer in dieser Situation mit Belohnungen von hundert Silberunzen geizt und keine Erkundungen über den Feind anstellt, zeigt größte Unmenschlichkeit.
3. Wer so handelt, kann weder Männer führen noch seinem Herrscher eine Hilfe sein oder Siege erringen.
4. Was den weisen Herrscher und den erfahrenen Heerführer in die Lage versetzt, Siege zu erringen und Dinge zu vollbringen, die außerhalb der Vorstellungskraft der Massen liegen, ist ihre Vorausschau.
5. Diese Vorausschau resultiert weder aus Eingebung noch aus Erfahrung oder scharfsinniger Analyse.
6. Solches Wissen über die Gegebenheiten des Feindes können wir nur von Menschen gewinnen.
7. Daher die Verwendung von Spionen, von denen es fünf Klassen gibt: (1) lokale Spione; (2) innere Spione; (3) übergelaufene Spione; (4) todgeweihte Spione; (5) überlebende Spione.
8. Sind Spione dieser fünf Klassen am Werk, so weiß keiner von ihrem Tun. Ein solch geisterhaftes System ist der größte Schatz eines jeden Herrschers.
9. Lokale Spione sind unsere Spione unter der feindlichen Bevölkerung.
10. Innere Spione sind unsere Spione unter den feindlichen Offizieren.
11. Übergelaufene Spione sind feindliche Spione, die wir enttarnen und für unsere Zwecke nutzen.
12. Todgeweihte Spione sind feindliche Spione in unseren Reihen, die wir bewusst mit falschen Informationen versorgen, damit sie diese an den Feind weiterleiten.

13. Überlebende Spione sind Rückkehrer aus dem feindlichen Lager.
14. Mit niemandem gilt es folglich so engen Kontakt zu halten wie mit den Spionen. Niemand sollte großzügiger belohnt werden. In keinem anderen Bereich ist Verschwiegenheit wichtiger.
15. Ohne eine gewisse intuitive Weisheit ist es nicht möglich, Spione nutzbringend einzusetzen.
16. Ohne Menschenliebe lassen sie sich nicht führen.
17. Wer sich vom Wahrheitsgehalt ihrer Berichte überzeugen will, benötigt eine feine Beobachtungsgabe.
18. Achte auf jedes Detail, und verwende Spione in allen Bereichen.
19. Plaudert ein Spion ein Geheimnis vor der Zeit aus, muss er zusammen mit denjenigen, die es vernommen haben, sterben.
20. Sei es, dass du eine Armee anzugreifen, eine Stadt zu erobern oder einen Menschen zu töten gedenkst, du musst zuvor die Namen des betreffenden Befehlshabers, seiner Adjutanten, Diener, Pförtner und Wächter in Erfahrung bringen. Dafür musst du deine Spione einsetzen.
21. Spione, die bei uns für den Feind spionieren, müssen gefasst und bestochen, weggeführt und komfortabel untergebracht werden. So werden sie uns gefügig und wir können sie für unsere Zwecke nutzen.
22. Nur mit Hilfe dieser übergelaufenen Spione sind wir in der Lage, lokale und innere Spione anzuwerben.
23. Nur mit ihrer Hilfe können wir todgeweihte Spione mit gefälschten Nachrichten versorgen.
24. Nur mit ihrer Hilfe können überlebende Spione zurückkehren und Bericht erstatten.
25. Ziel des Einsatzes dieser fünf Klassen von Spionen ist es, Kenntnisse über den Feind zu erlangen. Die zentrale Rolle spielt dabei der übergelaufene Spion. Deshalb müssen wir den übergelaufenen Spion mit der allergrößten Sorgfalt behandeln.
26. Der Aufstieg der Yin-Dynastie ging auf Yi Zhi zurück, der zuvor unter den Xia gedient hatte. Der Aufstieg der Zhou-Dynastie war Lu Ya zu verdanken, der unter den Yin gedient hatte.
27. Nur der weise Herrscher und der begnadete Heerführer verstehen es, die klügsten Männer zu ihren Spionen zu machen und mit ihrer Hilfe Großes zu leisten. Spione sind für eine Armee von höchster Bedeutung, hängt doch von ihrem Wirken die Fähigkeit der Armee ab, sich zu bewegen.